ジャーナリズムの
ココロとワザ

東京新聞ウォッチ20年

橋場義之
HASHIBA Yoshiyuki

論創社

はじめに

ジャーナリズムの危機が叫ばれている。とはいえ、それはいつの時代でもあった。権力との癒着、独立性の揺らぎ、行き過ぎた商業主義、公平性の欠如、プロパガンダへの協力、人権への配慮不足……まだまだ挙げればキリがないが、時代によって力点の置き方は異なっても、その時々の危機の主要な要素がクローズアップされ、論議され続けてきた。ジャーナリズムと時代は、相互に写し合う「合わせ鏡」なのである。

では、デジタル時代、ネット時代といわれる現代のジャーナリズムの危機であらためて求められるのは何か。それは「プロフェッショナルな意識と知恵と技術」ではないだろうか。

ネットによってだれでも、いつでも、どのようにでも情報発信ができるようになった。そんな新しいメディア環境の中で、「ジャーナリズム」とはどんな活動なのか、「ニュース」とは何か、「ジャーナリスト」とはどんなことをする人を指すのか――そうした原点ともいえる考え方を含め、ジャーナリズムに関するすべてがあいまいになってきている。アマチュアとは違ったプロフェッショナルな仕事の意義があらためて問われているといえるのではないだろうか。

私が毎日新聞の記者から上智大学文学部新聞学科の教授に転進したのは2001年の春だった。ジャーナリズムの実践から研究・教育へと人生の舞台が変わった。大学ではジャーナリズム論、新聞論、時事問題研究の講義とゼミを担当することになった。新聞論と時事問題研究は、記者生活30年の体験と知識があったので教えることに不安はなかったが、ジャーナリズム論はそうはいかない。日本の新聞社はどこも大きな違いはないと思うが、記者に採用される若者が大学でジャーナリズムをしっかりと学んでいることはまれである。入社前後のわずかな社内研修を終えた後はニュースの現場に放り出され、実践の中で学びとっていく。いわゆる〝オン・ザ・ジョブ・トレーニング〟というものだ。私も例外ではなかった。

このため、私のような現場経験者が途中からアカデミズムの世界に入った場合、ジャーナリズムの学問的な体系を身に着けているとは言い難い。講義を始めるにあたっては急いで教科書的な本を渉猟しながら、私なりのジャーナリズム論をつくっていくしかなかった。

そこで驚いたことがある。参考にした多くの本の中に「ジャーナリズム」や「ニュース」の定義がほとんど書かれていなかったのだ。学問をするのにその対象となるべき事柄の定義がないとはいったいどういうことなのだろう。私のジャーナリズム論はこうして、自分の経験を振り返りながら一から、いやゼロから考えながら始まった。

そうした作業の中で気づいたことがあった。それは、それまでのジャーナリズム論はマスメディアの中心であった新聞というメディアの約５００年にわたる歴史の中で築き上げられたものだということだ。

当然といえば当然だろう。しかし時代は21世紀である。折しも20世紀の終わりにインターネットという革命的なメディアが誕生し、社会に普及し始めていた。私のジャーナリズム論も、インターネットを抜きには構築できない。この新しいメディアがもたらすものが何なのか、これまでの理論のどこをどう考え直さなければならないのかを自ら問いながら考えていかなければならなかった。
その中で私なりに出来上がった定義が次のようなものである。

＊ジャーナリズムとは、ニュースという情報を取り扱うマス・コミュニケーション活動
＊ニュースとは、世界の変化を特定の時間間隔で切り取った未共有の情報

この定義をもとに取材、編集、メディア化、流通、ニュース価値、法と倫理——などさまざまなジャーナリズムの側面について組み立て直しをした。言い換えれば、ジャーナリズムの構成要素を〝因数分解〟し、ネット時代の要請を考慮に入れて再構築したのである。

本書は、そうした研究過程と並行しながら執筆が始まった、中日・東京新聞「紙面審査報」のコラムを収録したものである。コラムを掲載する「紙面審査報」は、東京新聞の母体である中日新聞社が毎月5の日を原則に社内限定で発行している。コラムを担当する外部筆者は私を含めて5人。40日に一度の持ち回りで執筆する（2022年途中から発行頻度は減っている）。「展望　東京新聞を中心に」が私のコラムのタイトルである。

コラムを書くにあたっては、私なりのジャーナリズム論をベースに、できるだけ理論的な視点からアプローチしようと決めた。内容は、時々の「出来事」の解説や批評ではなく、あくまでその出来事をめぐる取材や報じ方といった新聞社の編集現場の問題・課題に焦点を絞っている。

理論的、と書いたが、「アカデミックな理屈は机上の空論、理想論」という反発が現場に根強くあることも、またそうした指摘が必ずしも的はずれではないことも自分の経験上から承知していた。私自身は東京新聞のスタンスや主張のすべてに必ずしも共感しているわけではない。しかし、どのようなスタンスをとり、どんな主張をするにしても、ジャーナリズムである限り守らなければならない精神や原則があるはずだ。

このため、コラムでの指摘や提言などは取材や編集現場の事情をできる限り推測・考慮し、そうした状況下でも日々の仕事の質をどうしたら少しでも高めることができるのか、という視点を忘れないよう心がけたつもりである。

読者は新聞社内に限られるので、業界用語も説明なしで使い、コンパクトに凝縮したタッチとなっている。このため、出版に当たっては、一般の読者向けに若干の加筆・修正を行い、ミニ解説をつけた。

コラムの趣旨から言って、ジャーナリズム全体を俯瞰できるわけではない。とはいえ、私なりのジャーナリズムの考え方の一端、あるいはエッセンスを多少なりとも読み取っていただき、新たなジャーナリズム論を打ち立てる議論に役立つならば望外の幸せである。また、東京新聞のみならず、ニュースの提供に携わっている多くの現場の記者やデスクには、気になった個々の回から日々の仕事をより良くしていくためのヒント、手がかりを読み取り、活かしていただければ嬉しい限りである。ジャーナリストを目指している学生にとっては、ニュース製作の現場で考えるべき大事なこととは何か、一般の人々にとっては出来事が「ニュース」という形をとって伝えられるまでのプロセスの一端をそれぞれ知ることもできるだろう。ニュースを理解するメディア・リテラシーやニュース・リテラシーを学ぶ上で、この本が少しでも役立つことを願っている。

橋場義之

本書は中日・東京新聞の「紙面審査報」に掲載された「展望　東京新聞を中心に」（２００３年４月５日～２０２２年12月26日）を加筆修正したものです。

ジャーナリズムのココロとワザ　目次

目 次

目　次

ジャーナリズムのココロとワザ

——東京新聞ウォッチ20年

新たな視点で検証を

4月5日

「イラク戦争」*で、米英地上軍がクウェートからイラクに攻め入って2、3日目。イラク側の攻撃も大して受けずに砂漠を進軍していた頃だった。米テレビのニュース番組で、ニュース・キャスターと戦地の米軍同行取材レポーターとのこんなやりとりに思わず笑ってしまった。

「そちらはどうですか?」

「何も分かりません。こちらでは唯一、BBCの短波ラジオ放送とあなた（キャスター）に教えてもらうことで戦況を知ることができるのです。ところで、いまどうなっているか教えてくれませんか」

「いや、あなたがいる現場の様子を話してほしいのです」

「……」

砂漠を移動する戦車の列と、そのわきに立つレポーターの映像が流されていた現場中継は、これで打ち切られてしまった。「戦争報道」における〝現場〟取材の難しさが、はからずも視聴者に伝わった場面だった。

新聞も他人事ではない。米英政府やカタールの米中東軍前線司令部はもちろん、空母に乗り込んだり進軍する部隊に同行するなどしてさまざまな情報を多角的に伝えようとしている。だが、それにも限界はある。政府や軍ですら、〝戦争の真実〟の全体像をすぐ、正確には把握できず、その上に意図的な情報操作もあるからだ。

「米英軍、バスラほぼ制圧」（3月23日朝刊）のニュースは、イラク軍の抵抗に遭って「制圧」といえるにはほど遠い激戦が続いていることが後に判明する。他紙は早くも、「取材の最前線から／記者が見たイラク戦争」（毎日22日朝刊）、「『情報戦』現場に重圧」（朝日23日朝刊）と前線取材の実態を報告した。本紙（東京新聞）も、報道の「限界と挑戦」の現状を上手に伝えてほしい。

もう一つ。例えば、開戦数日で問題になり始めた「ピンポイント攻撃と誤爆」について。ハイテクを駆使した精度の高い爆撃が行われているはずなのに、なぜ誤爆は起きるのか。素朴だが、民間人への被害も心配されるだけに気にかかる疑問だ。

本紙は3月25日朝刊「こちら特報部」で「犠牲つきもの？　ハイテクに限界」と取り上げたが、どこに「限界」があるのか具体的な説明がない。毎日新聞22日夕刊は「ハイテク兵器／精度向上でも誤爆率1割」とし、代表的な精密誘導弾ＪＤＡＭは「標的から最大10$^{メー}_{トル}$の誤差で命中」と具体的だ。これを読めば、たとえ爆弾が10メートル離れて落ちても簡単に〝誤爆〟とは言い切れないことが分かる。取り扱う兵士のミスの可能性まで説明できれば、ハイテク戦争の仕組みと人のかかわりが浮かんでくるはずだ。すべてを、すぐ求めているわけではない。時々立ち止まって情報と疑問をまとめ、「新たな視点」で検証してほしい。

＊　イラクの大量破壊兵器保持疑惑でフセイン政権打倒論が高まり、米・英・豪などの有志連合が２００３年3月、イラクへ侵攻。大量破壊兵器は発見されず、２０１０年8月、オバマ米大統領が「戦闘終結宣言」。

「森」の中を歩く時

5月25日

イラク戦争の間、トム・クランシーの最新小説『大戦勃発』（新潮文庫）を読んでいた。油田と金鉱が発見されたシベリアに中国が軍事侵略する。これをロシアと米国が協力して撃退し、中国に新しい政府が誕生するというストーリーだ。『日米開戦』『合衆国崩壊』『ノドン強奪』『流血国家』（トルコを舞台にした対テロ活動）といったクランシーの一連の軍事小説にはいずれも、米国が国際社会で想定しているであろう「危機」と、それに対する米国の基本的な考え方、そして具体的にどのように対処するのかが描かれている。軍事関係の驚くほど詳細で豊富な知識を知ることもできる。クランシーは執筆に必要な資料・データは公開資料をふんだんに利用していると言っているが、自らを「愛国者」と公言しているだけに、米軍当局の強力なバックアップがあるとみられている。

メディア研究者がこの時期、なにをのんきに戦争小説を、と思うだろうが、ここで考えたいのは戦争の描き方だ。

イラク戦争でバグダッドが陥落した後、今回の戦争報道をめぐる論議が活発になっている。本紙も5月14日夕刊文化面に、ジャーナリスト・評論家の武田徹氏の「『報道の常道』再考の時」と題した論考を掲載している。そうした議論の中で多くみられる批判は、「木を見て森を見ない」、つまり報道は今回、「イラク戦争の全体像を浮かび上がらせることができなかった」というものである。本紙の白石徹記者も4日朝刊「記者の眼」で、視点の違いによって戦争の姿まで違ってくることに触れ、報道の「尺度」を模索している。

しかし、「戦争の全体像」とは何だろう。おそらくメディア批判者は、クランシーが描くような戦争像を報道にも期待しているのだろう。報道が「木」、つまり一つひとつの事象をできるだけ多く集めるのは欠かせない役割だ。その上で、「森」を見ようとする。W・リップマンが言うように、その見方は往々にして「ステレオ・タイプ」*となりがちだが、だからといってクランシーが描くような「戦争の姿」、つまり「森」を見ることはできるはずもない。なぜなら、クランシーは「森」がどのようなものであるかを初めから知っているからだ。別の言い方をすれば、クランシーは「神の目」をもっているが、報道のそれは「蟻の目」だということだろう。

「神の目」と「蟻の目」のギャップをどう埋めていくのか。それには、森の中をくまなく歩くしかない。歩く自由が制限されていた戦争が終わった今だからこそ、それが求められているし、しなければならない。

クランシーのヒーローは、ライアン。いくつかの作品は映画化され、ハリソン・フォードが熱演した。しかし、大統領として登場している『大戦勃発』のライアンに、彼は似合わない。読んでいて、どうしてもブッシュの顔がオーバーラップしてくる。

---

* 多くの人に浸透している先入観、思い込み、認識、固定観念、レッテル、偏見、差別などの類型化された観念を指す。アメリカのジャーナリストであるウォルター・リップマン（1889―1974）が著書『世論』で使用した。

官依存からの脱皮

7月5日

紙面批評「新聞を読んで」の筆者の一人、フリーライターの魚住昭氏が「官庁情報依存やめ　真に自由な報道」と書いている（6月8日朝刊）。官庁情報は「ワン・オブ・ゼム」の情報と心得、自らの視点に基づく取材・報道は、基幹メディアとして地盤沈下しつつある新聞にとって、読者の信頼を回復するための欠かせない仕事であろう。

そうした目で、このところの紙面を振り返ると、本紙の健闘ぶりがうかがえる。

例えば、朝刊「こちら特報部」の「アフガンもむしばむウラン兵器」（6月11日）、「米国はイラクで何をしたのか」（13日）、社会面「イラク『終結宣言』後に米兵21人死亡　狙われる補給路」（13日）、「劣化ウラン弾の脅威　イラク国内に飛散」（同）……。

一連の報道には、「戦争はまだ終わっていない」という強い状況認識と、官庁（ここでは米英政府など）の情報に頼らず、現場で取材した記者自身や他の情報源によって多角的な報道をしようという意思をみることができる。

こうした編集姿勢は、夕刊のづくりにもみてとれる。6月24日まで「心のページ　生きる」で4回連載された「イラク侵攻とアメリカ社会」は、作家米谷ふみ子氏が、米国生活の中から見える「戦争」を日常の細かな事実のていねいな積み重ねで描いていて興味深い。「文化」欄で登場する識者たちも、戦争と社会のありようについて、さまざまな視点と課題を気づかせてくれている。

もっとも、「官庁情報依存」からは、なかなか抜けきれないことも事実のようだ。

社会面「住基カード*　進まぬ活用」（6月15日）は、そんな残念なケースといえよう。住基カードは住民基本台帳ネットワークを利用するICカードのことで、自治体などが住民に独自のサービスを提供できることになっている。この活用例がわずかなままにとどまっていることが総務省の調査で分かった、というのがこの記事の趣旨だ。

しかし、本紙をはじめ多くのメディアは、住基ネットが個人情報保護の面で不安をぬぐえず、むしろ官庁による市民情報の集中管理と企業による情報利用にその狙いがあることを指摘してきたはずだ。そうした視点が、この記事にはすっぽりと抜け落ち、推進したい総務省の視点だけで書かれている。「自治体よ　もっとアイデアを出せ」と言っているのである。まさに〝官〟の発想そのままであり、批判されている「記者クラブ取材の弊害」をそこに見る思いがした。

これは筆者であるクラブ記者だけの問題ではない。この記事をそのまま出稿した担当デスク、受け取った整理、ゲラの段階で気づかなかった編集幹部の意識もまた、日々問われなければならない。

拉致被害者宛てに手紙を出した北朝鮮の家族の住所を掲載してしまったどこかの新聞を笑うことはできない。

＊　住民基本台帳の4情報（氏名／住所／性別／生年月日）、個人番号と住民票コード、これらの変更情報を全国ネットワーク化して電子的な本人確認ができる仕組み。2002年に稼働し、15年までに全自治体が接続した。

八月ジャーナリズムの質

8月25日

「八月ジャーナリズム」という言葉がある。8月になると決まって各紙が平和企画を連載することを皮肉ったものだ。日本のジャーナリズムは8月しか平和を考えない、とも批判されている。しかし、「八月ジャーナリズム」は決して馬鹿にできない、日本のジャーナリズムの作業だと思う。戦争の記憶は世代を超えて受け継ぎ、共有していく必要があるからだ。

人はすべてのことを日々考えて生きているわけではない。いろいろなことを〝記憶の棚〟に一時置いておき、必要になった時やきっかけがあるごとに棚から引き出してあらためて考える。だから、さまざまな大事なニュースも1週間、1カ月、1年、そして10年目……といった、多くの人が納得する節目であらためて見直すという手法が採られている。八月ジャーナリズムもその一つだ。批判されるべきは、「いま」につなげる視点がそこにあるかどうかだ。

イラク戦争、北朝鮮の核の危険、有事法制*の成立で迎えたこの夏は、伝える側も読者にとっても、戦争がことさら「身近」になった。

そうした観点から本紙の報道を振り返ると、他紙以上に「平和」「戦争」を考えさせる記事が多かったという印象が残る。夕刊の文化欄「戦争を考える」（8月11日から5回連載）、二社面「有事列島―揺らぐ平和」（8日から同）などである。中でも、朝刊社会面「記憶　20代記者が受け継ぐ戦争」

（11日から同）は目を引いた。

理由はタイトルにある。なぜ「20代」の記者なのか。戦争の体験も記憶もないのは当然として、戦後58年も経ったいま、その知識すらもたない現代の若者の代表として取材を任せたのだろうと推測される。取材する「私」が記事に登場する手法は、このところの流行でもある。

だが、「20代」「私」という二つのキーワードを軸にしたこの企画は、目新しさの装いはあるものの物足りなさを感じた。戦争を有り得べきものとして現実的に対処しようとする昨今の風潮と「非戦」「反戦」の訴えとのギャップを、これら若い記者たちが自らに問いかけ、苦悶《くもん》している姿がどうも見えてこないのだ。

それが、記者も含めたいまの若者の現実だと言ってしまえばそれまでだが、今夏はそれ以上のものを期待する気持ちが強かったはずだ。記者一人ひとりの力量に加え、取材班、編集局全体の問題意識がもっと明確に表現される工夫が必要だったように思う。

一方、「夏の政治休戦」中の政治部の仕事として「ホーッ」と面白く思ったのが、朝刊内政面「政治家の常識　こんなものいらない!?」（8月9日から5回連載）だ。ここで取り上げたような、小さいけれど日本の政治の「形骸化」につながる現実をウオッチし続けてほしい。さらに突っ込んで取材を進めれば、政治の世界のありようを変える視点を現場から見い出せるに違いない。

＊　外国からの武力攻撃など有事に対応するための法制。日本では2003年6月13日、有事法制の基本法である武力攻撃事態対処法、安全保障会議設置法と自衛隊法の各一部改正法の計3法が成立、施行された。

小泉シフトへの切り替え

10月5日

政治ドラマが一つ終わった。

自民党総裁選とそれに伴う同党役員人事、内閣改造である。今回も〝小泉流〟はいかんなく発揮された。外野席から見ていると、マスコミはどうも、まだ小泉流に適応しきれていないとの感想を抱かざるを得なかった。野球に例えれば、小泉という稀有のバッターを迎えて、守備する側であるマスコミは、どのような「小泉シフト」を敷けばいいのか迷っているようにみえる。

小泉流の政治手法を一言でいえば、「大統領型」である。「経済財政諮問会議」で基本方針と予算編成の大枠をはめ、与党による法案事前審査*の慣行を打ち破って立法の主導権を手に入れようとした。一昨年のハンセン病判決では、官僚の判断とは違った「控訴せず」を電撃的に決定した。もちろん、いつも小泉流で100％事が進められるわけではないが、いずれも、自民党の派閥力学によって決定されていた政策の決定プロセスを変え、官邸の主導権を取り戻そうという意図が読み取れる。

今回の党役員人事でも、焦点の幹事長に若い安倍晋三・官房副長官を起用して「あっ」といわせた。「あっ」といわされたのは、世間だけでない。マスコミもそうだった。

総裁選で小泉氏が圧勝し、「きょう三役決定」の記事を載せた9月21日朝刊の各紙を比べてみよう。各紙の取材姿勢がはっきりと出ている。

一番慎重だったのは朝日。一面は「山崎氏処遇なお対立」との見出しで、その構図に触れていた。しかし、三面で安倍氏の「党副幹事長就任」を「首相も了解した」と伝えた。読売は一面では見出しに採らず、本文で「山崎幹事長留任の公算」を書いている。毎日は一面見出しで「山崎幹事長は留任」と打ってしまった。

本紙はどうか。一面は「政調会長に平沼氏有力」との見出しのもと、「これまでの調整で、政調会長に平沼赳夫経済産業相の起用が有力となったほか、総務会長に小里貞利元総務庁長官が浮上している。この場合、麻生太郎政調会長と堀内総務会長は入閣する方向だ」と書いている。肝心の幹事長問題はその後に、「首相は（山崎氏を）留任させる意向」との書き方で暗示させていた。どれが誤報かは、その日のうちに明らかになった。当然、続く閣僚人事の前打ちは各紙慎重になった。

小泉氏は当選後の会見で「派閥単位で各領袖に推薦を求めることはしない。人事についてはだれにも申し上げていない」と言った。まさに大統領型のトップダウン方式。これまでの派閥によるボトムアップ（積み上げ）方式とは違う。

小泉流に対してどんな取材体制をとったら正確な情報をいち早く伝えられるのか。「小泉シフトの構築」は、これからの政治報道のキーワードだ。

＊　国会への議案提出前に、政府が与党と行う調整。1962年の自民党政権（池田勇人内閣）から始まった。事前に与党の要求が議案に取り込まれるため国会での質疑が低調になり、与党と官僚との癒着を強める背景にも。

「読者本位」から考える

11月17日

「政権交代」を問う総選挙が終わった。結果については、この原稿執筆中の段階では不明だが、本紙の予測は的中したのだろうか。

各紙は投票1週間前の11月3日、ほぼそろって「選挙情勢」を明らかにした。

主な見出しを比べると、本紙は「自民、単独過半数の勢い」、他紙は「自民、過半数うかがう」（朝日）、「与党、安定多数の勢い」（読売）、「自民、単独過半数の勢い」（毎日）と大勢についてはどこも見方がだいたい一致していた。

予測はいずれも「世論調査結果と本社の取材結果を総合して」行っているが、情勢をどのように具体的に表現しているかとなると、毎日の異色ぶりが目立った。今回、「党派別推定当選者数」を最低から最高まで幅を持たせながら「数字」で表した。基数を元にその前後の幅をもたせる方式もかつてはあったが、いずれにしても、小選挙区制になった96年の総選挙以来の手法だ。

一方、本紙を含む他紙は、棒グラフを使って「獲得可能」「獲得有力」「獲得確実」を色で区別しながら、おおまかな予測を示している。前回総選挙で毎日方式をとった朝日は今回、他紙以上にアバウトな表現に徹した。

各社とも、世論調査のデータを解析した上で取材結果を加味してはじき出した予想当選者数の具体的な数字をもっているはずである。この時期に世論調査をするのは、投開票日の能率的な紙面づくりに役立てる目的でもあるからだ。紙面化する時のこうした表現の違いは、それぞれの新聞社が積み重ねてきた経験を反映しているのだろうが、あえて言えば「数字を出す」ことの意味と危険をどう考えるか、という違いなのだろう。

ただ、実際の記事からは、「なぜそうなのか」の理由が読者には分からない。これは数字を使った毎日でも同じだ。記事の狙いが「投票を間近に控えた有権者の参考にする」というならば、やはり世論調査の解析結果と取材結果の両方を有権者に示すことが必要ではないだろうか。アナウンス効果*を嫌う政権与党の思惑はあるにしても、選挙報道における世論調査と情勢記事の意味を、あらためて「読者本位で」考え直してもらいたいと思う。

話は変わって、夕刊の連載小説『坊ちゃん　夏目漱石』に首をかしげた。10月1日夕刊一面社告には「漱石、鷗外ら明治の文豪の名作が教科書からはずれ、子どもたちが近代日本を代表する作家たちの心に触れる端緒を失ったことにいささかの憂いを禁じえません……」とある。確かに、明治の文豪の名作の中から現代的なメッセージを読み取ることも可能ではあろうが、それには新たな装いが必要ではないだろうか。読者の反応を知りたいものだ。

＊　選挙の事前予測が投票行動に与える影響。有利とされた候補者が勝ち馬志向の有権者の票をさらに獲得するバンドワゴン効果と、苦戦とされた候補者が有権者の危機感や同情を呼び、票を掘り起こすアンダードッグ効果がある。

特約記者を生かせ

12月25日

サダム・フセイン元イラク大統領が12月14日、米軍によって身柄拘束された。これによって、イラクでのテロが減るのか、それともかえって増えるのかはもう少し様子を見なければ分からない。だが、旧政権の崩壊とイラクはこの戦争でアメリカに負けたのだという二つの事実を、イラク国民と世界にはっきりと印象づけた象徴的な出来事だったことだけは間違いない。

このニュースであふれ返った翌12月15日夕刊で、一面の本記（ニュースの概略をまとめた前文に続いて、事実関係を伝える記事）のクレジットが「バグダッド＝ハッセン・アブード特約記者」となっていることに目を引きつけられた。

各紙一面を見比べると、日経が「バーレーン特派員」、他紙はすべて現地バグダッドの特派員電だった。これまで本紙のイラク報道における特派員の名前は特に気にしていなかった。共同電を使うか、周辺国の特派員がロイターなど欧米通信社電を利用して書いているのだろう、と思い込んでいたからだ。実際、あらためて紙面を振り返ると、主な出稿元は「カイロ特派員」だが、時々「ハッセン・アブード」の名前で記事を送ってきている。

実はこの夏、カタールとアラブ首長国連邦を訪れ、アルジャジーラ*などのメディア事情を調べた。この折に知ったのだが、アラブのメディアで働くジャーナリストたちは、メディアが本拠を置く国の国籍の人はむしろ少なく、イスラム文化圏出身のさまざまな国籍の人が入り混じっているのだ。エジプト国籍の人もいれば、サウジアラビア、アフリカ、アメリカの国籍の人もいた。

このことから思ったのだが、本紙のイラク、とくにバグダッド報道では、なにも共同電や欧米の通信社電を使わなくともいいのではないか。まして、現地にいない周辺国の特派員が、直接現地で取材したのと同じようなスタイルで書く必要はないのではないか。アラブの文化はなかなか理解しにくい。そう考えると、イラクのニュースを、おそらくはイラク人であろうアブード記者にリポートしてもらうことの意味もあろうというものだ。

アブード記者が書いた12月16日朝刊三面のトップ、「イラク襲う『復讐の論理』／元大統領消えても無秩序続く『部族社会』／市民同士、襲撃も」は、やはりイラク人記者ならではの視点と取材が生かされたものだろう。アブード記者との契約内容がどうなっているかは知らないが、可能な限り彼を生かしてほしい。日本人でも欧米人でもない、イラク人の目で見たイラク社会の現状をぜひとも知りたいからだ。

もう一つ、フセインはいつから「元大統領」になったのだろうか。「元」を付けて呼ぶにはそれ相応の根拠が必要だが、「お断り」を読んだ記憶がない。他紙にも共通するが、その根拠の中にイラク状況の見極めが表れる。読者にとっては、それも〝ニュース〟だ。

＊ アラビア語と英語でニュース等を24時間放送する衛星テレビ局。1996年カタール政府などの出資で設立、世界各地に30以上の支局をもつ。2001年の米同時テロをめぐる報道をきっかけに世界中に知られるようになった。

書いてなんぼ……

2月25日

取材陣に危険が及ぶ可能性のある彼の地で、どこまで取材できるのか、どこまで書くのか――イラク・サマワでの自衛隊の活動に関するニュースが注目されている。

これまでの紙面を見ると、本紙はサマワでの取材の一端を共同電に頼ることにしたようだ。その選択自体は本紙の事情に応じてなされたものであろう。そこで、本紙の問題意識をどう紙面に反映させるかとなれば、共同電の中からどのような記事を選んで掲載するかにかかってくる。

その意味で、食い入るように読んだ記事があった。2月10日夕刊社会面に二番手で載った「報道陣輸送で『緊張』」である。この記事は、サマワの陸自部隊が内外の報道陣約20人をオランダ軍キャンプ地からサマワの中心部までトラックで輸送した、というものだ。トラックは、中心部で行われるパーティーに自衛隊の現地幹部が参加するので、取材陣に用意された便宜供与であったが、「隊員以外の人を守るために武器使用できるケースが初めて出現」したとあって、緊迫感あふれる様子が伝わってきた。

軍隊によって身を守られながら取材するという意味で、イラク戦争におけるエンベッド取材*と同じような事態といえるだろう。そこからは、取材陣が置かれたある種の〝条件（限界）〟が、現場の事実を子細に語ることによって読者に伝わってくるのである。他紙にはこれほど書き込んだ記事はなかっただけに、本紙の「こだわり」がよく表れたといえるだろう。

　このことに関連して、逆に「書かない」という本紙の選択の妥当性に疑問をもつこともあった。イラクの自衛隊取材をめぐって、陸上幕僚監部が発行する暫定立ち入り取材証に関することである。仄聞《そくぶん》するに、取材証の発行については順守事項があり、この妥当性をめぐって防衛記者会を通じた交渉があり、途中経過の報道にもさまざまな制約があったようだ。それにもかかわらず、朝日は2月1日朝刊、毎日は4日朝刊で伝えている。本紙には見当たらなかったが、どのような判断があったのだろうか。

　新聞は「書いてなんぼ」の商売だ、とよくいわれる。ニュースを伝えるのが仕事なのだから、書かなくては話にならないという当たり前のことを言っている。

　しかし、実際にはなかなか書けないこともある。プライバシー、名誉、外交、安全……といった事柄がからむと、知ったことをすべて書けばいいというわけにはかない。そこが難しい。

　とはいえ、「書かない」はぎりぎり最後の選択肢であり、それまでは「どうしたら書ける（伝えられる）か」にこだわり、知恵を絞るべきだろう。たとえ「書かない」「書けない」ことになっても、いつか書ける日のために、その間、じっと見続け、聞き続けるというしぶとさを失いたくないものだ。

＊　軍隊の活動に埋め込まれて（embed）、つまり前線部隊と行動を共にする記者が取材活動を行う戦争取材の方法の一つ。部隊との一体感が生じることによる自己検閲の危惧などがある。

「分かりやすさ」の難しさ

4月5日

人気劇画「ゴルゴ13」は、若い頃から愛読していた。今はほとんど読まなくなったのだが、最近、久し振りに『ビッグコミック』（3月25日号）を手にしてみた。「日銀の巨額為替介入*」という難しい経済のテーマが、ゴルゴ13による暗殺の背景としてストーリーに登場した、と新聞や週刊誌で話題になっていたからだ。

本紙も3月21日朝刊『核心』欄で「為替介入30兆円もう限界」として取り上げている。サブ見出しは「米の怒りと含み損〝買う〟」「円高阻止、とんだ後遺症」「巨額のドル放出もできず」とある。「介入資金は、結局は税金なんだぞ!!」とゴルゴ13の劇画の1シーンと「円相場の推移と円売りドル買い介入額」のグラフも添えてあった。前文を読むと、巨額介入後遺症の「実相を探る」のが狙いのようだ。

だが、本文を読んでも、残念ながら「実相」はよく分からない。文脈からは、米の怒りを買ったため今後はこれまでのような巨額介入はできそうにないこと、抱え込んだ米国債の暴落が心配だ——ということが分かるくらいだ。

介入の仕組みや介入資金（税金）の出どころと国民の負担との関係、そして、大規模介入が今後はできないなら、日本経済への影響はどうなるのか、代わりの政策手段はあるのか……疑問は芋づる式に出てくる。つまり、記事は「外貨準備高」「為替介入」などの金融知識を提供していない上に、「だから何だ（So what?）」に答えていないのだ。

「分からない」という言葉の意味は、実にさまざまだ。「何が」分からないのか。例えば「真相」や「全体像」なのか、「事柄の意味」や「言葉の意味」なのか。

大学の授業でニュースを取り上げると、「分かりません」という反応が返ってくることが多いが、「何が分からない？」と聞いても、「分からない」という。とにかく「分からない」のだ。これは、基本的には現代の若者に基礎学力・知識が不足していることが原因ではないかとしばしば思う。

一方、3月24日朝刊「横浜で第239回『移動編集局』」の記事を読むと、読者の「分からなさ」がよく出ていて面白かった。「北朝鮮による拉致事件で、なぜ日本人が拉致されるのかよく分からない」という若い教員の声などは、その一つだ。世の中には「分からない」「分かっていない」ことがあることが「分かっていない」大人もいるということだろう。

このような読者を相手に、本紙も含めて多くの新聞が「分かりやすい」をキャッチフレーズにしている。よくよく考えると「分かりやすく」伝えるのは、実に難しい。伝える側としては、まず「何を伝えたい」のかをより明確にすることから始める必要があるということだろう。

＊ 通貨当局が為替相場の急激な変動を抑え、安定化を図るために、外国為替市場で通貨間の売買を行うことで、正式名称は「外国為替平衡操作」。日本では、財務大臣の指示に基づき、その代理人として日銀が実施する。

感じたこと二つ

5月25日

世の中、大きなニュースが相次いでいる。イラク、年金改革、皇太子の異例発言……と挙げればきりがないが、今回は小さなことを二つ。

国会議員の年金未納問題が発覚した当初の福田康夫官房長官の発言が気になっている。辞任を伝える5月7日毎日朝刊によると、こうだった。

「個人情報に関することを申し上げるのは差し控えさせていただきます」（4月23日）「個人情報でそういうものを開示すべきではないと思います」（26日）「個人情報そのものじゃないですか」（27日）

いずれも彼自身のことを聞かれた際の拒否する理由である。

個人情報の扱いに慎重になることが求められる時代。わが国も「個人情報保護法*」がまもなく施行される。だが、個人情報すなわちプライバシーではないし、個人情報を報道してはいけないわけでもない。ところが福田氏は、個人情報という理由で公表を拒否した。

このことは、法案を提出した政権の中枢にいる人物が、個人情報というものをまったく理解していないか、あるいは「個人情報と言えば、なんでも隠せる」と意図的に公開拒否の理由にしたかのどちらかだ。

会見でのこの発言を、どうして本紙を含むメディアは追及しなかったのか。読者は彼の言い分の間違いに気づかず、個人情報というものを誤解する人も出てくることになる。

もう一つ。「バグダッド燃ゆる」とでも訳せばいいのだろうか。「Bughdad Burning」というブログ（Blog、ネット上の日記）のことだ。筆者はバグダッドに住むイラク人女性。「リバーベンド」という仮名を使っているが、自己紹介によれば、イラク人の両親のもとにイラクで生まれ、子どもの頃、数年を国外で過ごした。十代初めに帰国し、バグダッドで英語の勉強を続けたバイリンガル。大学でコンピューター・サイエンスを学び、イラク戦争前まではバグダッドのイラク資本のデータベース・ソフトウエア会社でプログラマー・ネットワーク管理者として働いていたという。

書き始めたのは、大規模な戦闘が終結した後の昨年8月17日から。占領下のイラクのふつうの人々の惨状が、怒り、絶望、涙、ため息、笑いが織りなす日々の生活の素朴な記述から伝わってくる。アンネの日記ならぬ「イラクのアンネ」として世界中で読まれているそうだ。知っている本紙記者も多いだろうが、筆者はつい最近、ネット新聞『日刊ベリタ』で知った。読めば、良質のネット発信情報ということがすぐ分かる。

不定期で、分量も一定しないブログなので、直接伝えるのは難しいかも知れない。だがネット世界を日々渉猟し、このような良質の発信があることを紹介することはできるだろう。「あふれるネット世界のナビゲーター」は、新聞の新たな役割の一つであるはずだ。

＊ 氏名や性別、生年月日など個人情報の有用性に配慮しつつ個人の権利や利益を守るため2003年に制定、2005年4月に全面施行。デジタル技術の進展やグローバル化などへの対応のため、これまで3度大改正。

被害者報道

7月5日

九州は「熱か」土地柄である。

そこに住む人々は外部の人間にもオープンに心を開き、うれしいにつけ悲しいにつけ、「熱き心」をもって人生を受け入れている。13年前の雲仙・普賢岳噴火の際、毎日の報道部デスクとして2年間を九州で過ごした印象は、このようなものだった。部下の記者たちも例外ではなく、そんな心を記事の中に大いにあふれさせていた一人ひとりの顔が今でも思い浮かぶ。

「佐世保小6女児殺害事件＊」。

事件発生の一報を聞いた時、事件そのものの悲惨さはもちろんだが、同時に、被害者の父親がそのころ福岡で活躍していた優秀な記者の一人だったことを知ったショックは言い表せない。

事件発生直後の記者会見をはじめ、娘の写真の提供、節目ごとの手記の公表……。「自分が取材者だったら当然求めていたことだから」という彼の言葉と憔悴《しょうすい》しきった姿を見るにつけ、何をしてやれるだろうかと思い悩みながら、遠くから見守ることしかできないでいる歯がゆさとやりきれなさが募る。事件から数日たって、九州のかつての同僚に電話した。彼の様子を聞くと、会見はなんとか取り乱さずに行ったものの、翌日からは別人のように落ち込んでしまっていて心配だ、という。

個人的思いを別にすれば、彼のこうした対応ぶりは、事件報道における被害者報道のあり方をあらためて考えさせることになった。記者が当事者（被害者の家族）となった今回のケースでは、被害者側からスムーズに情報が提供されたことによって、この事件の背景をある程度伝えられたことは確かだ。だが、一方で「同じことを一般の人に求めるのはいかに酷か、メディア側もかえって分かったはずだ」「被害者に比べ、加害者側の情報が少ない」という声も聞かれる。

この辺のことを、本紙「こちら特報部」がいち早く取り上げたことは評価されるべきだろう。「被害者抱えたメディア側の情報開示」「『父』と『報道人』に心揺れ」として伝えた記事（6月17日朝刊）は、本来第三者の立場から事件を伝える報道人が、ひとたび当事者となってしまった場合の苦しい立場を、「他人事ではない」との視点から切り取ったもので、タイムリーな着眼だった。

ただ、記事の中で識者が指摘しているように、この問題はメディア側の情報開示という点だけでなく、やはり事件報道における「被害者取材・報道」という視点が欠かせない。

事件報道の課題は、まず加害者・容疑者の人権をどう守るのか、から始まった。「容疑者呼称」「当番弁護士制度の活用」「手錠姿の映像への配慮」などの対応策が生み出されたが、次の課題である被害者報道の対策は、実はあまり進んでいない。

メディア側として何が具体的にできるのか、そろそろ答えの一つくらいは示さないと、読者の理解は得られないところにきている。

＊　2004年6月1日午後、長崎県佐世保市の市立大久保小学校で、6年生の女子児童が同級生の女児にカッターナイフで切りつけられて死亡した事件。

五輪報道で考える

8月25日

新聞が速報でテレビに負けてから久しい。その後、ネット上の記事提供で速報競争が復活したとはいえ、テレビの速報は、画面に映し出せば視聴者に伝わるというテレビの特性が生かされている。その〝究極〟の速報が現場中継だ。ニュースの現場をレンズで切り取り、瞬間、瞬間を切れ目なく同時進行で伝えられる。このメディア特性を最も生かせる素材がスポーツであり、デジタル時代のメディア、特にテレビにとって重要なコンテンツの一つになっている。

8月13日からアテネ五輪が始まった。28の競技を世界の一流選手が一堂に会して競い合うのだから、感動もとりわけ大きい。「たかが野球、されど野球」と言ったのは、徳島・池田高校野球部の蔦文也監督（故人）だったが、NHKと民放各社がこぞって中継する五輪は、感動の連続である。「ニュース番組の映像で十分」などとあまのじゃくを決め込んでみても、結局は寝不足覚悟で真夜中や早朝の中継にくぎづけになる。「たかが」が「されど」に屈してしまう。

とはいえ、その中継もジャーナリズムから見れば問題がある。どんな視点からカメラアングルを選び、どんな解説や内容を伝えるのか。エンターテインメント重視の今のテレビに多くは期待できそうにない。8月14日朝刊「五輪中継　これだけはやめて！」がテレビ中継に注文をつけている。▽アナウンサーの絶叫▽愛国主義の押しつけ▽出演者の楽屋落ち話――をやめてほしい、と。

だが、この記事はだれに向けて書かれたのだろう。8月14日朝刊といえば、開会式直前。いまさら、の感は否めない。せめて、こうした批判・注文をテレビ局はどう受け止めているのか、それでも「あえてやる」のか「やらざるを得ない」のか、テレビ側の事情を描くべきだった。

速報に勝てない新聞に、どんな活路があるのか。スポーツ報道だけではない課題だ。一つの答えは「映像に映らない、映せない事実」の提供だろう。すでに現場記者は苦労しながらも実践しているが、テレビで知ったつもりでいる読者にはなかなか伝わらない。

その点で朝日8月16日夕刊は「うまい！」と思わせた。競泳男子100メートル平泳ぎ決勝で金メダルを手にした北島康介のサイド記事だ。「北島が初めて涙を見せた」との内容は、本紙を含めて共通している。ただ、朝日は「テレビ向けの金メダル第一声を言い終えて約40秒後。……」「テレビ取材の時とは別人のよう」などと、テレビでは見ることができなかったシーンであることが読者に分かるよう強調した。テレビとの差別化を意識した工夫の一つといえよう。

「これだけはやめて！」は、最後にこんな要望も伝えている。「年金問題、少年犯罪、イラク情勢も、オリンピックだから〝休み〟じゃないんです。ちゃんと日々の報道も忘れないで」。五輪は夏のネタ枯れを埋める好材料だが、これらの注文をむしろ我が事として、五輪報道後の検証に生かしたい。

＊　日本の新聞社のホームページ立ち上げは1995年の朝日と読売が最初。プラットフォーマーへのニュース提供は96年に開設されたヤフーに、毎日がロイター通信を経由して始まり、その後主要各社に広がった。

生活者の目線

10月5日

ウチのかみさんは、ほとんど新聞を読まない。社会の出来事に関心がないわけではない。テレビのニュースや世間話の中で感じたことを、「なぜ、○○なの?」「あれって、どうなったの?」などとうるさいほど聞いてくる。

読まない原因はおそらく、夫が新聞記者を長いことやっていたせいだろうと思っている。かみさんから聞かれれば、幸い当方は記者だったから、担当分野以外でもある程度の知識や答えを背景や裏話を交えてしてやれた。そんなわけで、かみさんは結局、長い間新聞を読まないで済ませることができてきたのかも知れない。かみさんのこの習性は、夫が大学に転職してからもちっとも変わらない。毎日のように「なぜ○○なの?」としつこく聞くのだが、新聞社をやめて3年近くになる身としては、そうあれもこれも解説してやれるほどの情報はない。

そんな時、本紙の記事が他紙に比べても大いに役立っている。先日も、大相撲千秋楽の表彰式をテレビで見ていて、かみさんが「そういえば貴乃花の姿がテレビに映らないわね」と聞いてきた。「ン?」と思ったが、すぐその日の朝刊(9月26日)特報面に「貴乃花部屋/内紛の背景」が載っていたのを思い出し、もっともらしく解説してやれた。

こんなことがしょっちゅうある。特報面だけではない。日曜版の「世界と日本/大図解シリーズ」

は欠かさずファイルしているし、朝刊総合面の「東京特派員の眼」や夕刊「新世界事情」などでは、一つのテーマについて世界の事情、考え方や文化の違いを楽しく学ばさせてもらっている。

さて、この夏日本中を騒がせたプロ野球再編騒動*について一言。詳細は紙面審査で指摘されているだろうが、ここでは報道の「客観性」について。客観性をどうしたら担保できるかという課題はなかなか難しいが、要素は二つ。「相対化」と「非当事者性」だろう。

相対化は、他と比べてみることだ。米国のプロ野球ではどうなのか、サッカーなど他のスポーツでは？――と比較の対象はいくらでもある。そこから、「井の中の蛙《かわず》」的なニュースの捉え方を脱却し、日本の特殊性と共通性を踏まえた視点が出てくるはずだ。

非当事者性は第三者の立場に徹することだ。本紙は読売と同じように球団所有（中日新聞は中日ドラゴンズ、読売は読売ジャイアンツ）に密接に関係している。ある意味での「当事者性」が少しでも影響しなかったか、検証が必要だろう。

本紙は9月25日、１２０周年を迎えた。この日の社説は「生活者の目線を忘れず」と書いていたが、本紙を読むと、あらためてこの考えが浸透してきていることを実感する。１２０周年記念のご祝儀として今回あえていえば、かみさんが相変わらず新聞を読まないでいられるのも本紙の間接的なおかげ、である。

＊　２００４年に大阪近鉄バファローズとオリックス・ブルーウェーブの合併を前提とした協議に端を発した再編問題。近鉄がオリックスに吸収合併されてオリックス・バファローズに、東北楽天ゴールデンイーグルスが新規参入した。

編集局の責任

11月15日

イラクでテロ組織に人質となった香田証生さんの安否に関して、本紙を含めた日本のメディアは重大な誤報をしてしまった。10月30日夕刊である。

本紙は一面トップで「香田さんか／遺体発見」の横凸版見出しを受け、「身体的特徴が一致」「イラク／頭部に銃痕2カ所」の縦見出し。前文は「……香田証生さんとみられる遺体が……発見されたとの連絡が……駐留米軍から在バグダッド日本大使館にあった」と書いた。

一人の人間を特定することがいかに難しいか。事件取材を通じて記者ならだれでも知っているはずだ。DNAならほぼ確実だが、指紋や歯型、歯の治療痕や手術痕などがまずチェックされる。それらが不可能ならば、身長・体重・身体的特徴・服装・所持品などの情報から総合判断するしかない。

今回の場合、政府判断の根拠として説明されたのは「身体的特徴」のみである。

だが、その具体的な情報——例えば身長、体重のデータやひげ、髪型、服装、後頭部のどこに、何が特徴としてあるのか——などは説明されたのだろうか。されなかったとしたら、記者は質問してデータを得たのだろうか。記事を見る限り、そうした具体的なデータは記載されていない。

残念ながら今回は、人を特定するための基本動作を忘れてしまったかのようだ。その後に発見された別の遺体が香田さんと確認された。

翌31日朝刊では、情報混乱の原因を探る記事が各紙に載った（本紙三面「二転三転した『安否』」など）が、政府の情報収集とその処理の不手際に触れているだけだ。メディアも責任なしとはしない、との認識から自らを検証したのは毎日だけだった（これも検証というには不十分だ）。

問題にしたいのは、米国情報を鵜呑みにした日本政府の判断をメディアも鵜呑みにしたことである。前線の記者が、政府のムードに引きずられてしまうことはやむを得ないとしよう。だが、編集局はそれでは済まない。現場から一歩引いた冷静さと慎重さがいつも求められている。

メディアの大事な仕事の一つに、権力の監視がある。権力が隠している不正を暴くことが目的だが、そうした努力の前提として、実は日常的に心して行わなければならないことがある。権力が提供する情報と判断のチェックである。

日々発表される情報が本当に正しいのか、その情報をもとにした判断が本当に正しいのか、をメディアはつねに慎重に吟味し、自らもでき得る限りの情報を集めてクロスチェックする――このような日常的な姿勢を失った時、メディアは簡単に権力のプロパガンダ*として利用される。

そうした意味で、主要紙がほぼすべて横並びの誤報をした今回、事は深刻である。

＊ 宣伝、特に特定の主義・思想についての（政治的な）宣伝のこと。最初にこの言葉を用いたのは、1622年に設置されたカトリック教会の布教聖省（Congregatio de Propaganda Fide、現在の福音宣教省）。

遊軍の現代的意味

12月25日

「災」――これが今年1年を特徴づける漢字に決まったという（12月14日朝刊）。

たしかに、新潟中越地震や台風などの天災、イラク人質事件など多くの「災」があったし、「武器輸出三原則の見直し」や「自衛隊のイラク派遣延長」など、これからの日本に「災」をもたらしかねない国の動きもあった。あまりに多くのビッグニュースが立て続けにあった1年だったといえよう。

明るいニュースもあったのだろうが、北朝鮮拉致被害者の曽我ひとみさんの家族全員が日本で一緒に暮らせるようになったことくらいか。結局この1年、人々を暗い思いにし、いら立たせたニュースはイラクと北朝鮮がらみだったのではないだろうか。

イラクはいま、どんな状態なのか。人々はどのように暮らしているのか、暫定政権はいったい何をしているのか、復興のために必要なものは何なのか、インフラの状態は、どこの国が復興のためにどこで何をしているのか、そしてサマワで自衛隊は日々何をしているのか……知りたいことは山ほどある。

そう思って、以前この欄でも紹介したイラク女性のブログ「Baghdad Burning」を見ていたら、BBCニュースへのリンクがあった。アクセスすると、米軍がファルージャを攻撃した際の報道が目に入った。ファルージャに住むイラク人記者や一般住民による「電話証言」シリーズだった。「できるだけ広い視野を（読者に）提供するために」と前文に書かれていた。

翻って、本紙を含む日本の新聞は「できるだけ広い視野を提供するために」どんな努力・工夫をしてきただろうか。

治安の悪さから、現地での直接取材ができないことはやむを得ない。では、何ができるのか。BBCニュースの例は一つのヒントだ。知恵を絞って実行するしかない。

北朝鮮の問題では、人々のいら立ちが高じてきているようにみられる。「経済制裁を」の声だ。だが、経済制裁は、国の外交手法の一つとして有効なのだろうか。これまで国際政治の舞台で経済制裁を科した結果、どのような外交結果をもたらしたのだろうか。

二つのいら立ちの裏にあるのは、情報不足である。ストレートニュースだけではなく、それを考える材料が足りない。

「戦列外にあって、時機を見て活動する軍隊。転じて、一定の部署につかずに待機している人」――広辞苑にある「遊軍」の意味である。

取材の限界を乗り越えるにはどんな方法があるのか、考える材料とは具体的に何なのか――アイデアを生み出し、実行するのが遊軍の現代的な役割ではないだろうか。編集局遊軍として実績のある本紙「こちら特報部*」の活躍に、来年を期待したい。

＊　東京新聞で1968年3月から毎日掲載している2ページのワイド紙面。「ニュースの追跡・話題の発掘」をテーマに時の話題の深層や展望を取材する独自色の強い紙面。毎年4月1日「エイプリルフール」には架空のニュースも掲載。

「朝日 vs NHK問題」

2月25日

元チーフ・プロデューサーによる制作費着服事件に端を発したNHK問題は、「NHKの慰安婦特集番組が与党政治家の『圧力』で改変された」と朝日新聞が報じたことで、新たな局面を迎えた。

特に問題となっているのは、朝日の取材に対してNHK幹部が「圧力と感じた」と答えたことの真偽についてだ。NHK側は、この幹部を当時の松尾武・放送総局長だったとして公表し、本人に「言っていない」と証言させた。朝日に対してNHKは公開質問状を出し、政治家も「説明を」と執《しつ》拗《よう》に迫っているが、朝日は多くを語っていない。

司法の場で争うなど今後の展開は予想しがたいが、他のメディアが「高みの見物」を決め込むわけにはいかない。もし、本紙があの〝特ダネ〟を書いたとしたら——。朝日の立場を自らに置き換えれば、このような事態の展開にどう対処していくのか、考えざるを得ない。つまり、どちらも訴訟に踏み切らないまま、ずるずるとこのままでいいのか、という問題だ。

「言った」「言わない」でデッドロックに乗り上げた状態が続く中、朝日の記者の日頃の取材方法が「強引だ」などという評判が週刊誌などで書かれ、取材テープについても、あるならあったで「本人の了解なしで録音した」と倫理上の批判を受ける可能性がある。いずれにしても、かなり朝日に分《ぶ》が悪くなっている。このまま放置したら、メディアとしての信用は低下するに違いない。

ここで思い浮かべるのが、「第三者機関」の存在だ。現在は本紙の「新聞報道のあり方委員会*」をはじめ、多くの新聞社がそれぞれの「第三者機関」をもっている。自らの報道に対して当事者を含めた外部からクレームがついた場合、自社からスタンスを置いた立場で検証できる機能が多少なりともあるはずである。当事者だけでなく、一般読者に対する説明としても有効であるはずだ。

ところが、いまある第三者機関の多くが、今回のようなケースを取り上げるには未整備な点があることに気づく。「公人」「公的組織」からの訴えは対象外であり、クレームをつけた人や団体の提訴権の放棄を明確に謳《うた》っていないのだ。2000年から01年の設立ラッシュ当時は、個人情報保護法案の成立を目の前に、新聞界の具体的な取り組みを目に見える形で緊急に示さなければならないという事情も背景にあったからだ。

とはいえ、日本ではメディアの相互批判が少ない、とかねてから指摘されている。メディア同士の争いは互いのメンツをかけて泥仕合となりがちだ。今回も似たような事態といえる。

これを解決するには、前記の2点について何らかの改良を加えた第三者機関が自らの報道の検証をするか、そうでなければ「報道評議会」のようなメディア横断組織をつくらなければならないだろう。メディアが健全な相互批判をしやすい環境をつくるためにも、そろそろこの〝宿題〟に取り組まなければならない時期が来たようだ。

＊　東京新聞が2001年1月に発足させた第三者機関。報道被害の問題なども含め「よりよき新聞づくりに関し自由に意見を交換してもらい、具体的事例についても参考意見を求め」、委員会の意見や議論の内容を紙面で公表している。

ネットと資本の奔流

4月5日

経済ネタがこれほどポピュラーな話題となって続くのもめずらしい。いうまでもなく、ライブドアによるニッポン放送の買収劇*のことだ。

学生たちがニュースに無関心な理由の一つは、ニュースを理解する基礎知識に欠けていることだ。その最たるものが経済ニュースだが、この話題に限っては、学生たちも分からないなりに「次はどうなるのか」と興味津々で展開を見守っている。それほど、この話題は面白い。「生き馬の目を抜く」金融の世界の一端が、まるで映画や芝居を見ているように日々、予測もつかない形で展開しているからだろう。

だが、「分からない」のはなにも学生に限ったことではない。恥ずかしい話だが、株に「議決権」のあるものとないものとがあることすら知らなかった。聞くところによると、株には株主の権利をめぐってさまざまな条件の付いた多種多様な種類があるという。自分の無知を棚に置いていうわけではないが、多くの読者にとって今回の買収劇で駆使される金融手法はなじみのないものばかりではないだろうか。

報道には教育効果というものがある。ニュースを理解するのに必要な知識を提供する機能だ。「常識の更新機能」といってもいい。ある種のニュースは、それまでの常識では判断のつきかねる事柄も多い。それに関連する最新の知識を提供するのも役割の一つだ。今回のケースでも、知らない金融用語が次々に飛び出してくる。その一つひとつをどこまで読者に提供すればいいのか、さぞ現場は苦労しているに違いない。今回はそれを試す格好のケースだ。大いに悩み、知恵を発揮してもらいたい。

メディアの買収では、米国でも興味深いケースが起きていることを知った。本紙にこの記事が見当たらなかったのは残念だが、2月にニューヨーク・タイムズ社が仲介サイト「アバウト・ドット・コム」を買収し、3月には大手新聞三社がニュース専門サイト「トピックス・ドット・ネット」を買収した。

同じことが日本の新聞社でできるのかどうかはよく分からない。日本の新聞社は、株式譲渡制限制度（日刊紙の発行を目的とする株式会社及び有限会社の株式及び持ち分の譲渡の制限に関する法律）を利用して、外部資本による支配を回避している社が多い。だから、ライブドアのような買収攻勢が、にわかに新聞界にも押し寄せるとは予想しがたい。今のところは「対岸の火事」なのだろう。

だが、フジテレビやニッポン放送のように買収に対して受け身や防御だけでなく、新聞社が自ら人気サイトの買収に乗り出しているところに、このニュースの意味があるのではないかと思うのだ。

ネットと資本の奔流に振り回されないよう、新聞社も積極的に打って出る時期がきているのではないだろうか。

＊ ライブドアが２００５年2月、フジテレビの筆頭株主であったニッポン放送の株を買い占め、フジテレビに影響力を行使しようとして両社が対立した事件。既存の放送メディアと新興のＩＴ事業の攻防として、社会的に大きな関心を集めた。

智と情と意地の整理

5月25日

「智に働けば角が立つ。情に棹《さお》させば流される。意地を通せば窮屈だ」——夏目漱石『草枕』の冒頭の文章は、まことに言い得て妙だ。さまざまなテーマをめぐる国会の論議と駆け引きを見るたびに、この言葉が浮かんでくる。

憲法改正もまた、同様である。4月に衆参両議院の調査会最終報告、自民党小委員会要綱、民主党提言骨子、公明党論点整理が相次いで公表された。これらを見ても、どれも「智＝論理、情＝配慮、意地＝こだわり」が混然一体としていて、あまり説得力はない。日本のこうした政治の現実はいつまでたっても変わらず、それを伝える新聞の報道にもいら立ちと物足りなさを感じている。

憲法改正は結局、「第一条　天皇」と「第九条　戦争の放棄、戦力及び交戦権の否認」をどう考えるかが最も大きな論点だ。「九条問題」について、本紙は多面的な紙面づくりを心がけていることがよく分かる。「逐条点検」は他紙も悔しがるヒット企画だ。「『軍隊』への道」（二面）、「愛国のかたち」「記憶　戦後60年」（社会面）、「私の憲法論」（夕刊文化面）など各面の企画も、読者が自ら考えるための素材として興味深く読ませている。ただ、さらにほしいのはそれらの「整理」と「批判」である。

安保問題は専門ではないので、皇室を担当した記者経験から「女帝」問題でそれを考えたい。哲学者梅原猛氏がコラム「思うままに」で「道鏡の問題」（3月28日）を取り上げた。称徳天皇が道鏡を天皇にしようとした事件を例に、「もしも女帝に自由な恋愛や結婚が許されるとしたならば、道鏡事件の再発をどのように防ぐのか」と女帝容認論を批判している。

だが、この主張には無理がある。道鏡事件の本質は、天皇家の血を引かない人物が天皇になることの是非があった。だから、反対派は和気清麻呂にあらたあらためて宇佐八幡のご託宣を得させ、それを阻止した。梅原論には、女性は男性に左右される、皇室に自由な恋愛や結婚は許したくないという情とこだわりがにじんでいる。

現行制度のもとでは、数十年後に皇室は滅びる。* たとえ女帝を受け入れても、皇太子や紀宮の結婚の難しさを見ていれば、結婚相手が見つかり、男子が生まれる保障にはならない。女帝問題の本質は、「男系」による「万世一系」という天皇家の貴種の根本を崩すかどうか、ということだ。場合によっては、天皇家の血を継承するために遺伝子保存による人工授精の可否も問われる。そうまでして「天皇制」を維持していくかという問題なのだ。

国レベルの議論を見ていると、ただ「愛子ちゃんを天皇に」というミーハー的な国民の関心におもねて、肝心のこうしたポイントを避けているように見える。「九条問題」も同じように、「戦争をしないためにどうするのか」の議論が抜け落ちている。

これから本格化する憲法改正論議の報道には、つねに「智・情・意地」の整理と批判を望みたい。

＊ 皇室典範の定めによる皇位継承者の順位は2023年現在、1位が天皇の弟で皇嗣の秋篠宮さま、2位が秋篠宮さまの長男、悠仁《ひさひと》さま、3位が上皇さまの弟、常陸宮さま。2006年の悠仁さま誕生まで、最年少は秋篠宮さまだった。

記者の力量

7月5日

メディアの問題はさまざまあるが、最近は記者の力量が問われるケースも目立つようだ。

ＪＲ西日本の電車事故での記者会見*での暴言なども、単に礼節の問題ではない。取材現場の状況に応じてどんな言葉を、どう使えば適切に取材が果たせるかという問題である。怒鳴ればいい時もあるし、かえってマイナスになる時もある。

「政治家も作家も共に口舌の徒である」とは、文学者にして東京都知事でもある石原慎太郎氏の言である（本紙6月22日夕刊「梅原猛氏に反論する」）。ついでに言えば、新聞記者も口舌の徒である。記事上の表現もさることながら、取材での言葉のやりとりは心してかからなければならない。

ただし、それはテクニックとしての口舌だけではない。新聞記者は「普通の人」と「専門家」の二つの顔をもつ。普通の人々の感性と専門の知識を駆使してニュースを選び取り、読み取らなくてはならないからだ。専門家の感性に染まったり、普通の人の知識で臨んだら、取材相手にも読者にも信頼は生まれない。

この二つを同時に成り立たせるために求められるのが、具体的事実に基づいた論理的な思考（批判精神）である。

良い例が本紙に掲載された。6月13日夕刊で、梅原猛氏が石原氏を批判した「思うままに／政治家と文学者の間」と、それに対する石原氏の反論（前掲）である。27日朝刊「読者応答室メモ」によれば、読者の反響がかなりあったようだ。

政治家としての石原氏は、好きではない。高慢で、弱い人の立場と心情を理解していない。言葉も下品だ。こういう人を相手にしている都庁担当記者は大変だろうな、と同情する。だが、好き嫌いを別にして読者の立場で読めば、梅原氏の批判にあまり説得力はない。分《ぶ》は石原氏の側にありそうだ。

実は、このようなやりとりは石原知事と記者の間でも行われているのではないかと危惧《きぐ》している。毎日でも「開かれた新聞」委員会のテーマに、同紙記者と知事とのやりとりを挙げていた。

朝日は「石原知事発言録」として1週間分をまとめて掲載しているので、そこから一こまを引用しよう。6月3日定例会見での質疑だ。

――知事は週2～3回しか登庁しないという批判に対しては？

「君らだって、毎日毎日この記者クラブに来て取材ができるのか。毎日毎日同じ机に座っているのが能じゃないだろう、やっぱり。都庁にいてできない仕事はたくさんあるよ。あまりばかなこと言わない方がいいよ」

記者はこれで引き下がったようだが、次の質問（二の矢）こそ、力量が問われるはずだ。

＊　2005年4月25日に起きた福知山線脱線事故をめぐるJR西日本の記者会見で、読売記者が「あんたはいいから社長を出して」などの暴言を連発。ブログや週刊誌で話題となり、読売新聞が謝罪記事の掲載に追い込まれた。

「変人・小泉」の狙い

8月25日

「変人・小泉」の見出しが週刊誌に躍っている。小泉純一郎首相が「変人」といわれるゆえんはいろいろあるが、つまりは旧来型の政治家、それも自民党政治家のイメージ、枠からはみ出た人物像であり、その政治手法からなのだろう。

小泉・政治手法の最大の特徴は、トップダウン式のリーダーシップにあるといわれる。経済財政諮問会議の活用で予算の編成権を握り、それまでの慣例だった与党の法案事前審査をやめた。これによって内閣の力を強めたわけで、いわば大統領制を志向してきたといえなくもない。4年の任期中、時に妥協によって後戻りすることはあったものの、根回しによる積み上げ方式で大勢を形作る手法とは明らかに異なっていた。

93年7月の総選挙で戦後の「五五体制*」は崩壊したといわれるが、その後の政治の形は大きく変わったようにもみえない。相変わらず建前と本音を使い分け、論理と感情を整理しないまま打算による妥協で現状を追認してきたのではないだろうか。総裁選出馬のたびに「郵政民営化」を唱えてきた小泉氏を、選挙対策という目の前のリスク回避から総裁・首相にまつり上げてきた自民党は、「自民党をぶっ壊す」という彼の言葉のもつ意味を軽く考えていたに違いない。

「郵政民営化」は、まさに自民党という「体」に巻きつけた爆弾のようなものであり、それ以上に小泉首相自身が自民党にとっての「爆弾」だったともいえそうだ。その意味で今回の解散・総選挙は、投票日の「9・11」とも重なって「自爆テロ解散」がもっともふさわしいかもしれない。

解散翌日の8月9日紙面では、当然ながら各紙社説がその意味を問うている。政治部長の論文を一面に掲載するスタイルも定着したようだ。社説を比べると、朝日「この解散をどう生かす」、毎日「政治のねじれ解消の好機だ」、読売「懸案処理政権を樹立できるか」であり、本紙は「自民党が壊れていく」だった。政治部長論文は、朝日「小泉自民の統治力を問う」、毎日「この『起』を逃すな」、読売「歴史の審判に堪えられるか」であるのに対し、本紙は「あえて『小泉解散』を歓迎する」だった。

こうしてみると、本紙の視点は的確で、明瞭だったと評価できるだろう。8月10日朝刊から政治部長論文の指摘した三つのポイントを受けて一面企画「選ぶ　みんなの未来　２００５総選挙」を３日連続で掲載したのは、素早い対応だった。

8月11日朝刊「検証『郵政政局』」によれば、「誰も予想しなかった解散」だったそうだが、やや食い足りなかった。その理由は、小泉首相本人の意思や考えを示すダイレクト・クォートがなかったことだ。「真夏の夜の夢」（森喜朗元首相）のように始まった解散・総選挙の報道の本番はこれからだが、選挙戦と国民の審判結果の中から「変人・小泉」の狙いに迫ってほしい。

＊　日本で与党第1党の自民党が議席の3分の2、野党第1党の社会党とその他非自民党が3分の1を長年占めていた体制。１９５５年から続き、93年の総選挙で非自民党連立政権となる細川内閣が成立して、崩壊。

ディテールへのこだわり

10月5日

衆院選が終わり、「05年体制」とネーミングされるほど政治状況が劇的に変わった。〝小泉劇場〟は「刺客」だの「くの一」だのといった話題に事欠かず、本紙も多彩な切り口で伝えてきた。他紙も含めたそれらの記事の中で、「客観報道」について考えさせられた一例があった。解散直前の小泉首相と森前首相による〝干からびたチーズ会談〟の記事（8月7日朝刊）だ。

そもそも神の目のような客観があり得ないのは自明だが、現代のマスコミは「客観」に近づく努力と工夫を怠り、形式的な客観的スタイルに逃げ込んでいるという昨今の客観報道批判がある。例えば、「警察の発表によると、……」「○○が、……と語った」のように、形の上での客観的事実のみを伝え、その内容の客観性＝真実性に迫っていないという不満が背景にある。

〝干からびたチーズ会談〟はその典型ではなかっただろうか。冗舌に会談の模様を語る森前首相は、握りつぶしたビールの空き缶と〝干からびたチーズ〟という小道具を手にし、「殺されてもいい」「変人以上だ」といった刺激的な言葉もちりばめた。各紙もテレビも大きく扱った。

この時の森発言を詳報した産経の「発言要旨」から、気になる部分を紹介しよう。

「寿司くらいとってくれるかと思ったら、出てきたのは世界各国のビール。……ビール10本を2人で飲んで、なくなったからもうビールないのか聞いたら、ないと。冷蔵庫を開けてみろといったらない。……出してくれたのは干からびたチーズと、サーモンみたいなもの。……こんな待遇で1時間半も」

小泉首相のつれなさが、逆に解散覚悟の決意を効果的に際出たせた。

だが、〝つれなさ〟を示すこうした〝事実〟について、①〝干からびた〟チーズは何だったのか（実はフランス高級チーズの「ミモレット」で干からびているような外見）、②新首相公邸のどこで会ったのか（旧公邸と違って私的、公的スペースがきちんと分けられ、この夜の会談場所は公的スペースだったそうだ）、③公的スペースに冷蔵庫はないのに……と突き詰めれば、会談の脚色部分がそぎ落とせたはずだ。

一方の当事者、小泉首相に確認できない苦しさは理解できる。ただ、このような細かい事実、ディテールにこだわらなければ、会談の中身の真実性は追求できない。後に、森前首相が「あれは、首相と打ち合わせて話した」と暴露したが、だからといってそれも本当かどうか分からない。いずれにせよ、森前首相による情報操作*にまんまと乗せられたことは確かだ。

イラクの香田さん殺害事件報道の誤りも、ディテールを積み重ねて確かな情報に迫ることを忘れた結果だった。政治報道に特にみられるこの弱点を乗り越えない限り、情報操作のワナからは抜けられそうにない。

＊　政府などが報道機関に提供する情報（証言、記事、写真、映像）を制限したり、虚偽や虚偽にならない範囲で改変することで報道活動に介入し、情報を受け取った側が受ける印象や判断結果に影響を与えようとする行為。

新聞力

11月15日

この秋、大学図書館の書架の整理を手伝うはめになった。薄暗い本棚にはさまれ、鼻をむずむずさせながら、ふとセピア色に変色した古いジャーナリズム関係の本を手にした。

序の書き出しはこんな風だった。

「今やジャアナリズムは一部から、悪魔の如く、疫病の如く呪詛《じゅそ》されてゐる……」

発行された年を見ると、なんと、昭和8年とある。さらにいくつかのセピア本をひもといてみれば、「不信」や「堕落」を嘆く言葉に出くわした。ジャーナリズムはそんなにも昔から、ある人々から嫌われ、嘆かれ、不信を持たれていたということなのだろう。おそらくいつの時代でもそうだったに違いない。

だから、今も仕方がない、というのではない。

特にIT時代の現代に、もはや新聞などは時代遅れの無用の長物、といったような風潮も出始めている。故青木彰*さんの言葉を借りて、あらためて『新聞力』とは何かと問えば、その一つが〝良質の特ダネ〟を取ってくる記者たちの取材力とニュース感覚ではないだろうか。

特ダネにはさまざまな種類があるが、その評価は二つの要素で決められると考えている。

一つは、取材の困難さであり、もう一つはニュースの中身がもつ社会的意味である。いずれ発表されると分かっているネタをいち早く報道する特ダネよりは、やはり、意図的かどうかは別に「隠れている」大事な情報を、記者が意識的に探り出し、暴いてこそ読者にとって価値があるといえる。

その意味で、「当時の厚生次官初証言」（10月31日朝刊）を皮切りにした靖国神社へのA級戦犯合祀をめぐる特報の連発は、価値のあるものだった。

これは推測だが、本紙が継続的に取材・報道してきた「戦争体験をどう継承するか」という大きなテーマの中で関連するテーマを地道にフォローし、探り出した成果なのではないか、と勝手に喜んでいる。ニュースのもつ社会的意味という点でも、小泉首相の参拝とからんで、合祀問題はこのところの大きな関心事であった。戦後60年というこの夏、NHKの討論番組に出演した作家の上坂冬子さんは、「結局、私たちの世代がいなくならない限り、結論は出ないのでは」と、世代間の問題にすべて収斂《しゅうれん》させるような発言をしていただけに、なおさら当時の隠された事実を掘り起こした価値があるというものだ。

特ダネだけではない。すべての記事にこの新聞力が発揮されなくてはならない。少なくとも、いま流行《はや》りのブログなどには負けないものを新聞記者たちはまだ持っているはずである。そうでなければならないし、それを誇れるように日々磨いていかなければ、いずれ新聞が消えることは避けられない。いま、私たちはそんな時代に生きている。

＊　1926—2003。昭和・平成期のコミュニケーション学者、ジャーナリスト。元・産経新聞編集局長、筑波大学名誉教授。マスコミ志望の学生のために私塾・青木塾を開き、多くの後進を育成。著書に『新聞の取材〈上・下〉』『新聞との約束』など。

紙面の〝裏〟事情

12月25日

「一級建築士による耐震偽装」*――とてつもないニュースが飛び込んできたものだ。某党幹事長が「悪者探しをすれば、建築業界の存亡にかかわり、日本経済の足を引っ張る」と心配したのも分からないではない。幹事長は発言後、「趣旨が違う」とあわてて訂正したが、それほど重大な、前代未聞の不祥事であることは言うまでもない。

これに関連する「なぜ?」はあまりに多い。新聞は一つひとつ丁寧に答えていかなければならない。本紙「こちら特報部」がまず、「『一級建設士』とは」(12月2日)、続いて「マンション開発〝裏〟事情」(7日)と伝えたのはタイムリーだった。

ただ気になるのは、紙面に登場する人物がすべて匿名だということだ。例えば「『一級建設士』とは」では、「都内大手企業のベテラン一級建築士(62)」「不動産管理会社の女性一級建築士(32)」「構造を専門とする一級建築士の一人」「構造に詳しいベテラン一級建築士」「ある建築士」……。また、「マンション開発〝裏〟事情」は「都内の不動産コンサルタント」の「A氏」「B氏」という2人の匿名人物の証言のみで構成されている。

匿名でなくては話せない業界事情があることは想像に難くない。だが、中身が面白いだけに、その信憑《しんぴょう》性を担保する意味で、記者が「実名」で証言してもらえるよう、どれほど努力をしたのかが心配になる。記事の最後に、匿名でなければ自分の業界を語れない建築業界の事情をそうした説得のやりとりで説明してほしかったところだ。

もう一つ気になったのは、広島市の小学1年女児殺害事件で、トレス・ヤケ容疑者の弁護士を情報源とする報道がみられたことだ。逮捕直後から、「接見した弁護士によると」という形で、容疑者の供述や主張が伝えられている。

この弁護士はいわゆる「当番弁護士」のようだ。当番弁護士は、「犯人視報道」の弊害をなくそうと1986年に英国で始まり、日本では90年の大分県弁護士会を皮切りに92年までに全国で広まった。西日本新聞が一時期、〝容疑者の言い分〟として同制度を活用した紙面づくりを実験したことがある。しかし弁護士が少ないことや、当番弁護士といえどもその後の裁判での駆け引きを考えてあまり取材に協力したくないという事情もあり、その後紙面で見かけることは少なかった。それだけに、この事件ではなぜ弁護士が取材に応じているのか、という事情を説明しておくことは「当番弁護士制度」の理解を広める意味でよいチャンスだったはずだ。

「メディアは公権力と市民に挟撃されている」といわれて久しい。その背景にある市民の新聞不信の一つに「犯罪報道は実名原則なのに、一般の人が登場する記事では匿名が安易に使われている」という思いがある。時には紙面の〝裏事情〟をきちんと語ることも必要だ。

＊　千葉県の一級建築士が建物の耐震強度にかかわる「構造計算書」を偽造、と国土交通省が2005年11月公表。震度5強の地震でも倒壊の恐れとされ、対象になった首都圏の完成済みマンション45件の住民が退去や補強を余儀なくされた。

「汗」の意味

2月25日

仕事でもスポーツでも人間、汗をかくのはいいことだ。だが、その汗のかき方にはいろいろあるし、かかなくても一概に悪いと言い切るには無理がある。そんなことを考えさせられるニュースがこのところ次いでいる。トリノ冬季五輪とライブドア事件だ。

トリノ五輪は＊、どうやら日本勢の惨敗に終わりそうだ。惨敗というからには、裏側に大きな期待があったということだが、その期待はそもそも妥当なものだったのか、疑問に思うシーンがいくつかあった。

期待がどれほどだったかは、本記に表れる。例えば「5個のメダル獲得を目標」（朝日2月11日朝刊）「3大会連続メダルを目指す里谷多英と上村愛子らが出場」（読売同）。そのメダル第1号と期待された女子モーグル予選で、上村愛子が「見事に」3Dのエアを決めたが、順位は期待はずれだった。なぜ、このような結果になったのか？

他紙（例えば読売）を読むと納得した。つまり、配点はエアが7・5点満点、スピードは15点満点であり、この競技の重点はスピードに置かれているのだ。いくらエアの演技がよくても、肝心のスピードがなければメダルには届かない。このことを上村自身も、競技関係者も、そして伝えるメディアも分かっていて「期待」したのだろうかと首をひねらざるを得ない。

選手が「汗」をかき、涙を流すのは分かるが、競技のルールと採点方法の理解、そして世界のレベルからの視点がなければ「期待」はむなしいものになる。そのことが、トリノ五輪報道全体でできていただろうか。本紙は見出しを別にすれば、記事は比較的抑え気味でよかった。

ライブドア事件では、「汗をかかない」ホリエモン商法が世間の批判のベースにあるようだ。だが、資本主義経済の発展形態をみれば、第一次産業から二次、三次産業へ、そしていまやグローバル経済システムの中で、情報と時間差だけでもうかる仕組みができていることは周知の通りだ。そうした仕組みで成功した者へのねたみや不満があることは確かだが、それ自体を否定することはできないだろう。

事件報道では、そこのところをきちんと整理してみせることが求められる。その上で「楽にもうけた」ことではなく、不法・違法なやり方がどのようなものだったのかを分かりやすく伝えるべきだろう。「借名口座」「資金還流」などは、それのどこが悪いのかが、いま一つストンとこない。

大鶴・東京地検特捜部長は昨年の就任記者会見で「額に汗して働く人……たちが憤慨するような事案を万難を排して摘発したい」（文藝春秋3月号「堀江貴文のお子様資本主義の破滅」）と語ったという。取材先が検察中心にならざるを得ないのはやむを得ない面もあるが、この発言の先にライブドア事件があるとするなら、検察主導の報道はよほど気をつけなければならない。

＊　2006年2月10日から26日まで17日間、イタリアのトリノで開催された冬季五輪。7競技84種目が実施され、フィギュアスケート女子シングルで荒川静香選手が同大会日本勢初、そして唯一の金メダルを獲得した。

もっと危機感を

4月5日

春休みを利用して韓国に出かけた。ソウルの春はまだ遅く、雪もチラチラ舞うほどだった。板門店にほど近い「統一展望台」も訪ねた。対岸に見える北朝鮮の宣伝村からイムジン川を越えて吹く風は、現実と同じく、肌を刺すように厳しかった。目的はテレビ事情の調査。3日ほどの短い滞在では昼間の仕事に限界はあるが、毎夜の酒宴では韓国のメディア関係者や研究者と話す機会も多く、最近のメディア事情について思わぬ収穫を得ることができた。

驚いたのは、韓国メディアのデジタル化の急激な進展ぶりであった。韓国ではすでに携帯でテレビを、が普及している。車で移動しながらでも画面の安定度はすばらしかった。日本でも4月からワンセグ放送*が始まるが、テレビ界にとっては大きな転換点になるかも知れない。

インターネットでニュースを配信するネット新聞も予想をはるかに超える勢いで増えていた。韓国の新聞は全国・地方紙が約50紙、業界紙も含めれば計約80紙あるが、ネット新聞はいまや300から400にも上っているそうだ。

数もさることながら、問題はその傾向である。大きく分けると、①専門化、②ローカル化、③ポータルサイトの優勢——である。

アクセス上位はさまざまなポータルサイトで占められているが、第1位はなんと経済専門のネット新聞であった。80人の記者を擁し、「正確で早い有料の経済ニュース」を企業が買っているという。知り合った元テレビ局の30代の若者も「（紙の）新聞は読まない。ニュースはすべてポータルサイトでチェックしている」という。人気ナンバーワンのポータルサイトには1日500万人、韓国人口の1割のアクセスがあるという。こうした勢いに押されて、韓国の大手新聞社はいまやポータルサイトにニュースをただで提供するまでになっている。「そうでもしないと、新聞社の存在が若者に忘れられてしまいますからね」とこの若者は笑って答えていた。

日本でもよく知られ、相変わらずもてはやされている「オーマイニュース」に一時の勢いはない。現在ではアクセス数でもトップの座を譲って第5位に甘んじている。

2月に発表された「オーマイニュース日本版」の立ち上げも、実はこういう背景があったのだと合点がいった。本紙（3月20日、27日各夕刊で上下）をはじめ各紙ともフォロー記事が相次いだが、あくまでも出来上がった「成功物語」をベースにしたもので、表面的な視点しか感じられない。日本進出の背景となったこうした韓国のメディア事情を抜きに日本版の行方を探ることはできないはずである。まして、変化が先行する隣の国の事情を分析することは、いずれ来るであろう日本での変化を予測する上でも大事なはずである。ソウル特派員になぜ書かせないのか。メディア環境の変化に対する危機意識は、口で言うほど強くないのかと疑いたくなる。

＊　日本の地上デジタルテレビ放送の携帯端末向けサービスの愛称。2006年4月1日に開始されたが、スマホの通信機能の向上や民間の動画配信サービスの普及などに伴い、利用は限定的になっている。

歴史のデッサン

5月25日

「これは言論の自由、報道の自由の問題だ。わが社は断固として闘うから、心配・動揺しなくていい」毎日新聞東京本社会議室で、編集幹部のこんな勇ましい言葉を興奮を覚えながら聞いたのを鮮明に覚えている。34年前の春、入社1年を過ぎた社員研修の場だった。「外務省機密漏洩事件」。ところが、1週間も経たないうちに幹部の言葉に力がなくなってきた。起訴状にあの「情を通じ」という記載が盛り込まれていたからだ。「外務省機密漏洩事件」は、いつしか「西山事件」になってしまった。

いま、「西山事件」は「沖縄密約事件」と認識されようとしている。渦中の人、西山太吉氏が長年の沈黙を破って名誉回復の訴訟を起こし、各地で講演会をしているが、その講演をたまたま聞いた北海道新聞の編集委員が興味を持ち、取材を始めた。キーマンである吉野文六・元外務省アメリカ局長はこれまで「密約」の存在を否定し続けていたが、接触してみれば「あっけなく」口を開き、密約の存在を認めた。地方からの見事なスクープだった。もちろん本紙もフォローし、本紙企画「在日米軍再編の原点/沖縄『密約』の果てに」(5月1日から3回連載)は、事の本質を捉えて〝いま〟の関心につなげていた。

＊＊＊

連休中の3日、他紙に「フランス・ドイツ/共同で歴史教科書、あす出版」というニュースが出ていた。教科書は第二次大戦以降の現代史を扱ったもので、今後は第一、二次大戦などを扱う教科書も共同編纂《へんさん》れる予定という。共同電だった。

歴史をどうとらえるかは難しい課題だ。特に戦争に関しては加害者と被害者で歴史への視点は互いに異なる。先の大戦に関する中国や韓国との「歴史認識のずれ」が外交上のデッドロックを生んでいる。日韓では独仏と同様の試みが始まっているはずである。独仏の取り組みがどのように行われたのか。詳報が伝えられれば、日本にとっても参考になるので同日の本紙紙面を見たが、なかった。どうしたのかと思っていたら、5月17日国際面で「独仏／国境ない歴史教科書」とパリ特派員がしっかり書き込み、日韓の歴史共同研究*の現状にも言及していた。さすがである。

＊＊＊

ジャーナリズムという仕事は「歴史の最初のデッサン」だといわれている。新しい出来事について、世間に最初に報告するのがジャーナリストだからだ。その際、出来事につけられるのが「戒名」である。そこには、最初に見い出した出来事の意味が表される。

だが、「デッサン」はデッサンでしかない。「西山事件」が「沖縄密約事件」と書き換えられるように、時の経過とともに、それをはっきりとした画像として描き直すことも仕事の大事な一つである。日々の「デッサン」に追われる中でも、そんな意識を忘れたくない。

＊　第2次世界大戦中に動員された韓国人の元徴用工や元慰安婦など歴史認識をめぐる問題について、日韓首脳会談で合意がなされ、2002年から05年（第1期）と07年から10年（第2期）に行われ、各期に報告書が提出された。

事件報道考

7月5日

事件報道にまつわるやっかいな問題を考える素材がこのところ、いくつか起きている。

容疑者報道という面では、秋田児童殺害事件だ。自分の娘を〝水死〟で亡くした母親、畠山鈴香容疑者が、隣家の男児殺害事件で逮捕されたが、逮捕前から母親が疑われ、週刊誌を中心に「犯人視報道」が続いた。

かつて「松本サリン事件」や「和歌山カレー事件」のにがい経験があった。だが、「犯人視報道」を具体的にどう避けるのか。事はそう簡単ではない。問題の一つは、「だれが」犯人視しているかということだ。過去の両事件も今回の事件も共通するのは、当の警察がしていることだ。メディアが勝手にしているわけではない。事件取材は捜査当局の取材が中心となるのだから、やむを得ない面も多い。では、「いざ逮捕」の準備としての取材はするが、報道は……控える？

そこで「いつからなら」犯人視していいのか、という問題も出てくる。日本の司法制度では、警察段階で「容疑者」、裁判では「被告」であり、容疑者や被告も「自供」する場合としない場合、自供しても後に翻すこともある。そうした上で「犯人」と確定するには、三審制の長い時間を要する。

事件報道ではつねに「なぜ？」に迫ることが重要なテーマである。ところが、これは「犯人がだれか分かっている」ことを前提としている。その上でこそ、直接的な動機や個人的事情などを取材して、社会的背景にまで迫ることができる。

こうした矛盾、つまり法律上の「推定無罪」という建前と、できるだけ早く社会的関心に応えるという報道との間でどう実際的な折り合いをつけるか。ここが悩ましい。

対応策としてこれまでに編み出されてきたのが、「容疑者呼称*」であり、当番弁護士などを通じた容疑者・被告側の言い分取材である。さらに、この矛盾の中でメディア・スクラムが同時に起きるから複雑だ。こうしたテーマに、すっきりした答えはすぐには見つからない。だからといって、「雑誌やテレビのワイドショーが悪い」と言うだけでこれからも繰り返していては、新聞も一緒くたにした「メディア不信」が高まるのは必至だろう。できることは何か、小さなことでもいいから知恵を絞って実践してみたい。

一方で、被害者報道という面からは、朝日6月24日朝刊「性被害でも無残さ詳報を／あいりの写真を掲載して／広島女児殺害・父が報道側に要望」が目を引いた。同紙によると、被害の実態を社会に伝えてほしい、との遺族の思いからだという。本紙を含めた各紙が追っかけたのも当然だ。7月4日の判決の中でどう反映されるか注目したい。最近の「匿名社会化」の流れに一石を投じ、マスコミの役割の再認識と信頼回復につながるような、市民レベルでの新たな胎動とみれば、メディアにとって一筋の光となるかも知れない。

＊　日本の報道界は1989年頃まで、逮捕後の被疑者を「呼び捨て」にしていたが、犯人視イメージを低減させるために、逮捕前は匿名か肩書・敬称付きで、逮捕段階から「容疑者」呼称に切り替えた。

天皇と政治

8月15日

昭和天皇の侍従の一人がこの夏、亡くなった。8月5日朝刊の訃報《ふほう》欄が小さく伝えている。小林忍さん、享年83歳。天皇個人に関することは決して口にしない、謹厳実直な側近だった。〝皇室のスポークスマン〟として知られた入江相政・侍従長をはじめ、昭和天皇の考えや人柄を知る立場に長くいた主要な侍従たちは、これですべて鬼籍に入った。平成時代がはや18年の歳月を重ねたことの証しともいえよう。そんな中、昭和天皇の靖国参拝に関する発言を記録した元宮内庁長官（故人）のメモを日経がスクープした（7月20日）。かつて皇室担当記者のはしくれだった身としては、悔しさを覚えながらも称賛するほかない。ただし、この特ダネとしての価値はどこにあるのかを見極める必要があることをあえて記しておきたい。

当の日経本記は「史料としての歴史的価値」を前文で押さえ、メモの内容と背景を事実に即して比較的淡々と記事化したが、総合面の解説では「靖国神社の合祀の是非や分祀論の行方にも一石を投じそうだ」と、それがもたらす影響を観測している。他紙も、例えば毎日は当日夕刊本記前文の最後で「今後のA級戦犯分祀論議や首相の靖国参拝問題などに影響を与えそうだ」とし、社会面や翌日朝刊総合面でもその影響を探る記事を大きく展開している。

本紙はどうだろうか。当日夕刊の前文では、昭和天皇靖国参拝中止の「明確になっていないその意図を探る貴重な資料」と位置づけながらも「小泉純一郎首相の靖国参拝にも影響を与えそうだ」と書いている。7月22日社説も「『合祀問題』への一石」として、靖国の現状が「昭和天皇の思いとは、かけ離れた存在になったといえよう」と指摘している。

確かに、靖国問題は中国、韓国を巻き込んで外交問題化しており、9月の自民党総裁選でも争点の一つになっている。それだけに注目されるスクープであることは間違いないし、実際に保守系の人々の間では深刻な波紋を広げていることは間違いない。しかし、「天皇の言葉を金科玉条のように頼りにして議論をするのは不健全だ」という作家、保阪正康氏の談話（朝日7月21日）が指摘するように、それは「昭和史」あるいは「昭和天皇その人」の真相に迫る歴史的資料の発掘、と受け止めるべきなのではないだろうか。靖国神社のA級戦犯合祀問題や首相の靖国参拝の是非をめぐる論議と関連づけるのは、左右どちらの立場からも「天皇の政治利用」となる。

現憲法は天皇の国政へのかかわりを形式的なものに限定している*。「天皇の真意」が現実の論議に〝影響〟を与えてはだめなのだ。それは歴史的考察の中にとどめておくべきであり、「御心をわが心として」などといった時代錯誤の発言や天皇の意向に左右されるような論議には、厳しい批判を浴びせてほしい。同時に、世論の動きをフォローする客観報道の中で、それをどう批判的に報じるか工夫が求められる。

＊ 憲法では「天皇は、この憲法の定める国事に関する行為のみを行ひ、国政に関する権能を有しない」（第四条）と天皇の政治的行為を禁止。天皇が行う国事行為は憲法改正や法律などの公布や国会召集、衆議院解散など（第七条）。

皇室ニュースの〝構え〟

10月5日

メディアのタブーの一つとして皇室がよく挙げられる。まったく書かない、書けないという意味ではなく、批判を含めたバランスを取ることが難しいからである。

難しさの理由はいくつかあるが、一つには皇室の人々への直接取材の機会が圧倒的に少ないことがある。間接取材では断定的なことは書けず、いきおい遠慮がちなトーンになる。もう一つは、皇室批判には右翼などからの暴力的反応が危惧《きぐ》されるからである。皇室をめぐる論評は、常に身に危険が及ぶことを覚悟した上でなければできないのが現実だ。新聞協会賞を受賞した日経の「富田メモ」をスクープした記者も、その例外ではないと聞いている。

さらに三つ目。皇室でビッグニュースになるのは、冠婚葬祭にまつわるものが大部分だからだ。つまり「生と死」。天皇が死ななければ、新たな天皇は即位できない。これは弔事と慶事の同時ニュースだ。次の時代を担う皇族の動静として、結婚と子供の誕生もある。これは慶事。特に現行のルール下で皇位継承順位にかかわる男子の誕生が注目されてきた。「弔事」「慶事」どちらのニュースも、感情が伴うだけに一方に偏りがちとなる。

秋篠宮家に男子が生まれた。皇室にとっては41年ぶりの男子誕生である。ニュース性があるのは当然だが、はしゃぎ過ぎの感はいなめなかった。子供が無事生まれたことは、それがだれの家のことであれ、めでたいに決まっている。コメントを求められて、あえて難癖をつける人がいるはずもない。

だからこそ、とくに軟派な記事づくりは気をつけたい。「待ちわびた」「列島も祝福」（毎日9月6日夕刊社会面）「祝福の声列島包む」（日経同）「『よかった』列島祝福」（読売同）などを押しつけがましく感じたのは、少々へその曲がった筆者のみではないだろう。

さらに気になったのは、新宮の「帝王学」を取り上げた記事である（本紙9月6日夕刊ほか）。「帝王学」とは何か、という素朴な疑問から考えれば、次期天皇たる皇族の教育であろう。しかし、その候補者は実は1人だけではない。皇位継承順位者すべてである。新宮は、現行ルールでいけば継承順位第3位、他のルールに改正されれば4位、6位などとなる可能性がある。そうした立場の子の「帝王学」うんぬんを言い出すなら、それより前に第2位の秋篠宮を含めた他の皇位継承者の「帝王学」はどうなっているのかも問わねばならない。皇位継承順位は現在、皇室典範*に従って男子が生まれた瞬間に決まるが、明治以前は違っていた。天皇の長男、即皇太子ではなく、「立太子の礼」を経た皇族が次期天皇＝皇太子として正式に決められていたのである。だから、歴史上の皇位争いもあったわけだ。

「帝王学」など皇室のあり方をめぐるテーマは、宮内庁提供の材料とタイミングだけでは誤解を与えかねないし、「情報操作」の危険すら伴う。歴史と伝統、そして現代の「象徴天皇制」への洞察と覚悟がないと、翼賛報道になりかねない。

＊　憲法第二条と第五条に基づき、天皇・皇位継承および摂政の設置、皇族の身分、天皇や皇族の陵や墓（皇室財産）、皇室会議など皇室に関する事項を定めた法律。

メディア戦略

11月15日

携帯電話の「番号ポータビリティー制」*が10月24日始まった。携帯大手各社はこの日の新聞に一面広告を打ち、自社へのユーザー取り込みを図った。

そんな中、ソフトバンクは意表をつく戦略に出た。新聞広告をあえて避け、「速報新聞」と名乗った「号外」を配った。「一般紙の号外だと思って、ついもらってしまった」という人も多かったようで、デジタル時代にあっても「号外」というメディアの力が依然強いことをあらためて見せつけたともいえる。だが、読者を誤解させたという意味で、不公正な宣伝手法と言わざるを得ない。

同社のもう一つの戦略は、前日に新料金プランを発表し、翌10月25日朝刊の「きょうからポータビリティー制スタート」という記事に抱き合わせで取り上げさせるというものだ。実際、この戦略はほぼ当たった。「番号持ち運び制で競争激化　ソフトバンク加入者間なら　携帯通話料0円に」（朝日一面）、「加入者間ソフトＢ通話・メール無料　携帯番号継続制きょうから開始」（本紙同）。読売は一面で「『番号持ち運び』スタート」を短く書き、経済面で「ソフトバンク携帯新料金『持ち運び』時代に先手」とした。

問題にしたいのは、同社の新料金プランをどこまで詳しく説明したかである。さまざまな条件付きの新料金体系なのだから、「いくつかの条件付き」であることくらいは書いてほしかった。本紙など一部の経済面では各社料金比較の表を掲載し、条件を満たさない場合はかえって「通話料がかさむ可能性も」と〝注意喚起〟したところもあったが、一面記事は同社発表の「予想外割　通話料メール代¥0」というキャッチフレーズに引きずられた印象が強かった。その後、契約変更申し込みが同社に殺到して受付を一時停止せざるを得なかったのだから、この印象が読者に強かったことは疑いない。

政治の「メディア戦略」はよく議論されるが、日常的に企業PRに接している経済部記者にとっては、いまさらのことだろう。だが、注意しなければならないのは、発表されたという事実の客観性と、その内実の客観性との乖離《かいり》である。分かりやすい例は警察発表である。警察がある人物を容疑者としてみていることと、犯人であることとは違うケースがある。この場合、本当に犯人かどうかメディアの検証はかなり難しい。もちろん経済ニュースでも同じような事柄は多く、発表された事実のみを伝えるしかないこともあるだろう。しかし、今回は広く普及した携帯電話のニュースだけに、多くの条件付きソフトバンクの新料金プランの扱いは慎重であってほしかった。宣伝に景品表示法違反の疑いが出ていることも踏まえれば、契約切り替え騒動の責任の一端は、メディア側にあるともいえる。

企業PRに乗せられず、つまり発表ジャーナリズムに陥らず、消費者の選択に役立つ情報をいかに上手に伝えるか。メディアの中でも多くのニュース発信の経験をしてきた新聞こそ、そのノウハウを読者に模範的に示すことができるはずである。

＊　携帯電話・PHSの利用者が携帯会社を変更しても電話番号はそのままで変更先の会社のサービスを利用できる制度。携帯電話は2006年10月から、携帯電話とPHS間でも2014年10月から実施。

見えないプロセスへの挑戦

12月25日

世の中の出来事にはプロセスがある。

犯罪でいえば、事件が発生し、捜査当局が捜査し、容疑者を検挙する。検察は起訴し、裁判で白黒が決まり、容疑者が犯人と断定され、罰が下される。実際にはもっと複雑だが、ともかくも一定の経過をたどって〝一件落着〟する。

出来事を伝えるメディアは、そのプロセスの一つひとつで、読者の理解を助けるために「5W1H」*に関する情報を集めて整理し、提供することが求められている。

この〝出来事のプロセス〟を政治報道の世界に当てはめて考えてみよう。特に着目したいのは、政策決定のプロセスである。

一般的には、政府による提出法案の決定から国会提出・審議・採決を経て、正式に決定されるというのが目に触れやすいプロセスである。しかしながら、わが国の政治の実態をみれば、このプロセスはほとんど形骸化《けいがいか》しているといえるのではないだろうか。

新法の必要性や現行法の改正についての発議は、もっぱら自民党を中心とした与党内の議論によって方向づけられている。小泉政権で一時、与党の事前審査を否定し、官邸主導型を試みたものの、まもなく断念せざるを得なかったのはその表れであろう。

多くの法案が、実は国会に提出される前に早くもその基本的な性格と方向が定められているわけである。そうして決まったレールの上を走ることになるのだから、国会審議というプロセスは、ある意味で空洞化していると言わざるを得ない。

さらに情けないのは、国会の審議がほとんど議論の体をなしていないことである。主張と主張をぶつけ合うのみで、その根拠すら十分な説明がなされない。すれ違いばかりなのだから、「国会審議○時間」などといっても、実質を伴わない議論はむなしいだけである。国会審議という見えるプロセスが始まってからでは遅い、というのが現実なのである。

こうした日本の政治へのあきらめを払拭《ふっしょく》するには、さまざまな政策論議について、プロセスの早い段階から現場の実情、問題点の洗い出し、さまざまな解決策の提示とそれらのメリット・デメリットの整理――など、国民が考えるために必要な情報を多角的な視点から提供し続けることが欠かせない。権力闘争としての「政局」報道も必要ではあるが、それぱかりに「新聞力」を注いでいてはこの国の「無関心」は広がるだけではないか。

改正教育基本法が成立した年の瀬に、この一年を振り返れば、こうした思いは一層強くなるばかりである。水面下で進行する〝見えないプロセス〟に早く気づき、それを明るみに出しながら果敢に批判していく――そんな報道をあらためて期待したい。

＊ 出来事を表すために用いる「When（いつ）」「Where（どこで）」「Who（だれが）」「What（何を）」「Why（なぜ）」「How（どのように）」という6つの要素の頭文字の組み合わせ。ニュース記事の基本とされる。

投稿の扱い方

2月26日

ウチのかみさんは本紙暮らし面の読者投稿欄「つれあいにモノ申す」の愛読者であった。あった、という以上、本当にしばらくは楽しみにしていた。

読者からの投稿を掲載するこの欄のテーマは「長年つれそった夫や妻への注文」という。現代ニッポンの夫婦関係が表れていて、確かに面白いことは面白い。だが最近、読んだ後に心にささくれができたような感じが残る記事が多くなったようだ。かみさんも最近、「もういい！」といって読まなくなった。例えば2月14日朝刊のこんな記事はどうだろうか。

見出しは「皮一枚の関係？」

「焼いた塩ザケの皮を残した夫に『これ残すの？』と聞くと『食べてもいいよ』と言う。私は『私じゃなくて、（飼い犬の）ハナにあげようと思って』と言うと、夫は『ハナにはダメだよ！　焦げている所は体に良くないから……』。えーっ、私なら焦げててもいいの!?……」

夫婦の間の最初のやりとりは確かに面白い。だれでも、「そういえばウチでも……」と思わずニヤリとする場面だ。しかし、問題はこの後だ。

「これが本心だったのかとがくぜんとした。いつか、いつかひどい目に遭わせてやる。（主婦　48歳）」

この主婦は、本当に「これが本心だったのか」と思ったのだろうか？　そうではないだろう。想像するに、実際はもっと会話が続いていたはずだし、そう思いたい。だから「これが本心」であるはずがない。なのに、こう書いた。

読者受け狙い、というやつだ。「冗談として読んでよ」ということなのだろうが、そうであるならユーモアを伝える言葉がいま一つ足りないのではないだろうか。

逆に、もしこれが「本音」だとしたら、この夫婦の関係はあまりに殺伐としている。「それが現実だから、仕方ない」と言ってしまえば、ネット掲示板*のあの書き込みもまた「現実」であり、新聞がそれをばかにできなくなる。

人間の本音は、実は薄汚いことが多い。それを日常では理性によって覆い隠して生きている部分がある。

本音を知れば互いの理解が深まる、というのは単純すぎる。言い合っても理解しよう、というお互いの意志がある者同士でなければ、うかつには話せないものだ。紙面ではどうするか。そこに編集という仕事の意味がある。

ネットで起きていることも結局は人間がやっている。その観察は、同じマスメディアとして新聞自らの足元を照らすことにもなるはずだ。

＊　ネット上のコミュニティの一種で、話題をめぐって大勢の人たちがスレッドやトピックなどを無料で書き込んだり、閲覧できるウェブサイト。日本では「2ちゃんねる」が最大級。ＳＮＳの登場で需要は減少している。

世論をどう知るか

4月5日

「選挙の年」の第1幕が始まった。注目の都知事選は最終盤。本紙は告示前の3月19日朝刊で早くも世論調査を実施した。「石原氏一歩リード」は現職石原氏が3選を狙っているのだから当然の結果ともいえる。

それとは別に興味深かったのは、「次期都知事に最も力を入れてほしい政策」の結果だった。1位「医療・福祉対策」、2位「教育の充実」、3位「環境対策」……そして5位に「治安対策」がランクされていたことだ。実は、東京都も毎年「都民生活に関する世論調査」を行っていて、昨年暮れの調査では治安対策が3年連続で1位になっていたのを知っていたからだ。

二つの「世論*」をどう受け止めたらいいのか。調査の主体や目的、サンプルの数、調査方法などの違いがあるから単純には比較できないだろう。そう思っていたら、翌3月20日朝刊「即興政治論」が、内閣支持率について行政学者の田村秀氏にインタビューしていた。

「内閣支持率は人気投票的なところがある」「支持率よりも雇用や憲法改正など個別政策に関する調査を重視すべき」――そうだろう、そうだろうと納得することが多かった。自己流に解釈すれば、世論調査の結果は、その調査の目的と方法を知っておかなければ、結果の意味するところを間違えてしまうのである。

では、新聞の世論調査は何のために行うのか。一般的には、その時々の世論の動向を知るためであろう。特に選挙に関しては、当落判定や投票結果の分析にも役立てるデータ収集という目的がさらに加えられる。

だが、以前から思っていたのだが、新聞の世論調査は質問に緻密《ちみつ》さが少々欠けるのではないだろうか。例えば「石原都政への評価」では「評価するために都政の情報をもっていますか?」、つまり都政で何が行われているかを知っているかという質問がまずあるべきではないだろうか。

「無党派層」の動向が選挙の鍵を握っているといわれ、実際、各候補たちは政党色を薄めて無党派層戦略を重点に展開していると伝えられる。それならば、調査の対象に無党派層がどのくらいいるのか、「無党派層」といっても単なる政治無関心層なのか、それとも関心はあっても支持政党が見つからないのかは回答分析のために必須の質問項目だと思うのだが……。

新聞が世論を知るには、世論調査でもっと上手に聞き出す工夫をしたいものだ。が、それ以上にいま必要なのは、個々の記者が世間にもっと触れ、世の動きに対して「これはおかしい」「正しくない」「不公平だ」といった〝肌感覚〟を磨くことではないだろうか。

季刊誌『総合ジャーナリズム研究』の最新号「創刊200号記念特別号」でも、本紙論説委員が「庶民の海を泳ぎ回らなければ」と危機感をもって書いている。

＊ 古来、中国で輿《かご》かきのような庶民の政事についての意見や議論を意味した「輿論」が簡略化されて「世論」に。世間一般の意見のこととされるが、public opinion の訳語としても用いられるに従い、内容は多様化している。

既成事実への懐疑

5月25日

21本の社説を8ページにわたって一挙掲載した朝日の紙面づくりには驚かされた。5月3日憲法記念日の紙面づくりである。本紙は一面トップに「二段階改憲　自民が検討」を置き、4ページの特集を組み、毎日も改憲賛否を問う世論調査結果と大型社説を一面に出し、やはり4ページ特集を組んだ。

保守派の政治評論家は「紙面のつくり方に不思議な現象があらわれた。これまで護憲ないし改正慎重派と思われていたところが手厚い特集を組み、改憲志向の新聞はやけにあっさりとしていたのだ」と評し、「護憲派リベラルが危機感に燃えて一気に攻勢をかけてきている。（略）われわれも理論武装を固めなくては」と自民党幹部の言葉を引用して危機感を募らせていた（産経コラム5月3日）。

だが、改憲・護憲派を問わず、「理論武装」の前に忘れてはならない大事な視点がある。

本紙5月17日夕刊文化面「社会時評」。作家・高村薫さんは「こうしていよいよ現実のものとして目の前に突きつけられてみると、今日の憲法改正の動きには多くの不備があることに気づかされる」として①総選挙を経ていない政権に憲法改正に踏み出す根拠があろうはずもない、②衆参両選挙区の1票の格差を放置した今の国会に憲法改正の発議をする資格はない――など、手続きだけをみても不備、不透明な点があることを指摘した。

これらは憲法改正という課題に国が取り組むための基本的な条件である。高村論文は、それが置き去りにされたまま改憲の是非をめぐる論議ばかりが積み重ねられてきたことへの素朴で愚直な、だからこそ本質的な疑問、懐疑を示しているのではないだろうか。

だが、筆者が言いたいのは、このような改憲論議の状況が作り出されてきた責任の一端は、メディアにもあるのではないかということである。

メディアは結局、改憲に向けた既成事実の積み重ねに手を貸してきたのではないか。高村さんの指摘に気づいているならば、国民投票法成立*のニュースに「改憲へ加速」(本紙5月14日夕刊一面)という不用意な見出しを付けることはなかったはずだと思うからである(記事は主語を正しく「自民党」としている)。また、翌15日朝刊一面の改憲スケジュールの記事も、指摘された点を踏まえているようには読み取れなかった。

世の出来事を伝える、という性格から「報道は既成事実に弱い＝追認ばかりしている」との批判がある。だが、事実の意味をそもそも(ゼロ)から考える高村さんのような発想があれば、次の事実への安易な橋渡しを防いだり、一歩戻らせたりすることはできる。それが報道の弱点を克服する知恵ではないだろうか。

新聞がそれをいつまでもできないでいれば、「いつか来た道」はまた来ることになる。

＊ 正式には「日本国憲法の改正手続に関する法律」。憲法第九六条に基づき、憲法改正に必要な手続きである国民投票に関して規定している。2007年5月14日に成立。

日韓の記者クラブ

7月5日

韓国で政府が進める記者クラブ改革が問題になっている。「取材支援の先進化方策」と題されているが、一言でいえば、記者室の統廃合と公務員取材の管理強化計画だ。政府側はこの政策推進の背景にある「記者の談合」を指摘している。日本流にいえば「横並び記事」ということだろう。だが、その横並びがどうやら政府批判一辺倒ということらしい。思うようにならないメディアに対する政権のいら立ちは、佐藤栄作首相が1972年、「新聞は偏向している」と会見場から記者を追い出し、テレビカメラの前で1人で引退表明をしたことを思い起こさせる。

これに対して、韓国メディアはほぼすべてが反対している。朝鮮日報のホームページではトップニュースのすぐ下に「ニュース特集」を常設、関連ニュースを逐次掲載している。また、世界新聞協会（WAN）や国際新聞編集者協会（IPI）も、公務員が記者と接触したことを上部に報告するよう義務づける措置に対して、「取材源の保護の権利を制限するものだ」と批判し、政策の撤回を求めている。

韓国のこうした動きに、日本も「対岸の火事」と無関心でいるわけにはいかない。韓国政府は政策を立案する際にOECD加盟国での記者クラブ的存在の有無や会見の方法などについて実態を調査し、その中で日本のあり方を「後進的」と評しているからだ。メディアのあり方は国ごとの文化や風土、そしてその中でのメディアの発展の歴史と切り離せない。欧米の多くの国でなぜ記者クラブがないのかという背景も、そこにあるはずだ。

では、日本の現状を虚心にみるとどうなのか。日本新聞協会が2002年に出した「記者クラブに関する見解」*を踏まえて、実際の記者クラブの姿は現在どのように変わってきているのだろうか。見解のたたき台を作った1人としては、気になるところだ。

「場」ではなく、ジャーナリストの「組織」としてクラブを捉え直したその見解は、発表を待つ「場」として消極的な取材姿勢を生み出してきたクラブを変えるために打ち出されたものだった。5年経ったいま、クラブの閉鎖性は取り除かれたのか、クラブ主催の会見は増えているのか、「横並び」と称される発表そのままの記事は減り、独自の批判の目をもった記事は多くなっているのか……。

グローバリズムや新自由主義の潮流と、その一方で台頭する保守回帰の流れの中で、日々起きるニュースはますます複雑化している。本質がどこにあるのかを見極めるのは難しく、さまざまなテーマについて、歴史を踏まえた重厚な視点が求められている。

日本の記者クラブ改革を内実化するためにも、特ダネをとる力と同時に、専門的な知識と見識をもった記者をどう育てていくかは新聞界にとって大きな課題だ。

＊　日本新聞協会は1949年以降これまで4回、国や自治体から便宜供与されている記者室やサービス、クラブを拠点とした取材方法など記者クラブに関する考え方を「方針」や「見解」として明文化し、公表している。

イベント会見

8月15日

自民大敗の参院選。投票用紙には候補者名や政党名を書くだけで、その理由は書いてない。だから、結果をめぐってさまざまな解釈が可能である。だが、投開票当夜からの安倍晋三・自民党総裁の会見内容はひどいものだった。そして、それを取材する側の課題も——。

安倍総裁は繰り返しこう言っている。「今回の選挙は与党にとって、そして我が党にとって極めて厳しい結果でした。この国民の皆様の声を厳格に、そして真摯に受け止め、反省すべき点は反省し」「目標に向かって責任を果たしていかなければならないと決意をしております」

翌日の会見。これに対する質問で良かったのはわずか二つ。「反省すべきは反省、と繰り返しているが、どういう点を反省するのか」「内閣の基本路線については国民の理解を得られていると述べたが、そう判断する根拠は何か」。安倍総裁の答えを要約すれば、「年金問題では、すべてやるべき対策はやっている。説明と政策両面で役所の立場ではなく、国民の観点でやる」「経済を成長させて景気を回復させ、格差を解消するという経済政策は理解されている」だった。つまり、年金問題は国民の立場ではなかったと認めたということか。こんな経済政策は〝基本路線〟ではなく、だれでも共通する目標だ。そのための具体策が各党の基本路線であるはずなのに……。これで記者は納得したのだろうか。次の質問は、別のテーマに移っていた。

最近、会見で「二の矢が継げない」と記者側の力量不足を嘆く声が聞かれる。前夜からの総裁の発言を聞けば、この日もどのような内容になるかはだいたい予想がついていたはずだ。それなのにクラブの側に「二の矢」が用意されていないのは残念なことだ。

記者会見はイベントではない。いや、政府などの側はそのつもりなのだろうが、記者側はそうさせてはならない。あくまで取材のプロセスの一つである。相手の言い分を聞くだけで終わってはならない。抽象的な表現に対しては具体的な事例を引き出し、相手のロジックに矛盾がないかを見つけてそれを指摘し、後ろに隠された本当の意図や実態を引きずり出す……つまり、会見は記者側がリードし、言葉による戦いが展開されなければならない。会見は取材の戦場である。イベント化し、自らの言い分のみを伝えさせよう、痛いところはごまかそうとする側とのバトルにしなければならない。相手の言い分を聞くだけで会見が終わるなら、記者は相手側のイベント化に自ら手を貸すことになる。

質問が「平河記者クラブ*に限定」されていたのもいただけない。日本新聞協会の記者クラブ見解にあるように、会見への出席はできるだけオープンにするべきであり、非クラブ員にも質問するチャンスが与えられるようクラブは努力するべきである。自民党との間でどのような協議があったのかは知らない。しかし、このようなことが日本の中枢のクラブでいまだに実現されていない実態が、テレビを通じて国民に知られてしまったことは確かである。

＊　自民党本部内と衆議院内にある記者クラブで、所属記者は自民党と、連立政権を組む公明党の取材を主に担当。1966年まで東京・千代田区平河町の砂防会館に自民党党本部があったことによる。現在の党本部は同区永田町にある。

取材源を守る

10月5日

参院選での自民大敗、安倍首相の辞任、自民総裁選、そして福田内閣の発足――この夏の報道は、政治の混乱に振り回された感がある。メディア論的には、後継者をめぐるさまざまな党内のかけひきの中で、新聞をはじめとするメディアがどのように情報操作されたのか（あるいはされなかったのか）、取材源とのスタンスや情報の吟味が検証されなければならないだろう。

政治ニュースの氾濫《はんらん》の中で、メディアにとって大事なニュースがあった。奈良県田原本町の医師放火殺人事件を取り上げた本のことだ。フリージャーナリスト、草薙厚子さんの著書『僕はパパを殺すことに決めた』（講談社）で、容疑者である長男（17）の調書を入手し、引用したとして著者らが秘密漏示容疑で地検の強制捜査を受けている。

このことについては、いくつかの論点がある。

例えば、少年事件の審判が非公開であることから生じる情報開示のあり方の問題▽表現の自由とからんだ強制捜査の妥当性▽取材方法の妥当性▽取材源の秘匿*――などだ。本紙も「強制捜査の波紋」（9月16日朝刊）で、当局の介入による取材活動の萎縮の危険や供述調書の暴露による取り調べ聴取への影響などを取り上げている。

このうち、気になったのが著者の取材源秘匿をめぐる姿勢だ。本紙9月24日朝刊によれば、「著者が事情聴取に対して『医師に依頼して調書を見せてもらった』と話した」とＮＨＫが伝えたことについて、著者は会見を開いてそれを否定し、取材方法も違法性はないと主張している。

しかし、鑑定医資料から著者の指紋が検出されており（9月21日本紙夕刊）、取材源はほぼ特定されてしまっているといえるのではないか。また、著書に「供述調書を含む捜査資料約三千枚を入手」と堂々と書いているのだから、秘密漏示容疑を自ら認めているともいえる。著者も弁護士も何か勘違いしているのではないか、と思わざるを得ない。

ジャーナリストは、市民に必要と思った情報はさまざまな方法を用いて入手し、報道する。時には違法な取材方法をとることもある。知られたら罪に問われる覚悟をもたなければならない。逆に言えば、罪に問われてでも、伝えなければならない情報は伝えなければならない。それがジャーナリズムだということだ。

取材源の秘匿は、記者が明かすか明かさないかの問題ではない。当局や他のだれにも知られない方法で取材することによって取材源を守りきり、それによって必要な情報を市民に伝えることにその本質がある。

フリーのジャーナリストだから仕方がない、というのではなく、他山の石としたい。

＊　報道が信頼されるためには取材源の明示が原則。だが、情報源を保護し、萎縮させずにさまざまな情報を得る必要がある場合は情報源を特定できる情報を公表しないこと。

ボクシング界の実態

11月15日

プロボクシングの「亀田問題*」は、日本プロボクシングコミッション（JBC）による処分が出たことで一応の終息をみたが、「亀田問題」とは何なのかを通して、スポーツ報道について考えたい。

そもそもスポーツとは、ルールを設けた上で肉体の力と技術を競うものだ。それは〝遊び〟として始まった。そして、「興行」が「客を集め、入場料をとって演劇・音曲・相撲・映画・見世物などを催すこと」（広辞苑）とあるように、スポーツを見ることの楽しみからも「興行」の対象の一つとなっていった。プロスポーツの誕生である。

新聞社がこれまでさまざまなスポーツ競技や大会を自ら主催（興行）などしてきたのも、スポーツの普及と合わせて「公正さの確保」「レベルの向上」の追求に貢献するという社会的役割を意識してきたからに他ならない。

ただし、忘れてならないのは、スポーツの発展過程は競技の種類によって異なるということだ。亀田問題でいえば、プロボクシングは興行の側面が強いと同時に、厳しい観客の目にさらされながら「公平さの確保」を世界的に確立してきたプロ野球やプロサッカーなどとは異なった段階にいることを踏まえておく必要があるのではないか。

専門家に聞けば、プロモート（興行）権は実質的に実力あるジムが握っている▽WBC（世界ボクシング評議会）やJBCは名義貸しに過ぎない▽審判はジムが丸抱えで招聘《しょうへい》する▽チャンピオンの試合相手もプロモーターが選べる――など、一定の歯止めはあるものの他のスポーツと比べたら公正さはかなり見劣りするというのが現状らしい。

そうだとするなら、本紙社説「亀田処分　スポーツをゆがめるな」（10月17日）にある「スポーツをショー化し、よけいなものを付け加えようとする風潮は、もうこのへんで終わりにしたい」との主張は実情との乖離《かいり》が大きく、どうもうなずけなかった。

テレビにおけるスポーツ中継は〝究極の速報〟だが、テレビ局が試合の興行にも手を貸すとなると、当事者の1人として組み込まれ、ジャーナリズムが置き去りになる。その時のテレビに問われるのは、社会的な責任としての「質のよい」娯楽を提供できているかどうかであるべきだ。

プロレスや格闘技の中継が、亀田問題のように世間的に問題視されないのは、それらが「興行」レベルにとどまっている実態を視聴者が十分承知の上で楽しんでいるからではないか。

亀田問題をめぐる各紙の論調にあまり説得力がないのはなぜか。「テレビたたき」の風潮に乗じたわけではないとしたら、社説力の衰えを感じざるを得ない。

＊　2007年10月のボクシングWBC世界フライ級タイトル戦で亀田大毅選手は内藤大助選手に判定負けし、反則行為を繰り返したとしてJBCからライセンス1年間停止処分を受けた。TBSの実況・解説に「亀田寄り」と苦情殺到。

政治家のことば

12月25日

今年はどうやら、年金問題に始まって年金問題で終わろうとしているようだ。「消えた年金」で流行語トップテンにせっかく入賞した舛添要一・厚労相だが、年の瀬の政治の新たな火種になっている。基礎年金番号*に統合されず、持ち主の分からない５０００万件の「宙に浮いた年金記録」。社会保険庁がこの調査をしたところ、38%に当たる１９７５万件の特定が困難であることが分かった。朝日がすっぱ抜いたことから火がつき、これまで何度となく繰り返されてきた同じパターンが展開されている。失言した政治家は「私の真意が伝わらなかった」「誤解を与えたようなら申し訳ない」と言い、野党はそれでも「政治的責任を取れ」と迫り、メディアも「首をとれるチャンス」とばかりに集中する。だが、このような茶番ともいえる低レベルの政治のありようと報道はもういいかげんにしてもらいたい。それは、当の政治家の責任であると同時に、メディアの責任でもある。

本紙12月12日朝刊二面の「スコープ」が素早く問題の発言を整理して掲載した。これを参考にして見てみよう。

まずは、参院選での安倍首相「最後の一人まですべての記録をチェックし、年金を払う。年金問題はすべて解決する」（7月12日）

次いで、厚労相になった舛添氏「公約の最後の１人、最後の１円まで確実に（年金の支払いを）や

るということで取り組む」（8月28日）

今回調査の中間で舛添氏「最後の1人、最後の1円までというのは選挙のスローガン。神様がやってもできないのが出てくる可能性がある」（11月21日）

そして、調査結果を受けた町村官房長官「最後の1人、最後の1円まで（支払うことを）全部、来年3月までにやるといったわけではない。（参院）選挙だから簡素化してものを言ってしまった」（12月11日）

政治家が国民の耳に心地よい言葉を与えようとするのはよくあることだ。その中で、目指す「目標」とそれを達成するための「政策」とをあいまいにするのは、責任回避の自己保身からだ。

しかし、記者の方は違う。その発言の意味と影響を考えて取材・報道しなければならない。あいまいさを含んだままの発言をそのまま報道するのでは、「形式的な客観報道」という一種の〝手抜き〟と言わざるを得ない。

「選挙のスローガンだから言葉が足りなかった」とか「真意が伝わらなかった」などと後の言い訳を許してしまうのは、最初に発言の〝詰め〟ができていないからではないか。「何を」「いつ（までに）」「どのようにして」行うのかを発言者にその場、その場で具体的に詰めて聞き出す作業はしたのだろうか。そうした緊張感のある取材が求められているのは、政治の場だけではない。

＊ 国民年金・厚生年金保険・共済組合などすべての公的年金制度で共通して使用する「一人に一つの番号」で、4桁と6桁を組み合わせた10桁の数字で表示。1997年1月から導入された。

物語の描き方

2月25日

ある国で作られた食品が輸入され、ある日それを食べた人が体調を壊した。毒が見つかったのだ。

さあ、ここから始まる物語にどんな意味〈教訓〉が見つかるのだろう。

まず毒がどこで混入したか、そしてそれは故意か過失か。これによって物語の意味は変わってくる。故意ならば、特定の「だれか」が「意図」をもってやったはずだから、「だれが」とその「意図」が大きなポイントになる。過失ならば、ミスが「どこで」起き、「なぜ」防げなかったのかがポイントだ。製造・加工・梱包・輸送・配送・陳列と、口に入るまでのプロセスのどこで起きたのかを特定し、そこでの管理と責任が問題となる。

さて、こんな整理をした上で「中国製ギョーザ中毒事件*」の報道を振り返ってみたい。

初報（1月31日）のポイントは、毒がどこで混入したかの判断だ。中国で出荷されるまでの段階なら「輸入」「中国」、そうでなければ「冷凍」「ギョーザ」が報道のキーワードになる。だが、各紙とも一面見出しは「ギョーザ」に「中国製」と謳《うた》い、本記で短く触れている「製造過程の混入の可能性がある」との警察の見方に基づいて、同じ日の中面で「輸入食品　監視に限界」（朝日）、「輸入検査に穴」（毎日）、本紙「中国の汚染　食卓に」と展開した。

しかし、混入の時期が「中国の製造段階」と特定されない限り、輸入食品の検査のあり方を問題にすることは早すぎるし、中国製食品一般の「汚染」を取り上げるのも早すぎる。全国での実態がはっきりしない段階で、わずかな回収食品の状況だけから浮かび上がった一つの「可能性」が、早くもここで「断定」にすり替わっている。

つまり、「中国の製造段階で毒が入ったギョーザ」が「輸入食品検査をすり抜けて」国内消費者の口に入った、という一つの「物語」が始まってしまっている。だから、当該製造会社のギョーザはもちろんその他の同社製の食品、はては「中国」の原材料を使ったり、「中国」で作られた製品を何でも敬遠するような風潮が広まった。

その後の展開を見れば、パッケージに穴があったりなかったり、毒の付着部分もギョーザそのものやパッケージの内側、外側といろいろなタイプが見つかってきた。この原稿を書いている時点でも、「どこで製品に混入されたかは依然不明」(2月16日)なのだ。

作家の場合、結末を知っているから、その中に見つけた意味を語るために物語を書く。結末を知らないジャーナリストは作家とは違う。

現実の出来事はこの先、何が飛び出すか分からない。物語に意味を見つけるのは、いま手持ちの「確かな事実」によってでしかない。

＊　2007年12月下旬から2008年1月にかけて、中国の食品会社が製造した冷凍餃子を食べた千葉県や兵庫県の3家族計10人が、下痢や嘔吐などの中毒症状を訴えた。該当餃子には毒物が混入していた。

本質への切り込み

4月5日

巨額の累積赤字に苦しむ「新銀行東京*」へ400億円にものぼる都の追加出資が決まった。この問題で、本紙は2月13日「都に300—400億円要請へ　増資引き受け　議会、反発も」の記事以降、28本（本社ウェブ掲載）のストレートニュースと連載「がけっぷち『石原銀行』」の5本などで詳細を伝えてきた。いくつかの特ダネもあり、一般紙としては健闘したといっていいだろう。

だが、石原知事の対応や都議会の議論をみてみると、隔靴掻痒《かっかそうよう》の感は否めなかった。銀行の調査報告書が概要しか公表されなかったことに象徴されるように、この問題に関して都側が基本的な情報を開示しないことに起因している。議会の可決を得た知事が、反対が多数である世論の動向に対して「何を知っているのか」などとうそぶいてみせたのは、独善・傲慢《ごうまん》の極みとしか言いようがない。

振り返ってみれば、多くの疑問が解消されないままの〝政治決着〟であり、そうさせてしまったメディアの取り組みの弱さもみえてきた。

開業から3年を経ているので忘れてしまっていることは多いが、ポイントは新銀行東京の特色にある。①都内の中小企業の資金繰りを援助するために石原知事の肝いりで発足した、自治体が母体となる初の銀行、②「無担保・第三者保証不要」とし、融資の可否を財務データを基に機械的に判定する「スコアリングモデル」を採用、③取締役会は経営を監督し、業務執行は執行役にゆだねる「委員会設置会社」という米国流の企業統治形態——などだ。

だから、今回の問題を考えるには、①そもそも都庁には中小企業向け制度融資があるのに、なぜ別に銀行を経営しなければならないのか、②一般の銀行が苦戦している「スコアリングモデル」をなぜ採用したのか、③社外取締役が過半数を占める「指名」「報酬」「監査」の三委員会を置いた監査・監督システムはどう働いたのか——という疑問への答えが必要だった。

①については、「存続」を前提とした議論に終始した。②については、一般的な融資方法へ切り替えることになった。

問題は③である。「委員会設置会社」はもともと「士気の低下」「人材の確保の難しさ」「監査体制の不徹底」「社外取締役の実効性への懐疑」という〝問題〟を抱えていると指摘されている。巨額赤字の発生・放置がなぜ続いてきたのか。その答えはこうした問題点の検証の中からみえてくるはずだった。

残念ながら、都はこれに答えず、「半年ごとの決算発表を見れば、経営が悪化していることは誰の目にも明らかだった」（読売3月29日）のに、多くのメディアも切り込めなかった。新たなステージに入った新銀行東京のこれからを監視するメディアの役割は一層大きくなったといえよう。

＊ 2003年、当時の石原慎太郎・東京都知事が選挙公約に基づき、ほぼ独断で既存のBNPパリバ信託銀行を公有化する手法で発足。その後3年で1000億円近い累積赤字を抱え、経営統合などを経て現在「きらぼし銀行」に。

情報操作

5月26日

いま、『現場からみた新聞学』という本の改訂版づくりに携わり、その中の一章となる「客観報道」を担当している。考えつつ書き進めているが、参考文献として読んだ『ジャーナリズムの原則』（ビル・コヴァッチ＋トム・ローゼンティール、日本経済評論社）の中で「客観報道は、議論の中で火達磨状態になっている」と書かれている。

理由の一つは、「客観」「客観報道」の定義が抽象的なことだ。このため、論者は自分に都合の良い解釈で報道を批判し、現場も自分たちの報道の仕方を説明できないでいる。二つ目に、１９４０年代以降発達した「ＰＲ」というコミュニケーション技術を政府や企業が使って情報操作を成功させていることだ。「○○が発表した」という客観的事実と「発表した内容はこうだ」という客観的事実だけの〝薄っぺらな客観報道〟が横行してしまった。これが「客観報道はジャーナリズムをだめにしている」という短絡的意見につながっている。

こんな現状を考え直す具体例があった。1カ月前の4月1日に最高裁が公表した裁判員制度*に関する意識調査の報道だ。翌日の各紙の見出しを比較する。

読売：20代「裁判員やる」４人に３人　最高裁調査「参加」全体では６割
朝日：市民「参加の意向」６割　最高裁調査

毎日：「参加する」6割　最高裁が意識調査
本紙：裁判員制度　最高裁調査「参加したくない」8割　責任重く不安。

推進派、批判派、中立……ある意味で予想通りだ。しかし、同じネタなのになぜこのように異なるのか？　この調査が情報操作をねらっていたからだ。

調査の目的である市民の参加意識を問う質問の回答選択肢の作り方をみれば分かる。「参加したい」「参加してもよい」「あまり参加したくないが義務なら参加せざるを得ない」「義務であっても参加したくない」「わからない」の5択だが、前の三つの選択肢はいずれも「参加する」という結論となり、「参加しない」という結論は一つしかない。本来の選択肢は、もし選ばれたら「参加する」「しない」「いまは分からない」の三つであるべきだ。その上でそれぞれの理由を聞けばいい。そうしていないことの意味をなぜ読み取れないのか。だから他紙は、見出しは異なるものの本文では「参加する」の回答が6割いた、という最高裁が望んだ結果を書かざるを得なかった。本紙はそれを嫌って、参加するかどうかではなく「参加したくない」という心情に焦点を当てて「8割」としたのだろう。

「調査は誘導的な方法で行われた」と断じ、その方法を具体的に示して批判し、だからそれで得られた回答結果は伝えるに値しない、と伝えるべきだった。情報提供者のテクニックを見破り、「発表内容」という事実の後ろにある事実に迫ることこそ「良質の客観報道」であるはずだ。

＊　満18歳以上の国民から選ばれた裁判員が特定の刑事裁判で裁判官と審理に参加し、有罪か無罪か有罪の場合の量刑を判断する。市民感覚や常識を裁判に反映し、司法への理解と信頼向上のため2009年5月から実施。

ネット時代の〝目撃者〟

7月5日

東京・秋葉原の通り魔事件は、その背景の中にさまざまな問題をみることができる。例えば、〝派遣〟労働は、現代版「蟹工船*」ともいうべき労働搾取による貧困・格差の存在を浮かび上がらせている。また、例えば〝ケータイ掲示板〟は、言葉の貧困によって危なっかしく成立している若者のコミュニケーション状況をクローズアップさせてもいる。

メディアに関連していえば、ネット上にあふれ出てきた目撃者たちの証言と映像を、事件報道の中でどのように位置づけ、利用していくのかという問題であろう。

このことはなにも目新しいものではなく、すでにあの9・11テロの際に米国で起きた現象として知られている。新聞・テレビの取材網ではとても把握できないほど多数の人々の目撃・体験情報がネット上に報告されたのである。日本でもネット上で似たような現象はあったものの、今回の事件が「情報通信」と「若者」という二つの文化のシンボルになっている〝アキバ〟で起きたという点でまさに象徴的である。数多くの偶然の目撃者たちが、モバイルを通じてその場で情報を共有し、なおかつネット上に写真や目撃談・感想をアップし、多くの人々の目に触れることになった。

しかし、これらの情報を新聞でどのように扱ったらいいのか。事は「検証」「裏づけ」「確認」などといった言葉で表現される報道の原則にかかわってくる。報道は「確かな事実に基づいて」行われなければならないが、ネット上の情報は「玉石混交」といわれる。情報の内容を問うのはもちろんだが、その前にデジタル情報は改竄《かいざん》・捏造《ねつぞう》・コピーが容易だということを忘れてはならない。ネット上の証言や写真をどの程度信用していいのだろうか。

一般市民撮影の写真が事件当日の6月9日夕刊各紙に掲載されている。

以下はその数とキャプションにつけられた注釈である。▽本紙＝3枚、（提供写真）▽朝日＝5枚、（現場にいた人が撮影）（読者提供）（○○さん撮影）▽読売＝4枚、（読者撮影）（日本テレビから）▽毎日＝5枚、（通行人提供）（読者の○○さん撮影）▽日経＝2枚、（提供写真）（○○さん提供）▽産経（朝刊）＝0枚

市民が撮影した写真の扱いについて、各紙の積極性の違いが現れているし、注釈の言葉にも新たな工夫や迷いがみられる。だが、写真の信憑《しんぴょうせい》性の判断について説明がないのはどうしてなのだろうか？

写真だけでなく目撃者の証言を含め、ネット情報を多様な情報源の一つとして今後どのように利用するのか。そして市民との〝つながり〟を感じさせるような双方向の新聞づくりにどう生かせるのか。毎日のメディア面も取り上げているが、ネット時代のより良い報道に向けて、各社共通するテーマとして本格的な検討を始めなければならない。

＊ カニを漁獲し、船上で缶詰に加工する漁船。大正・昭和初期のプロレタリア作家、小林多喜二が1929年、蟹工船で酷使される貧しい労働者達を群像として描いた同名の小説を発表。

国際報道の難しさ

8月18日

聞き覚えのある名前が突然、ニュースの世界に帰ってきた。ラドバン・カラジッチ。90年代前半のボスニア紛争時のセルビア人勢力の最高指導者だ。国連の旧ユーゴスラビア国際法廷から集団殺害（ジェノサイド）などの罪で起訴され、逃亡していたが、13年ぶりに身柄を拘束された。

第一報を各紙が一斉に報じたのが7月22日夕刊。以来、逮捕劇の背景や逃亡生活のエピソード、セルビアでのカラジッチ支持派による暴動、オランダ・ハーグにある国際法廷への身柄移送――と本紙はベルリン特派員を中心に第一段階のニュースを伝え、初公判からはロンドン特派員がカバーしているようだ。

この間の本紙の報道は、ニュース扱いの数でいえば、8月4日現在13本。わずか8本の朝日や読売と比べても見劣りしないものだったといえよう。ただし、毎日は別格で14本。力を入れていることがうかがえる。

中でも、7月31日朝刊では2010年までという国際法廷の設置期限を取り上げ、真相解明や被告の法廷闘争の駆け引きが残された2年半という時間内で行われるとの見通しを伝えていた。これからのニュースの方向性を占う上でも示唆に富んだ記事で、本紙でもぜひ触れて欲しかったポイントだ。

今回、このニュースの展開にこだわるのは、ボスニア紛争はメディアにとっても重要なテーマを突きつけていたからである。それは、情報操作の手段としても使われる「ＰＲ」のメディアを通じた国際世論形成に深くかかわっている。

ボスニア紛争は、一方の当事者であるモスレム人は被害者、そしてカラジッチ被告率いるセルビア人は加害者という善玉悪玉二元論のイメージづくりが、国際政治の舞台で米国の広告代理店によって展開され、見事に成功した例として知られている。ボスニア紛争におけるそうした情報操作の実態については、ＮＨＫのディレクター高木徹が「ＮＨＫスペシャル」の番組を通じて伝え、それを記録・出版した『ドキュメント戦争広告代理店』（講談社文庫）に詳しい。

マス・コミュニケーションにおけるＰＲという技術の進歩は、アカデミックな世界では重要なテーマとなっている。だが、現実のジャーナリズムの世界、特に日本では「○○のメディア戦略が奏功」などと、まるで他人事のようなとらえ方で済ませているのが目立つ。現場ではそれほど強く意識されず、ましてそれに対するメディア側の戦略・戦術も真剣には考えられていないのが現状ではないだろうか。

カラジッチという大物戦犯をどう裁いていくのか。今後の法廷取材と報道では、すでに作られているセルビアのイメージに記者自身がとらわれず、クールに取り組んでほしい。

＊　ユーゴスラビアから1991年に独立したボスニア・ヘルツェゴビナで、1992年から1995年まで続いた内戦。各民族が自勢力の支配下に住む異民族を排除し、勢力圏を民族的に単一にするための〝民族浄化〟が行われた。

訃報の扱い

10月6日

「海外の新聞と比べると、どこも同じようで個性が感じられない」――こんな声は日本の新聞の姿を嘆く類《たぐい》としてよく聞かれる。ニュースの価値判断や独自取材の差＝各紙の個性＝は、訃《ふ》報《ほう》の扱いや書き込み具合にもそれがみてとれる。最近の死亡記事を振り返ってみると、そんな例として映画『明日に向って撃て！』などで知られる米国の映画俳優ポール・ニューマンの死亡がある。

9月28日朝刊各紙の扱いを見比べてみよう。

本紙は一面トップ「中山国交相　きょう辞任」に抱き込まれるように真ん中で顔写真入り四段見出しの本記を載せ、社会面下で「反骨人生　クールに熱く」と横見出しを採って受けた。

朝日は一面インデックスに顔写真入り四行記事で扱い、社会面で二番手三段に扱った。読売は一面左に顔写真入り三段の本記と、社会面二番手の受け。毎日、日経はともに一面インデックスに一行見出し、本記は社会面二番手だった。産経は第二社会面左下に三段見出しの本記と「明日に……」の一場面の写真を添えていた。

一面で本記を扱ったのは本紙と読売だけだ。本紙が最もニュース価値を高く評価したといえる。

記事内容では、亡者が海外の俳優ということもあり、各紙それほどの違いはなかった。どこもＡＰ通信など米国メディアの報道をベースにしているのだろう。映画評論家のコメントを載せたところが多かった。そんな中で目を引いたのは、評伝だ。読売と日経がずばり「評伝」と銘打ってそれぞれ文化部の記者が執筆していた。それなりの〝意気込み〟の表われなのだろうが、内容的には出演作品の紹介の中でその演技力の評価をしてみせる程度。独自取材で迫ったものとはいえなかった。

欧米では、死亡記事専門の記者とデスクがいて「ＯＢＩＴＵＡＲＩＥＳ」というページでたっぷり書き込まれている。

日本の新聞も近年は、朝日夕刊「惜別」ページ（毎週金曜）や毎日第二社会面「悼む」（随時）など、速報では伝えきれなかった人物像やエピソードを紹介するようになった。各紙とも〝その時〟のために日頃からしかるべき人物の情報を取材し、いつ死んでもすぐに紙面対応できるよう準備をしているはずだが、残念ながらこうした欄での紹介も死亡からずいぶん時がたってからの掲載が目立つ。

毎日整理部ＯＢの諸岡達一氏*は著書『死亡記事を読む』（新潮新書）で「全世界的に、ボーダレスに、グローバル・スタンダードに、死去した人物のニュース価値を判断して、紙面に掲載するべきである」として、「死亡記事部」の設置を提唱している。

「文化・歴史の継承」はジャーナリズムの目的の一つでもある。グローバル化したネット時代の新聞の存在感を高めるためにも、編集局の仕組みと紙面の工夫を望みたい。

＊　１９３６—。コラムニスト、死亡記事アナリスト。著書に『裸の新聞記者』『新聞のわび状』『おもしろ見出しを探せ！』『整理記者の新聞考—新聞はこうして作られる』など。

検証の力

11月15日

迷走政局がようやく収まった。10月30日の総理会見で衆院解散・総選挙の先送りが決まり、早期解散で動いていた政局が一段落した。各紙はさっそく、こうした一連の流れを検証する記事を掲載した。最も早かったのは翌31日朝刊で、本紙は二面に1本ものの「選挙先送りの舞台裏」、読売は企画「混沌の政局　揺れた解散」の3回連載を始めた。続いて11月1日に産経が五面で、2日には毎日が一面と三面、朝日が一面と二面を使ってそれぞれ大きく掲載した。

1カ月半以上続いた政局報道の検証だけに、各紙とも政治部の総力を挙げたに違いない。比較してみると、各紙のネタ元への食い込み具合、得手不得手が推測できて面白かった。中でも読売は、各回が150行を超える重厚なもので、「麻生の秘書で政務秘書官*の村松一郎が、麻生から『解散原稿』――衆院解散当日に麻生が行う記者会見で読み上げる文章の準備を指示されたのは、党総裁選さなかの9月半ばだった」（1回目）など、他紙にはない新たな事実を具体的な日時や場所を示しながら舞台裏を再構成していたのが目立った。

今回の検証記事をことさら注目していたのにはわけがある。

ベストセラーとなっている『ジャーナリズムの崩壊』（幻冬舎新書）の筆者のフリージャーナリスト、上杉隆氏が大学の講義に招かれ、新聞によるこの政局報道を厳しく批判したからだ。いわく「早期解散を伝えた新聞記事は誤報だったのに、訂正もしないし、検証もしない。〝先送り〟という言い方で自らの失敗を糊塗《こと》し続けた」「これは大新聞の面子《めんつ》を重んじる古い体質からだ」「記者クラブにいて、中枢の取材を相互に縛っていたからだ」……。「解散しない」と週刊誌に書いていた彼は、自分の取材が正しく、予想通りだったと自慢げだった。何も知らない学生には説得力があったようだ。

こうして新聞不信のタネがまかれた。だからこそ、新聞報道の信憑性《しんぴょうせい》を確認する上でも、各紙の検証でどのくらい深く真相に迫れるか知りたかった。

新聞の取材力の衰退や記者クラブによる弊害があることは事実だ。一方で、フリージャーナリストの中にはすばらしい仕事をしている人もいる。しかし、既存メディアの悪い部分のみをことさらあげつらい、それをもって自身の存在感をアピールする人たちがいることも事実である。そうした類《たぐい》の俗説マスメディア批判本が売れている悲しむべき現実がある。だが、いちいちそれらに反論することもまた、かなわない。

日々の報道では捕捉しきれなかった事実をあらためて集中的に取材し直すことで、ジグソーパズルの空白部分を埋め、全体像を描きあげる、つまり、真相に迫る努力を続けることが必要だ。取材のノウハウの蓄積と組織力のある新聞こそ、それができるはずだ。新聞力の要は「検証の力」であることを世間に知らしめなければ、新聞不信はなくならない。

＊ 慣例的に7人いる内閣総理大臣秘書官（特別職の国家公務員）のうちの政務を担当。6人は事務担当。「首席秘書官」とも呼ばれ、首相のスケジュールや重要政策の調整、野党との密かな連絡調整役など業務は多岐にわたる。

不穏な期待

12月25日

ニュースを伝える新聞には、「どのくらいの紙面扱いをすべきなのか？」という問いがいつもつきまとう。「ニュース価値」の判断である。

この判断は、取材記者はもちろん、デスク、整理部、そして最終的には編集局長（実際にはその日の紙面責任者である編集局次長）が下すのだが、だれでもそれに従えば正しく判断できる便利なマニュアルはない。各新聞社の中で、あるいはその国の新聞業界の中で長い間積み重ねられてきた経験的な、それゆえあいまいな〝基準〟がなんとなく存在する。

ニュースの価値判断の理論の一つに、「ニュースの六元素」というものがある。①時間的近接性、②距離的近接性、③著名性、④異常性、⑤進展性、⑥情操性――の六つで、各要素が強いほどニュースの価値は高まるという。実際にはもっと複雑な要素があるはずだが、中には「仮定法」と筆者が名づけている困った要素が紛れ込むことがある。そんな例が、「元厚生事務次官宅連続襲撃事件*」の初報段階でみられた。

11月19日朝刊各紙の一面、社会面トップとなったこの事件、「異常性」「情操性」からもニュース価値は確かに高かったが、「テロ」という仮定を持ち出した結果でもある。本紙や朝日はともに一面見出しで「連続テロか」とし、読売は「連続テロ」と断定。一面で「テロ」を見出しにとらなかった毎日も社会面では「年金テロなのか」と派手に打っている。その後に各紙が社会面展開した企画も、「テロ」を前提にしたトーンが色濃かった。

しかし、「テロ（テロリズム）」とは「一般に恐怖心を引き起こすことにより、特定の政治的目的を達成しようとする組織的暴力行為、またはその手段を指す」（ウィキペディア）。この事件が「テロ」かも知れない根拠は何だったのか。各紙によれば、警察庁や政府高官の「テロの可能性がある」との言質と、そう仮定した時の恐怖におびえる霞が関の官僚たちの言動だけだったのではないだろうか。「他の」可能性を無視して、「一つの」可能性だけを取り上げるにはよほどの蓋然性《がいぜんせい》、つまり合理的な推測が成り立つ根拠がなければならないはずである。「もし、○○だとするなら大変なことだ」といったテレビ・コメンテーターの安易な解説は繰り返し批判されているが、この事件では容疑者出頭までの紙面も、同じようにニュース価値判断の「仮定法」で展開してしまった。容疑者の動機は依然不可解だが、「テロ」の仮定が崩れたことは確かである。

官僚の腐敗と政治の貧困に対する市民の怒りや不満の蓄積……そんな世の中を日々伝える記者自らの心の奥に、記事を大きく扱うためにほんの少しでもテロ容認や期待の気持ちが知らぬ間に忍び込んではいないだろうか。「仮定法」を無意識にとってしまった心理を自己分析しておく必要があるかも知れない。

＊　２００８年11月、埼玉県と東京都内に住む2人の元厚生事務次官の自宅を男が連続襲撃し、2人が死亡、1人が重傷を負った。犯人は46歳の男でまもなく出頭して逮捕、死刑判決を受けた。

グッド・ニュース

2月25日

「Good news is no news（良いニュースなんてニュースじゃない）」とよくいわれる。では「ニュース」とはなんだろう。そんなことを考えていたら、先日、NHKの夜のニュース番組で「HAPPY NEWS」のことを取り上げていた。

「HAPPY NEWS」は、「新聞記事でHAPPYな気持ちになった」作文を読者から募集するもので、日本新聞協会*が2004年から毎年行っているキャンペーンの一つだ。暗いニュースばかりでなく、新聞には人々を元気づけ、夢を与えるような記事もあるから「もっと読んでほしい」という狙いで始まった。より多くの人を「HAPPYにした」記事が対象ではなく、読者が「なぜ、その記事でHAPPYになったか」の理由を重視して選んでいるという。

業界内でも実はあまり知られていないが、いまでは1万人を超す応募者があり、受賞作品をまとめた本は結構売れているようだ。ちなみに中日新聞のこれまでの受賞記事は「ヤング部門」を含めて7本と健闘している。

番組では2007年度の受賞作品の中からいくつか選び、登場人物のその後もフォローしながら紹介していた。だが、毎年度の受賞作発表は4月。なぜいまなのかNHKに問い合わせたら「明るい話題がほしかった。たまたま〝HAPPY NEWS〟のことを知っただけ」だそうだ。

確かに、「100年に一度の不況」といわれるこの時代、紙面はどれもこれも暗いニュースばかりだ。こんな時こそ、「明るいニュースが必要」というのも分からないではない。

例えば、この不況の最中、さまざまな業界の苦しい状況が日々、ニュース化されている。経済が消費者の心理によって大きく変動することを考えれば、その心理にマイナスに影響する——気持ちを暗くする——記事ばかりでなく、「何かプラスになる、明るいニュースを探せ」というのも無理はない。だが、それでは安易すぎないか。「暗いニュース」=「悪いニュース」でもないし、「明るいニュース」=「良いニュース」ともいえない。

語源をたどれば、「ニュース」はまさに「新しいこと」だ。「新しい」とは、一つの出来事が起きる直前の「これまで」とは何かが「違う」ことだ。「これまで」をどうとらえるか、が大事なポイントになる。それによって、発見する「新しさ」のニュース価値も違ってくるからだ。記者たちの「世界を見る目」が問われることになる。

経営学では「危機こそチャンス」という。「良いニュース」とは何か。一歩引いて、「これまで」の常識を疑ってみることも必要なのではないか。記者たちが虚無的、冷笑的になっていたら、それはできないかも知れない。

＊　全国の新聞社・通信社・放送局が倫理の向上を目指す自主的組織。1946年7月設立、現在一般社団法人。新聞社(発行部数1万部以上)98と通信社4、放送局22が加盟(2022年4月1日現在)。

消えない「関係者」

4月5日

西松建設献金事件*の今後の展開が目を離せない。このまま小沢民主党代表の秘書の起訴だけで終わってしまうのか、東北地方のダム建設などにからむ談合事件につながるのか、あるいは捜査が自民党側にも波及するのか。この原稿を書いている時点では不明だが、逮捕・起訴された小沢代表の秘書が起訴事実、つまり「西松建設からの献金だと認識していた」と政治資金収支報告書へのウソの記載を認める供述をしているのか、その真偽が大いに気になる。

秘書の自供については、起訴（3月24日）翌日の25日朝刊で読売が一面トップの記事中に「捜査関係者によると、大久保容疑者は起訴事実の一部を認めているという」と記載、産経も同じように「捜査関係者によると、大久保被告は起訴事実をおおむね認め」と触れていた。NHKも同じ内容を流していた。

これに対して、本紙は3月26日朝刊一面の二番手四段で「『西松側の献金と認識』小沢氏秘書が供述」の見出しをとり、「二つの政治団体について『実態がなく、実際は西松建設側からの献金だと思っていた』と供述していることが関係者の話で分かった」と伝えた。

しかし、その後他紙のフォローはみられない。3月28日には秘書の弁護人がそうした報道に対して「弁護人らの認識は異なっている」とのコメントを発表（本紙29日朝刊社会面ベタ）し、29日日曜のテレビ討論番組でも、民主党側が否定する姿勢を貫いていた。認める供述をしているなら、小沢代表の主張が崩れる重大な事実だけに注目したのだが、どうなのだろう。

真偽とは別に、もっと気になるのが記事の書き方である。本紙は2月15日の朝刊で、「裁判員制度5月スタート　新たに『事件報道ガイドライン』　記事の書き方を見直し」との特集を1ページにわたって載せた。▽「情報の出所」を明示する▽「逮捕容疑」は区別して書く▽「否認」の主張は必ず盛り込む▽「無罪推定」の原則を尊重▽見出しで予断を与えないようにする――などがその骨子だ。

ガイドラインは「3月から実施する」とあった。しかし、今回の事件報道を見る限り、その趣旨はどこに生かされているのだろうか疑わざるを得ない。例えば秘書供述の記事では「情報の出所の明示」について、相変わらず「関係者の話で分かった」としか書かれていない。「特に事実関係に争いがあるケースでは、互いに自らに有利になるよう情報提供することも考えられるが……」（ガイドライン概要から）との観点でいえば、否認し続けていたはずの秘書側への取材が行われた形跡を見ることもできない。「これまでは捜査当局からの情報なのか、独自取材の情報なのか判然としない場合があった。今後は可能な限り、情報の出所を明示していく」というのが、ガイドライン策定に向けた反省でもあったはずだ。その矢先の大事件で早くも実現が難しいことを露呈したとするなら、事件報道改革の今後が思いやられるのではないだろうか。

＊　２００９年3月に当時の民主党代表、小沢一郎氏の公設秘書が、西松建設から受けた計３５００万円の献金を同社のダミー政治団体から受けたと虚偽記載したとして逮捕された政治資金規正法違反事件。小沢氏は党代表を辞任した。

ニュース価値の「遺伝子」

5月25日

ニュースの価値はどのように判断されるのだろうか――。ジャーナリズムを考える上でこんな基本テーマを思い起こさせたのが、「SMAP」メンバー、草彅剛《くさなぎつよし》さんの逮捕事件だった。泥酔して公園で全裸になって叫んだとして、公然わいせつ容疑で逮捕された（4月23日）。

当日夕刊では、多くの新聞が一面で大きく扱い（本紙はトップ）、テレビの報道も取材ヘリを飛ばすなど大騒ぎだった。この日午後には、与野党が対立している海賊法案*が衆院を通過するという重要なニュースもあり、大きく扱われてしかるべきだったが、このあおりを食って隅へ追いやられた（本紙は二面三段）。草彅さんは結局不起訴・釈放となり、少しの間の謹慎期間をおいて芸能活動を再開した。

はたして、こんなメディアの〝はしゃぎ過ぎ〟に読者の反発も大きかったようだ。「こちら特報部」（4月29日）も「検証・草彅さん事件」と題して取り上げ、「擁護論一色」「メディアは潔癖症」などと市民やメディア研究者の批判的な声をまとめた。当日の扱いの〝軌道修正〟を図ったのか、〝反省〟のトーンが色濃かった。

だが、この「検証」の内容もいささか不十分、物足りなさを覚えた。

「公然わいせつ」の適用による逮捕・家宅捜査は妥当だったのか？　そもそもこの行為は「犯罪」なのだろうか。あえて法律を適用するなら、「酒に酔って公衆に迷惑をかける行為の防止等に関する法律」（昭和36年施行）の第三条（保護）であり、草彅さんは「警察官が保護すべき酩酊者」とみなすべきではないのか。

また、一般人が当事者だったら、おそらくベタ記事にもならなかっただろうこのニュースを大きく扱った理由の一つは、草彅さんという芸能人の「著名度」だったと思われる。確かに草彅さんは日本を代表するタレントグループのメンバーで、さわやかなイメージを売りにし、地デジ推進のキャラクターでもあるが、中高年の読者層にそれほどの評価と親しみがあるだろうか。

こんなことを考えていると、日本の一般紙がもつ2系統のニュース価値「遺伝子」に思い至る。歴史を振り返れば、日本の主要な一般紙は明治以降、小新聞（大衆紙）と大新聞（政論新聞）が合流して成長、あるいは生き延びてきた。本紙も1884（明治17）年創刊の「今日《こんにち》新聞」と1890年創刊の「國民《こくみん》新聞」が第二次大戦下の1942年に合併して創刊された。この点が、高級紙と大衆紙がその性格をはっきりさせて棲《す》み分けてきた欧米の新聞のありようとは異なるところといえよう。

本紙を含む日本の一般紙は、ある時はセンセーショナル（情）に、ある時は偉そう（理）に紙面をつくってみせる。ニュースの価値判断に一貫性がないのではないかと読者を困惑させるのは、そんな生い立ちの系譜をいまも引きずっているせいなのかも知れない。

＊　頻発するソマリア沖海賊の対策のため、日本は2009年3月、自衛隊法等の「海上警備行動」として海上自衛隊護衛艦2隻を同海域に派遣。同年6月「海賊行為の処罰及び海賊行為への対処に関する法律」が新たに成立した。

インタビュー力

7月6日

朝刊一面の連載企画「独白」シリーズが面白い。3月から始まって、すでに3シリーズ目。今回の「通貨欲望編」は6月16日から24日まで計7回掲載された。

「テレビは愛社精神を高給で買っていた」（第1回）
「仕事しない状態耐えられず、週5日バイト」（第2回）
「高金利でもニーズ。無理に抑えるのおかしい」（第3回）
「『宵越しの株*』は持たない。お金は単なる記号」（第4回）
「お金を稼げなければ、成功とはいえないですよ」（第5回）
「知識がないとお金って吸い取られちゃう」（第6回）
「あれもこれもと、もがくから苦しいんだ」（第7回）

こうやって見出しだけを振り返ってみても、ズバリ、グサリ、バッサリ、ストレートな本音の言葉が毎回登場して、読者をある意味で〝驚かせる〟ことに成功しているといえるだろう。「欲望」をあおり、「欲望」に取りつかれ、振り回され、「欲望」をコントロールしようとする……成功と失敗の光と影の中でうごめく人々のさまざまな体験からの赤裸々な本音が、一人称の「独り言」として絞り出されている。

経済が数字でしか語られなくなってしまった感の強い昨今の経済報道。学生たちは経済記事を「分からない」「難しい」「関係ない」といって読みもしないで敬遠している。だが、経済は人間の欲求が生み出す活動だ。その原点を思い出させてくれる、久々の好企画だ。

さらに、本音だけでは済まされない現実世界の動きや社会全体としての視点を、別ページの経済面ではあるが〝硬派〟的に押さえておく、という2本立てスタイルがこの企画の心憎いバランス感覚を示しているといえるだろう。

もっとも、金もうけという自らの「欲望」についての「本音」「本心」を語らせる狙いだけに、それを引き出す記者のインタビュー力が問われる、怖い企画でもある。

難しいのが実名・匿名問題だ。実名でどこまで「真実」に迫れるのか。できるだけ実名で、と担当記者たちも頑張ったのだろうが、今回シリーズでは、第1回のライブドア元社長、堀江貴文被告と第7回の元地上げ屋の僧侶、藤川清弘さんの2人を除いて5本が匿名だった。

匿名の場合、インタビュアーに迎合して面白く脚色していないだろうか、逆に実名の場合は建前や世間体をどこまで取り除けているか——どちらにしても、ぎりぎりまで実名にこだわりながら迫っていく気持ちを忘れなければ、これはプロの記者のインタビュー力を読者に再認識してもらえる良い機会になるはずである。さらなるシリーズを楽しみにしている。

＊「宵越しの銭はもたない」という言葉がある。その日の収入はその日のうちに使い切るという意味で、お金に対してケチケチしない、粋な江戸っ子の気性を表したもの。ここでは、「銭」を「株」に言い換えて使っている。

「決まり！」の根拠

8月17日

「政権交代」を問う総選挙が熱く始まった。戦後政治史の中でも、「五五体制」の終焉《しゅうえん》に次ぐ大きなエポックになるかもしれない重要な選挙といえるだろう。

いうまでもなく、「五五体制」は１９５５年の保守合同以来、〝万年与党〟の自民党と〝万年野党〟の社会党による政権交代のない疑似二大政党政治だった。

だが、自民党が93年の総選挙で大敗し、初めて下野してこの長きにわたった体制は終わった。その後、自民党は96年に自社さ連立を組むことで第一次橋本龍太郎内閣を発足させ、再び政権の座に返り咲いた。

しかし、「五五体制」の終焉をきっかけに、政治報道もまた変わるはずだったし、変わらなければならなかったはずだ。その後の小選挙区制度導入や法案の与党事前審査の廃止（いま再び復活した）、さらには経済財政諮問会議の設置などによって派閥は弱体化し、同時に首相・官邸への大統領制に似た権力集中がみられたからだ。

これに伴って、具体的な政策や法案、政治的人事案件などの取材も、担当省庁での意思決定と与党とのすり合わせのプロセスを見極めながら「ほぼ決定」とか「実質的に決まった」などといった形でスクープを打つ取材・報道スタイルは、見直しを迫られたはずだった。

しかし、それを変えるのはよほど難しいのだろう。

典型例が2001年5月、ハンセン病訴訟判決*に対して政府が控訴するかどうかをめぐる報道だった。官庁取材をベースにしたこの〝伝統的〟手法に沿った取材が依然として続いていたため、各紙とも控訴する方向で報道した。だが、当時の小泉首相は結局、控訴断念を決断した。手痛い誤報だった。

そして、同じ過ちはいまも繰り返されていたことを思い出させる記事が載った。

7月3日朝刊経済面の「日本郵政社長人事を検証」だ。

2月13日朝刊「郵政西川氏辞任へ」の特ダネ記事をフォローしたものだったが、「官邸『自発的辞任を説得』」「『時間切れ』で西川氏に軍配」の見出しでも分かるように、報道後のさまざまな動きを紹介するだけの言い訳ともとれる内容だった。

「検証」と銘打つならば、結果的に誤報となった記事を掲載するまでの取材のどこが間違っていたのか、自らに厳しく問わねばならなかった。検証の過程で、これまでの政治マターの取材手法が構造的に転換しなければならない時代にいることが再認識されてしかるべきだった。

それは政治部のみならず経済部を含めたすべての記者があらためて確認すべきことだろうと思う。今回の総選挙で民主党は「官僚政治を変える」と主張している。もしそうなったら政治の取材・報道はいやでも大きく変わっていくのだから――。

＊ ハンセン病患者の強制隔離を定めた「らい予防法」（1996年廃止）は違憲だとして元患者らが熊本地裁に起こした国家賠償訴訟。98年に提訴、2001年5月に原告勝訴判決。小泉首相は政治決断で控訴を断念し、一審判決が確定。

新政権と記者クラブ

10月15日

政権交代が実現した。

新政権はさっそく、八ツ場《やんば》ダム建設中止問題をはじめ高速道路の無料化、補正予算の執行停止、沖縄基地移転問題などマニフェストに掲げた大きな課題への具体的対応が迫られている。その中で、事務次官などの官僚による会見中止の方針*がメディアに直接からむ問題として急浮上した。「官」主導から「政」主導への一環だという。

各省庁の事務次官会見廃止の方針が明らかにされたのは、9月11日の岡田克也・民主党幹事長の会見だった。これを感度よく取り上げたのは毎日と日経。ともにストレート・ニュースとして翌12日朝刊で扱い、特に日経は15日社説でも「次官会見廃止は短慮だ」とリードした。他紙は追っかけ（他社に先に書かれた記事を後追い取材する）の機会を16日の政権発足前後に求め、「官僚の記者会見〝禁止〟（本紙17日朝刊一面）などとし、続く数日間で官僚たちの戸惑いや現場のクラブでの個別の反応をまとめた。だがその後、各省庁とクラブとの交渉はどのような経緯と論議を経て、どんな結果になったのか、残念ながら詳細は伝わってきていない。

会見問題は古くから、記者クラブを通じた取材の不透明性、閉鎖性の表れとして強い批判を受けてきた課題の一つ。だからこそ、新たな取り決めなり各省庁との現場レベルの交渉結果についても、その経緯と論議の様子を含んだ記事が求められているとはいえないか。その意味で、本紙を含むクラブ加盟社の報道が消極的に映るのは筆者だけだろうか。

事の本質は、いみじくも本紙9月18日社説が「記者は会見だけを取材の場としているわけではなく、会見が行われなくても、独自に取材し、情報を集めればいいだけの話だ」と指摘している点にある。政治家や官僚が「会見」「発表」で情報を提供しなくても、必要なニュースは自ら〝獲《と》る〟だけの取材力と気概を新聞はもっていることを見せつけることが肝要だ。この緊張関係の中で日々取材・報道を行うことが、彼らに積極的に情報を開示させることにつながっていく。

各社とも実際の交渉は基本的に各クラブの自主性に任せているようだが、クラブの記者たちにこうした認識があるのだろうか。裁判員裁判で裁判員会見のあり方を東京地裁と協議した司法クラブの例でも分かるように、中央省庁のクラブの対応結果は全国のクラブに〝スタンダード〟なモデルとして波及する。このことの自覚も忘れないでほしい点だ。

海外と比べ、日本のマスメディアは「会見」「発表」に頼り過ぎてきた。画一的な報道の一因とも指摘されたこの体質を大きく変える絶好のチャンス、ととらえることはできないだろうか。新聞協会2002年見解の精神をこの機にさらに発展させるくらいの取り組みと、国民の理解を得るための積極的な報道に期待したい。

＊　閣議（毎週火、金曜）に備えて、提出予定案件を事前に調整するために各省庁の事務次官らが前日に開く会議は事実上の政府の意思決定機関とみなされ、開催当日の記者会見が慣例として続いていた。

情報操作のワナ

11月25日

来年度政府予算案の策定に向けて、新政権の行政刷新会議による「事業仕分け」の報道が続いている。

「事業仕分け」は民間シンクタンク「構想日本*」のアイデアだが、各紙の記事データベースで「事業仕分け」を検索したところ、最初にこれを政党レベルで取り上げたのは公明党だったようだ。2005年総選挙での政権公約で同党は経済財政政策として、この手法で歳出を4兆円削減すると謳《うた》っている。だが、いまや「事業仕分け」はあたかも民主党の〝専売特許〟のようにみられ、同じ与党の社民党や国民新党が「自分たちもメンバーに加えろ」とやっかみ始めた。言い出しっぺの公明党もお株をとられて、さぞ歯ぎしりしてこの作業を見ているに違いない。

それはともかく、国レベルでの導入は今回が初めてなのだから、新しい政治プロセスとしてのニュース価値があるのは当然である。作業の日々の現場は「絵になる」のでテレビが連日ハデに伝えるのは仕方ないが、新聞の場合はその内容と紙面扱いが妥当なのか、考えさせられた。

まず、「事業仕分け」の具体的な中身が分かりにくい。予算編成プロセスの中での位置づけ▽対象事業の選定▽仕分け人の選考基準▽仕分けの基準▽財務省との役割分担▽公開の範囲——などなど。今回、約1カ月分の紙面をあらためて読み直して、ようやく概要をつかめたほどだ。そこで分かったことは、時間的な制約があるとはいえ、今回の仕分け対象は予算全体のごく一部であること、公開されている仕分け作業もまた、プロセスの一部でしかないこと、そして結論ありきの作業であること——である。

本紙がこの点を見極めていることは、仕分け初日の作業が終わった11月12日朝刊一面の署名記事で証明された。

政治部の竹内記者は「政権交代によって税金の使い方が変わったと印象付ける『舞台』は……」『廃止ありき』の議論だった」「事業の多くは、刷新会議が用意した資料に記された財務省の評価の方向に沿って見直しの判定が下った。事業仕分けは対象を選んだ段階で事実上終わっている」と指摘した。

作業はまさに「官僚の公開処刑」という政治ショーではないか。まな板に載せられた各省の概算要求をまとめた責任は当の民主党政務三役にあることは脇に置かれたままである。

そうだとすれば、某紙のように仕分け結果の詳報に熱心であるよりも、この作業の位置づけを踏まえたクールな紙面づくりが必要なのではないか。そこに本紙のニュース判断が示されるはずである。

政府が提供する素材が膨大だからといって、それをすべて報道することにメディアが追われると、情報操作のワナにはまる。

＊ 1997年に大蔵省（現・財務省）元職員、加藤秀樹によって設立された非営利系シンクタンク。政策提言とその実現を目指した活動を行い、「事業仕分け」は2002年に提案。

ニュースと〝常識〟

1月25日

年の初めは、各紙の大型連載企画が楽しみだ。ここしばらくは、そうした企画を年末からスタートさせるのが〝流行《はや》り〟だった。少しでも早く読者の関心を引こう、という前倒し発想だったのだろう。だが、やはり、節目というのはある。今年はほとんどの新聞が元日紙面から開始した。読者からすればありがたい。新年の静かな休日から、読み始められた。

「小沢氏から現金4億円」の特ダネをもってきた読売を除くと、主要各紙の一面トップはいずれも連載物だった。企画のキーワードは再建、再生、未来へ、支え合い、共生、シェアなど。そこからは、ある種の傾向＝共通の時代意識＝を読み取ることができる。

その中で、本紙の企画「常識革命」は異色だった。1月1日から11日朝刊まで計9回、特定の分野に限らず広く、これまでの〝常識〟を覆す動きを〝革命〟とみて紹介した。

素材として取り上げられたものは、読んでみて「知らなかった」ことばかり（もっとも、1回目は「これって、〝赤ひげ〟*バージョンじゃないか」という印象で、驚きがなかったのは残念）。いずれにしても、読後に「へー」「ほー」という感嘆詞が出てきたので、企画としては一応の成功といえるだろうが、〝革命〟というほどのインパクトには欠けていた。

その理由は、〝常識〟とは何か、の詰めの甘さにある。例えば、3回目の「公立高校」と5回目

「銅山」、7回目「モノレール」は、いずれも異なる〝常識〟をベースにしていたが、もう少し掘り下げれば、「不用→廃棄」というもう一つの通底する〝常識〟がみえてきたはずだ。4回目の「法案づくり」と9回目「世論形成」も、ともに民主主義政治への市民参加のあり方を変えようとするものだ。2回目「稲作」は、そこで問う常識そのものが、自給食糧としての稲生産におけるものか、稲作農家の経済的自立におけるものなのかあいまいだった。

常識とは、別の言い方をすれば「パラダイム」であり、リップマンに言わせれば「ステレオ・タイプ」となる。「良質のジャーナリズム」は、この常識を覆す、あるいはその可能性やヒントが含まれていると思われる出来事を見つけ、そのメッセージが分かるように伝えることだといえる。これができるためには、記者たちもまた、世の中の出来事についての「自分の中にある〝常識〟」をいつも疑ってみることが必要だということになる。

この連載で取り上げたような素材を、ふだんの紙面でもっと日常的に「ニュース」として伝えていくことができないだろうか。そうすれば、新聞の力をあらためて示せるに違いない。「新年企画」と大上段に構え直し、コンセプトをあらためて設定しなければこの種の素材が発掘できないとするならば、日頃の取材が〝常識〟にとらわれていないかどうか、振り返ってみることも無駄ではないだろう。

＊ 山本周五郎の連作短編時代小説集『赤ひげ診療譚』の主人公の通称。作品は江戸時代の小石川養生所の所長が青年医師やそこを訪れる庶民との交流・人生模様を描いている。

3月5日

「疑惑」の表現考

異例なことが起きた。主要5紙の社会部長クラスが、同じテーマに関して相次いで「反論」記事を書いて掲載した。テーマは小沢政治資金疑惑の報道をめぐる「リーク報道批判」*。産経1月21日、朝日22日、本紙31日、毎日と読売が2月5日だった。

主張の内容は、検察取材は困難なもので「地をはうような取材を文字通り、命を削って日々行っている」（産経）という取材実態を説明した上で、「当局のリークで書いている記事はない」（朝日）という趣旨で共通している。ただし、一部には「だから報道を信じろ」と〝居直り〟とも感じられる論調があったのは残念だ。一方で、「集めた情報の中にすら、ある意図を持って流されたものがあるのを経験的に知っています」（本紙）や「結果的に検察の意図が働いたかのように見えるケースもあるかもしれない」（毎日）といった説明からは謙虚な姿勢が伝わった。

とはいえ、各「反論」を読んで読者が納得するかというとやや疑問が残った。その一因は、「リーク」批判では、言葉の定義をきちんとしないまま、検察から得た情報をすべて「リーク」とみなしたり、新聞社の独自取材力を過小評価したりする論者も多く、とくにテレビでそれがひどかったことにあるといえよう。

しかし、「検察情報の吟味」をどのようにしたのかなど、「情報操作」されていないことを読者に理解させることは非常に難しい。むしろ、メディア側が今後、読者に分かるようにしていかなければならないのは、「疑惑」にかかわる報道の姿勢と表現にあるのではないだろうか。

「疑惑」とは何かを考えてみると、次のように整理できる。つまり、「疑惑」とされる行為にはA＝違法行為と、B＝現行法令では規定がないために処罰対象となりえないが、該当する行為が①新たな法規制の必要性を踏まえて問題提起したほうがよいもの、②法律上ではなく社会通念や（政治などの）倫理上問うべきもの――がある。検察はあくまでAのタイプの追及が仕事だが、Bのタイプの追及はメディアの力によるしかない。

今回（あるいはこれまでもそうだったかも知れない）の疑惑報道ではこれらがごちゃまぜになっていて、読者の中には報道された事実のすべてが「違法行為」であるかのように受け取った人も多かったのではないか。検察捜査の結果、「〝不正な〟金は一切受け取っていないことが証明された」との小沢氏の発言には、「不正」と表現することですべての「疑惑」のタイプを一つに丸飲みしてしまうレトリックが巧妙に使われている。

「疑惑」の三つのタイプに照らして、はたして今回の小沢政治資金疑惑とは何だったのか。振り返って一つひとつの記事を検証・整理し、読者が区別して理解できる丁寧な報道スタイル（表現）を工夫していく必要があるのではないだろうか。

＊　英語の「leak」は「漏れる」「漏らす」という意味。「情報源から機密情報を無断で、または公式発表に先駆けて提供されること。独占的なストーリーを持つことが多い」（オクスフォード・ジャーナリズム辞典）。

批判のブーメラン

4月15日

「ニュース」の扱いを決める要素の一つに、「驚き」がある。警察庁長官銃撃事件*の時効を迎えた3月30日の警視庁による会見は、まさにそれだった。会見では、立件できなかった同事件の捜査結果の内容を警視庁公安部長が公表したのだから、それ自体が「驚き」だ。夕刊がない産経と経済紙の日経を除く各紙が、その日夕刊一面で扱い、本記に「異例の公表」という見出しを添え、批判的な視点を盛り込んだのは当然のことだった。

その視点や批判の度合いが各紙で濃淡があったことはやむを得ないことかもしれない。その中で、本紙は一面で本記横に「解説」を添え、「司法の手続きの原則を無視したやり方だ」として「警察機関の暴走」と批判した。他紙と比較しても、論点の正当性と明快さで抜きん出ていたといえよう。しかし、問題にしたいのは別のことだ。二つある。

その一つは、公表された捜査結果の扱いだ。本紙は、一面本記の中でその内容を具体的に書き込み、さらに社会面に別稿として要旨も詳しく掲載した。他紙の多くも本記のほかに、「概要」や「要旨」として別稿の形で載せたが、読売だけが警視庁の主張する「根拠」と「捜査結果」の乖離《かいり》を冷静に表にまとめていた。これは別の意味で「驚き」だった。

だが、それはともかく、立件できない事件の捜査結果を警察当局が公表したことを批判しながら、なぜ、本紙を含む多くの新聞はその「公表すべきではない」とする情報を自らの紙面を通して読者に詳細に知らせたのか。この矛盾をどう考えて紙面展開を検討したのか、大いに疑問が残った。

もう一つは、警視庁がこの捜査結果を同庁ホームページにアップしたことへの批判が、どの新聞にも見当たらなかったことだ。

新聞は「社会の窓」とか「鏡」といわれるが、その窓から見える世界は小さく、鏡に映る世界は狭い。だから新聞が伝えなければ、起きた出来事は事実として人々に認識されない。起こったことすら知らされないのだから、読者・市民にとっては起きなかったこととほぼ同じになる。

だが、こう言われたのは過去のことだ。現代はネットの登場で、だれもが伝えたい情報を多くの人々に発信できるようになった。官庁も例外ではない。それぞれホームページをもったことで、新聞が書かなくても、官庁は自らマスメディアとして人々に知らせることができる。だが、官庁発信であろうとなかろうと、マスメディアには何を伝え、何を伝えてはいけないのかという社会的責任があるはずだ。

今回の場合、〝犯行グループ〟と名指しされたオウム真理教（現アレフ）は法的措置を検討する、といっているようだが、当事者だけに対応を任せて済む問題ではないのではないか。メディアの相互批判の観点からも、新聞は警視庁の姿勢と対応を批判しなくてはならない。

＊　1995年3月30日朝、当時の警察庁長官・國松孝次が出勤のため東京都荒川区の自宅マンションを出たところ、付近で待ち伏せていた男に拳銃で4回発砲され、瀕死の重傷を負った。犯人不明の未解決事件。

多様な意見

6月5日

鳩山由紀夫・民主党政権が大きく舵を切った。沖縄普天間基地移転問題は、迷走の末に多くの人の期待を裏切って現行案への回帰という形で「5月末決着」を果たした。多くの報道はこの問題を政局がらみや首相の資質の問題として取り上げてきた印象が強いが、国民にとっては安全保障問題を具体的に考える良いチャンスでもあった。

ここでのキーワードは、沖縄駐留米軍の「抑止力」。本紙がどう伝えてきたか振り返ると、まず▽「核心」で「海兵隊は抑止力にならない」（5月10日朝刊）、▽「こちら特報部」で「抑止力という陥《かん》穽《せい》」（14日同）、▽「週のはじめに考える社説」で「『抑止力論』の呪縛《じゅばく》」（16日同）——であった。これらは、「抑止力」への否定的な見方で一貫していたが、しかし、それだけでいいのだろうか。

比較の意味で毎日を取り上げてみる。まず、ことし4月の紙面改革で始まった「検証」で「遠征部隊がなぜ、沖縄に必要なのか。米軍高官が本音を語った」（4月1日）と伝え、同じく毎週土曜朝刊で始まった「ニュース争論」の第一回で「沖縄に海兵隊は必要か」（3日）を取り上げ、柳澤協二・元内閣官房副長官補と森本敏・拓殖大大学院教授という賛否両論を代表する2人の対談を掲載した。

「抑止力」を別にしても、このように人々の意見が分かれるテーマは数えきれないほどあるのが複雑化した現代だ。さまざまなメディアで多くの意見が展開される「論壇」は、ネット時代流にいえば

〝バーチャル〟な場としてつねに形成され、新聞も取り上げてきた。実際、毎日では「月刊ネット時評」を昨秋から月1回夕刊に掲載し、毎週金曜朝刊には「論点」が3人の識者による寄稿で多様な意見を伝えている。

毎日のみならず他紙では論壇時評やその発展形として多様な考え・見方を紹介する紙面が増えているようだ。批評家の東浩紀さんは「日本の政治的言論の重心は、いま出版からネットへと移りつつある」「もはや新聞や雑誌だけで『論壇』が追える時代でないことは明らかだ」(朝日4月29日朝刊)と指摘している。本紙のこの種の記事が、月1回夕刊掲載の「論壇時評」のみというのはいかにもさみしい。

新聞に議論の場としての「フォーラム機能」を初めて明確に求めたのは、1947年の米国「プレスの自由委員会*」報告だった。それから半世紀以上たったいま、論壇誌といわれる月刊誌の休廃刊が続く一方で、ネット上ではさまざまな言論が行き交うようになった。

だとすれば、新聞の社説も「多くの主張の中の一つ」と位置づけ、それを打ち出す前に、読者には多様な言論があること、つまり読者の意見形成のために複数の選択肢を提供することが求められるのではないか。本紙はそのための紙面をどのように拡充し、読者の期待に応えていくのだろうか。

＊　米国で1930年代から高まったプレス批判を受けて1942年に発足した民間組織。ハッチンス・シカゴ大学名誉総長が委員長。報告書「自由で責任あるプレス」の中でメディアに社会的責任を果たすよう5つの要請をした。

クールなメディア

7月15日

メディアを「ホット」と「クール」に分けてみせたのはマクルーハンだ。*著書『メディア論』（みすず書房）で、新聞は「クールなメディア」（情報に欠けた部分があり、受け手がそれを補っていく必要のあるメディア）に分類されている。なぜそうなのか、いま一つ理解しがたいところがあるが、言葉の感覚的な意味だけでいえば、このところの新聞はかなり「ホット」ではないだろうか。というより、そもそも取材対象である今の私たちの社会自体が「ホット」になり過ぎているのかも知れない。

例えば、鳩山から菅へバトンタッチされた民主党政権の内閣支持率が異常なほどのV字回復をみせたこと。新内閣発足直後の世論調査で、内閣支持率は鳩山政権末期の19・1％からいっきに61・5％へ、民主党支持率も43・8％に回復した（6月10日朝刊、共同配信）。この極端な変化、あえていえば世論のブレの大きさはいったい何なのか。

例えば、サッカーワールドカップ（W杯）で日本代表の決勝トーナメント進出が決まったデンマーク戦。午前3時からのテレビ中継で、後半試合途中の5時から放送終了の5時40分までの平均視聴率は関東地区40・9％、関西地区35・9％、瞬間最高視聴率は関東が試合終了間際の46・2％、関西が試合終了直後の41・6％だった。その日の本紙夕刊社会面は「夜明け列島　歓声」の大きな見出しが躍った。

この直後、社会面としては珍しい記事が目を引いた。精神科医、香山リカさんの四段組み囲みの談話記事（6月27日朝刊）だ。

見出しは「『0か100』の評価やめよう」。香山さんは〝歓喜に包まれた列島〟（記事前文）について、「すべてが雪崩を打つように一色になる現象……今日本を包んでいる歓喜や、内閣支持率の乱高下などの『民族大移動』の繰り返しを見ていると、客観的な批判や検証をする余地すらなくなっているような気がする」とホットな日本を一歩引いて観察してみせた。

小泉内閣発足以来、この国はスポーツから政治、そしてマスメディアまであらゆる分野がポピュリズムに振り回されているような気がする。

映像メディアは感情を、活字メディアは考えさせるのに向いているといわれるが、カナダ・トロントで開催されたG20サミット（金融・世界経済に関する主要20カ国首脳会合）終了の6月28日朝、英国BBCテレビの記者が「キャメロン首相の評価は、個人のイメージよりも重要政策の実行力で試される」とクールにリポートしていたのが印象的だった。

ホットな動きを追認するだけでなく、その後ろにある社会の実相を伝える――「クール」な新聞へどうしたら立ち戻れるのか。香山さんの記事を掲載したのも、そうした現在の新聞に危機感を抱いた現場の記者、あるいは編集局の小さな反逆の表れか、と勝手に受け止めている。

＊　1911―1980。カナダの英文学者、文明批評家。1960年代以降、メディアの問題を中心とした文明論を展開、ユニークな文明批評家として世界的に有名になった。著書に『グーテンベルクの銀河系』『メディア論』。

メディア面

9月6日

〝夏枯れ〟とはいえ、結構いろいろなニュースがあったこの夏だった。その中で、新聞報道のあり方を重点に考える本コラムの趣旨にこだわると、いろいろな意味で「こちら特報部　ニュースの追跡」の「米／新聞廃刊で選挙に異変／『記者のいない街』を調査」（8月22日朝刊）が面白かった。

新聞は、世界中で苦境に立たされている。特に米国は極端なほどその激しい変化を日々みせており、実際に新聞が〝消えた〟米国の街の実態を調査した報告を紹介したこの記事は、新聞が果たしてきた役割を考える上で興味深い内容だった。報告が発表された時期やどこに発表されたのかなど、基礎的情報が欠けていたのが残念だが、アカデミックな論文をニュースに仕立てた感度も良かった。

この記事を読んで思ったのは、本紙にはなぜこうしたメディアがらみのニュースをまとめて掲載するメディア面がないのか、ということだ。

メディア面は朝日が1990年12月に最初に創設し、いくつかの主要紙が追随した。筆者が3代目編集長を務めた毎日の「メディア&めでぃあ」面は1996年10月のスタートだ。

他人事しかニュースとして扱わなかった新聞に、紙面や新聞業界、さらには広くメディア界といった〝自分事〟のニュースを掲載し始めたのは、〝衝撃〟でもあった。メディア面はその後、〝本家〟朝日でも「メディアタイムズ」という欄に縮小され、ほぼ毎週掲載として残っているのは毎日のみとなった。本紙は、特報面などで適宜掲載しているのが現状だ。

しかし、振り返れば、新聞はいつの時代でも社会の変化と読者の関心に応えるために、特定の分野のニュースをまとめて掲載する紙面を設けてきたではないか。

政治、経済、事件・事故がニュースの中心だった初期の新聞は、その後、例えば原敬社長時代（明治30―33年）の大阪毎日が家庭欄（「家庭の栞《しおり》」）や園芸欄、文芸欄を初めて創設。今日《こんにち》のように配布する地域のニュースだけを掲載する地方版（面）は、國民新聞*が明治40（1907）年に最初につくり、運動面は同年、読売の「運動界」が先駆けだった。読売は大正14（1925）年にラジオ版も始めた。近年では「科学面」「環境面」ができている。

いま、読者の新聞離れ、記者会見や記者クラブの開放問題、ユーチューブなどネットメディアの台頭や電子書籍の開始など、新聞に限らずテレビ、ラジオ、雑誌、書籍とあらゆるメディアがネットの影響もあって大きな変革期を迎えている。

そうしたメディアの現状をニュースとしてまとめて伝える意味は、かつてないほど大きい。読者はもちろん、これからも新聞を担ってもらわなければならない記者たちにも、メディア面はかならず役立つはずだ。

＊ ジャーナリストで思想家の徳富蘇峰が1890年に創刊した日刊新聞。初期は平民主義を唱えたが、のちに右傾化する。1942年に廃刊し、都新聞と合同して現在の東京新聞となる。

検証記事

10月15日

郵便不正事件で逮捕された厚生労働省の村木厚子元局長が無罪となった。主要3紙は自社報道の検証記事を相次いで掲載したが、犯罪報道の課題と正面から向き合うという観点から検証記事を〝検証〟してみよう。

今回のような潜在型犯罪の報道は、①容疑者逮捕から起訴まで、②起訴から公判開始まで、③公判での審理――と大きく三つの時期に分けられ、それぞれの時期で検証のポイントがある。

例えば、容疑者・被告側の主張について、▽弁護人の取材や当事者への直接取材の限界は何だったか、▽その上でどの程度取材努力をし、どのように紙面化したか、▽供述内容の報道に際し、容疑者側の弁護人からの反論取材はできたか、▽公判前整理手続きでの証拠の採用結果を取材したか、できたか。さらに、公判取材では▽審理は毎回取材したか、▽被告側の主張は十分に報道したか、▽捜査側の構図が崩れるような重要な証言や証拠が出た時に、きちんと報道したか……などだ。

3紙の検証記事を見ると、いくつかは正直に語っているものの、「心がけた」「きちんと伝えるようより強く意識するようになった」「できるだけ報じた」など多くの点で具体性に乏しい表現に終始しているといえよう。

犯人視報道の問題は、1984年に刊行された『犯罪報道の犯罪』（浅野健一著、講談社文庫）で大きく浮上した。以来、容疑者呼称の導入や取材報道指針の改定などいくつかの改善が報道側でなされ、当番弁護士制度など司法制度上の部分的な改革も進められてきた。

しかし、捜査情報への過度の依存という大きな取材構造は依然、変わっていないのではないか。筆者は同著の匿名報道主義にはくみしないが、だからといって四半世紀にもなる時間の経過の中で、報道側の取り組みの遅さにはいら立ちを禁じ得ない。

折から、取り調べ検事による証拠データの改竄《かいざん》事件*で、最高検が捜査中だ。身内の不祥事を同じ組織が調べる矛盾の中で、捜査当局の調べに依存する報道が局面を変えて再び、繰り返されているといったら言い過ぎだろうか。

捜査当局という〝権力〟をチェックするには、司法制度をどう変えるべきなのか。改善への具体的方策を模索しつつ、現行の仕組みの中でどのような努力が必要なのか。そのことを自社の報道をケーススタディーとして社会に示すことにこそ、検証記事の意味があるのではないか。メディアの未来を志向する視点がなければ、報道機関の単なる言い訳に過ぎない、と市民はみるだろう。本件の舞台が大阪のため、もっぱら共同の配信原稿に頼らざるを得なかっただろう。配信原稿に不足する部分や視点を積極的に共同に注文したかなど〝他人事〟に済ませない姿勢で、「検証」がいずれ掲載されることを期待したい。

＊　2010年秋、障害者郵便制度悪用事件を担当した大阪地検特捜部主任検事が証拠のフロッピーディスクを改竄した証拠隠滅容疑で、上司の元特捜部長と元副部長が故意の証拠改竄を知りながら隠した犯人隠避容疑で逮捕された。

ネットのネタ元

11月25日

沖縄・尖閣諸島沖の中国船衝突事件で、衝突の様子を撮影したビデオが11月5日、投稿動画サイト「ユーチューブ」に掲載された。ネット時代の新聞としてネット上の情報をどうすくい上げ、ニュースとしてフォローしていくべきなのかを考えてみたい。

まず各紙の翌日朝刊の扱いを比較してみよう。読売・最終版一面のトップ、産経・最終版一面の下、朝日・最終版一面取り直し*の三番手、日経・最終版社会面取り直しの二番手、毎日・最終版二面取り直しの中ほど、そして本紙・最終版二社面取り直しの左隅（写真なし）だった。ユーチューブにアップされたのが午後9時すぎというから、各紙がそれに気づいた順番が分かる。この差は単なる運なのか、それとも取材体制から来ているのかによって問題は大きく違ってくるはずだ。

速報競争で新聞が後塵《こうじん》を拝するようになって久しい。ラジオやテレビという電波メディアの登場に続いて、ネットがさらに追い打ちをかけた。

ラジオやテレビなら、編集局全体で各チャンネルを視聴していれば〝取りこぼした〟情報はフォローできる。また、ネットの登場まではマスメディア同士の競争のみであり、それ以外の競合メディアはなかったから、遅れのみっともなさが世間に知られることもあまりなかった。

しかし、玉石混交の情報が交錯する広大なネットの情報世界の中から、新聞でも報道する価値のある情報を見つけ出すのは至難の業だ。さらに、ネットは情報次第で既存のマスメディア以上に広範な影響力をもつので、新聞は比較されて批判の的にもなる。本紙11月6日夕刊社会面トップ「尖閣ビデオ流出　ネットが『告発メディア』に」も指摘しているが、「ウィキリークス」のように意識的に世界各国の機密情報をネット上で〝リーク〟する告発サイトも登場している。もっとも、ウィキリークスにしても、入手した一次情報は信頼できる新聞などには事前に提供している。「分かりやすく」「コンパクトに」まとめ、情報の価値判断ができる新聞の力に頼っている表れ、とみることもできる。

新聞はネット情報の効率的な収集体制を早く築き上げる必要がある。ニュースのネタ元は〝情報のハブ〟となる人物を探すことに尽きるが、これはアナログでもネットでも同じはずだ。担当する分野の情報が集まる場で仕事をしている人物や、そうした場にいなくとも意識的に集めている人物はどこにいるのか、その人物はネット上の情報をどのように集めているのか。例えば、ツイッターではだれをフォローしているのかなどネットの利用を調べ、コンタクトし、重要な情報が流れていることをいち早く直接教えてもらうようにする。これを編集局全体で分担し、それでも漏れる部分を編集局で定期的にチェックする体制をつくるしかない。

ネットの広大さにたじろいでいる時ではない。新聞の生き残りはこの点にかかっている。

＊　新聞の一面は最も遅く締め切ってニュースを掲載するが、その時間を過ぎて起きた重要ニュースを掲載するために製作した紙面を作り直すこと。配達時間に遅れが生じるが、それでも伝えるべきだと編集局が判断した時にとる対応。

原点

1月25日

今年のキーワードは、「不条理」かも知れない。そんな予感がする年明けだった。

元日紙面から始まった五木寛之の『親鸞〈激動編〉』。第1回から15回までの「聖者の行進」では、それを見守る親鸞に白覆面の男が言う。

「物乞いの人びとのみじめな姿を見て、あわれと思うてはならぬ。ありがたい、と手を合わせよ。……あの者たちは皆、そなたたちの業を背おって苦しんでくれている仏たちなのだ」「肝に銘じておくのだ。貧者、病者、弱者こそ仏である。……身ぐるみはいでも勧進せよ!」

これに対して、「念仏以外に出すものが何もない」親鸞は、雑巾のような「折さし」を差し出す。この世の不条理に対して親鸞がどのような宗教的思索を重ねていくのか。それが小説の眼目であろうし、これからの展開が楽しみだ。

現代に生きる私たちの社会に目を向ければ、年末から年を越して、「タイガーマスク*」による個人の匿名寄付が全国的に広まった。

本紙「こちら特報部」(1月13日朝刊)では「広がる『タイガー運動』」として動きをまとめた。「善意次々『恥じよ政治家』」と政治の貧困に怒りをぶつけ、個人による寄付の多寡を英米と比較して日本を「小国」と位置づけ、その原因を「税制優遇など未整備」と指摘した。

筆者はこの分野の専門ではないので知ったかぶりをするつもりはないが、例えばウィキペディアによれば、英米では「自助の精神が強く、政府に頼らず民間での寄付が盛行したが、北欧諸国などでは政府が福祉を担うという社会意識が比較的強く、民間の寄付は英米ほど盛んとはならなかった」と説明。「大きな政府」と「小さな政府」のどちらを志向するかという観点も紹介し、寄付文化の違いは宗教観・社会意識・税制の違いに起因すると指摘している。『親鸞』愛読者としては、こうした「寄付」という行為の背景にあるかも知れない宗教思想についても考えないではいられない。

一方、混迷する日本の政治では、民主党の菅再改造内閣の組閣で与謝野薫氏が入閣したことをめぐって、選挙区が同じ衆院東京一区の民主党議員、海江田万里氏が「人生は不条理だ」(1月15日朝刊社会面)と嘆いてみせた。

世の中、分からないことばかり。「なぜ?」「なぜ?」「なぜだ!」の連続だ。その答えを人々が見い出せるように、関連する「事実」を探し、提示するのが報道機関の役割であろう。広い意味で「役に立つ」情報の提供ということだ。

何か出来事があれば、とりあえず分かったことを知らせ、続いて詳しく報じ、ある時点では立ち止まって情報をまとめて整理し、さまざまな角度からその意味を探ってみる——それでも分からないことは多々ある。それを承知の上でなお報道の原点に愚直に立ち戻りながらこの1年を伝えてほしい。

＊　2010年クリスマスに、人気漫画「タイガーマスク」の主人公「伊達直人」の名で10個のランドセルが前橋市の中央児童相談所に届けられた。以後「タイガーマスク運動」として全国各地に広がった。

双方向

3月5日

新聞は、日々のニュースを伝えるだけではなく、社会の出来事に対するさまざまな見方や意見も掲載している。いわゆる「フォーラム機能」だ。一般の人からは「読者の声」（本紙の「発言」欄）、新聞社自身の意見は「社説」として掲載している。同時に、自社の報道の仕方についてさまざまな分野の専門家たちの意見も載せている。本紙の「新聞を読んで」や毎日の「メディア時評」（月曜掲載）、産経の「新聞に喝！」（日曜掲載）がその例だ。

外部からの声は、〝やさしさのある〟叱咤《しった》激励型が多いようだが、2月13日朝刊「新聞を読んで」は異色だった。ノンフィクション作家、高橋秀実氏による「『相撲はスポーツ』本当か」は、議論を挑むような手厳しい内容だ。やや長くなるが、ポイントとなる記述を挙げよう。

「社説（2月8日）から察するに、スポーツマンシップや伝統維持を求めているようだが、果たしてそれは可能なのだろうか」「相撲で重要なのは互いに息を合わせることで、その延長線上に八百長もあるのだ」「気心を知る者同士が、相手を慮《おもんばか》り、なおかつ真剣勝負に見せるのが相撲の伝統芸。『つくりもの』の中のリアリティーこそが相撲の醍醐味《だいごみ》なのであって、私たちはただのぶつかり合いを見ているわけではない」「新聞はこのマッチポンプを明治以来ずっと繰り返しているのである。今回も八百長を徹底的に追及せよとのことだが、何がどこまで判明すれば納得できるのだろうか」

本紙の大相撲八百長問題*のとらえ方に対する痛烈な批判が展開されている。世間の感覚もこれに近いのではないか。

これに対して、本紙はこのまま黙ったままでいいのだろうか。その後、中東諸国での独裁政権に対する市民の反乱の連鎖やニュージーランドの大地震などビッグニュースが相次ぎ、八百長事件報道は紙面の片隅に追いやられてしまった。だからといって、本紙がこれをどう受け止めているのかを読者が忘れたわけではないと思う。「新聞を読んで」は、公開の議論の場（フォーラム）に新聞自身を議論の素材として持ち込んだものだからだ。ところが、これまでの新聞は、自らに対する批判の声に対しては、往々にして無視する姿勢をとってきたのではないだろうか。

しかし、ネットの登場で「メディアの双方向性」は人々の間で強く意識されるようになった。新聞など既存メディアにとって、双方向性は即時性＝スピードに欠けるものの、できないわけではない。この弱点を踏まえつつ、新聞自らが議論の場に参加し、読者との双方向のコミュニケーションをきちんととる姿勢こそ求められている。

他紙では「八百長もありの文化的〝興行〟」という視点での意見紹介も目立ってきた。高橋氏の批判を本紙はどう考えるのか。工夫した紙面づくりの中でそれを掲載することによって、新聞なりの双方向性が一歩進められるはずだ。

＊　２０１１年２月、前年の野球賭博問題の捜査で警視庁が押収した力士の携帯電話のデータを調べている中で多数の力士の名前が発覚。相撲協会は関与した力士や親方を引退勧告や出場停止などの処分をした。

実証主義の精神を

4月15日

「未曾有《みぞう》」という言葉を初めて実感したのは阪神大震災の時だったが、今回の東日本大震災と福島原発事故はそれをはるかに上回る事態となった。10年分の大事故・大災害が一度に起きたのと同じような危機だ。このたびの地震と津波は規模の大きさと被災地の広さの点で「未曾有」だから、個別の事象は想像力でなんとか追いつく。

だが、福島原発で起きていることは、科学知識の不足もあいまって想像力の限界を大きく飛び越えている。新聞社が総力を挙げて取り組んでいる最中、細かな注文はやめ、今回は「事実を積み上げて、全体像を描く」という報道の精神を再確認することで今後を期待したい。

その理由は、毎日紙面を見ていて「何かが足りない」と感じ続けてきたからだ。当初1週間ほどの混乱期を過ぎ、①「ドキュメント」*欄が本紙にない、②「5W1H」に基づいた具体的事実の記述が少ない――ことに気づいた。「ドキュメント」を直後の3月12日朝刊から掲載したのは読売と産経、日経（読売は現在も続く。産経は22日まで、日経はこの日のみ）。朝日は15日から連載しており、毎日は4月4日朝刊「検証大震災」で初めて載せた。本紙は3月16日朝刊二面で事故発生時からの5日分を「福島第一原発事故ドキュメント」として載せただけだった。

「ドキュメント」は、大きな事故や災害の時に、まずは事態の日々の推移を時系列的に把握するのに役立つし、刻々積み重ねられる事実の結果として次第に全体像に近づく手がかりともなる。また、事態が収まった時には、報道が描いてきた「歴史の最初のデッサン」を検証する一次的なデータとしても役立つ。だからこそ新聞はこれまで、「ドキュメント」欄を新聞らしい手法として開発し、活用してきた。本紙が今回、それを1回でやめてしまったのはなぜなのか。

出来事のあまりの多さに情報があふれかえっていることは想像に難くない。いきおい事象の捉え方が〝現象的〟にならざるを得ないのは、種々の会見をテレビで見ていれば推測できる。しかし、福島原発に関する人々の「不安」の一因は、複雑で高度な科学技術の上に成り立っている原発の事故に一義的に対応している東電の姿が、全体として伝わってこないことではないか。

事例を挙げればきりがないが、分かりやすいのは現場写真が撮影後2日もたってから突然発表されたケースなどだ。いつ、どこで、何をして、何が分かり、その原因は何で、どう評価し、どう対応する予定か、次にそれをいつ、どのように実行し、その結果は……という、「発表された現象（結果）」の後ろにある具体的事実を知りたい。これは「ドキュメント」づくりの発想にも通じている。

福島原発事故では現場に入ることができない苦しさがある。それだけに、会見などさまざまな取材機会でこうした具体的事実に迫る〝実証的な取材〟を深めてほしい。

＊　事件・事故などの大きな出来事が起きて全体像がまだ分からない時、判明した事実だけを時系列でコンパクトに掲載する新聞特有の記事スタイル。ニュースが継続する中で、経緯を確認する手助けになる。

現場へ

6月6日

6月3日は私にとって忘れられない日の一つだ。20年前のこの日午後、長崎県・雲仙普賢岳で大火砕流*が発生、多くの人が巻き込まれて死傷した。この中には報道関係者も含まれ、私の所属していた新聞社の3人も死亡した。私は当時、地元島原の前線取材本部のデスクだった。以降、後悔と自責の苦い思いがついて離れない。

被災した取材陣は、警戒区域の中の〝定点〟と呼んでいた丘の上にいた。火砕流を観察する格好の取材場所だったからだ。ここなら火砕流に巻き込まれないとの思い込みがあった。さらに、小さな火砕流が起こると、冷えたその最先端まで近づいて写真も撮った。

被災後、前線本部の記者たちと危険な現場への立ち入り取材について議論した時、意見がこう分かれた。

「デスク（会社）が入るなと言っても、必要と思えば自分の判断で当然入る」

「入れと指示されても、絶対に行かない」

どちらの気持ちも分かる。自分が一線の記者なら、あるいは指示を出す立場ならどうするか迷ったまま、いまもって確たる答えは出せない。

福島第一原発事故でも、同じような状況にメディアは立たされている。原発から半径20キロメートル圏内が警戒区域に指定された。もちろん、現場は原発以外の周辺地域に広く拡大しているが、事故そのものを知るには、原発の状況を取材することが欠かせない。東電の発表する資料やデータで〝間接的に〟推測することはできるが、隔靴掻痒《かっかそうよう》の感は免れない。といって、現場は警戒区域で立ち入れないことになっている上、放射能の影響はどこまでが安全か、確定的なものはない。今回の「現場」取材の悩みがここにある。

しかし、警戒区域への立ち入り禁止は報道も絶対に守らなければならないことなのだろうか。事故を起こした第一原発からは、すべての人が避難したわけではない。事故当初から多くの東電関係者が事故処理に当たっている。彼らが「現場」にいるのに、報道が現場にも入らず、それを遠巻きにしていていいのだろうか。法的な規制と報道の使命から導き出される倫理とは違うはずだ。

折しも、来日した国際原子力機関（ＩＡＥＡ）の調査団が5月27日、第一原発を視察した。だが、紙面やテレビを見る限りその映像はＩＡＥＡや東電から提供されたもの。報道陣はなぜ同行取材していないのか。要求したのか、しなかったのか。その辺の事情は分からないが、警戒区域を「聖域」化しているのではないかと邪推してしまう。

「現場」へのこだわりは報道の命だ。安全を確保した上で、現場の〝直接〟取材を少しでも実現しようとする姿勢をみせてほしい。

＊　噴火で放出された火山灰、火山ガス、溶岩片などが混合状態となって、高速で山の斜面を流れ下る現象。速度は時速１００キロメートル以上、温度は数百度に達することもあり、破壊力が大きく、重要な災害要因となる。

「日常化」の落とし穴

7月15日

東日本大震災から4カ月。「えー、もうそんなに……」との思いは、被災者ばかりでなく多くの人々が抱く感慨だろう。同時に、復旧復興の遅々たる歩みや事故を起こした福島第一原発の「最終処理に数十年」との見通しを知れば、逆に「まだ4カ月しか……」ともいえる。受け止め方は人さまざまだが、「3・11を境に人生観が変わった」と多くの人が言うように、大震災の影響はそれだけ広範で、根の深いものだったということだ。

とはいえ、それでも時は着実に流れていく。被災地を除いたわれわれの生活は、食べ物への放射能汚染や猛暑の中での節電を多少は気にしつつも、知らず知らず「普段」の生活感覚で過ごし始めているのではないか。人間は、直面するつらい現実を日常化することでようやく生きていけるからだ。実際、震災・原発関連ニュースも日々少なくなってきた。

だからというわけではないが、そうした「非日常」を「日常」化していく中での報道のあり方を考えざるを得ない。ニュースは日々の「変化」を取り出すものだ。そうした「変化」を追い続けていると、どうしても「変化」をもたらした事柄を前提として受け入れがちになる。マスコミが「既成事実」に弱いといわれるゆえんだ。

だが、大震災という超特大の「変化」の中に放り込まれた私たちは、いまの「日常」が「非日常」

であることを決して忘れてはならないし、報道もそのために努力を続けていくべきだろう。

方法はいくつか考えられるが、基本は、①変化の元となった事実を詳細に検証することで、その意味を問い直す、②「非日常」が「日常」化したいまを、以前の「日常」と比較することで、「非日常」の世界にいま生きていることを確認し続ける——ことにある。

本紙でそれを見れば、①については5月11日から10回連載した「レベル7　第一部　福島原発の一週間」が好例だった。7月10日から始まった同シリーズ「第二部　汚染水との闘い」にも大いに期待したいところだ。

だが、②については、「日常化」＝ルーティン化のわなに陥っているのではないだろうか。例えば、連日掲載している「各地の放射線量」（四面）。水素爆発*でいっきに放射性物質が拡散した当初なら分かるが、1週間単位でみても変化がそれほど目立たなくなった現在、同じ手法でいいはずがない。前日と事故前の平時最高量とを比較したプラスマイナス値、それに積算量の三つを示す方が有効ではないか。

①と比べて②をきちんと行うことは実は難しいし、紙面的には目立たないことかも知れない。だが、どちらも大事な作業に変わりはない。「日常」の中に「非日常」を見い出すのは、ジャーナリズムの本質なのだから。

＊　一般的に酸素濃度が5％以上、水素濃度が4％以上混ざった気体に点火すると起こる爆発。温度が500度よりも高くなると自然に発火し、爆発が起きてしまう。

対立の現場

9月5日

「具体的な社会は、必ずいくつかの偏った生活集団の結合から成り立っているので、より大きい社会の構成要素として、それぞれ特殊の立場をもち、多くの対立的集団が内部に存在するわけである。それらのもののプラス、マイナスの総合が社会の歴史をなし、人間の生存過程をなしているのである。新聞は、その意味の『対立』を表現するもので……」

ニュースの定義はさまざまあるが、長谷川如是閑*はニュース（この文では「新聞」）についてこう説明した。公式の発表モノはもちろんニュースの主要な部分を占めるが、より重要なのはこうした『対立』状況が表出した現場を伝えることではないか。

そのようにして東日本大震災関連の報道をみてみると、肝心のニュースの第一報を新聞などのマスメディアが取りこぼしているのに気づく。

一つは、7月27日の衆院厚生労働委員会で参考人として出席した東京大アイソトープ総合センター長、児玉龍彦教授の怒りの発言であり、もう一つは8月11日に北海道電力泊原発3号機の営業運転再開問題を議題とした原子力安全委員会の形式的な審議である。

児玉教授の件はすでに本審査報（8月12日）で本紙の取り扱い経緯を紹介しているので省くが、泊原発に関する安全委の審議では、保安院から2日間の検査の結果「技術上の問題はない」との報告を受けた安全委が、独自の見解も示さないままわずか10分程度の質疑だけで事実上運転再開を承認。班目春樹委員長が「最終的な合否判断は保安院の役目。法律上、安全委は報告を受けるだけ」と説明したため、一般公開された会場は「二重チェックはウソだったのか」と怒号が飛び交い、他の議題の審議が中止になる混乱ぶりだったという。この様子を翌日朝刊で第一報として伝えたのは、地元の北海道新聞のみ。本紙を含む主要紙はすべて掲載がなかったが、ネット上ではすぐ映像が流れて反響を呼んだ。

この二つに共通するのは、放射能汚染に対する政府の対策の遅れや安全委の無責任さに対する「怒り」である。その正当性うんぬんより、そうした怒りが爆発する背景に、まさに如是閑のいう「対立」がある。

新聞として深刻に受け止めなければならないと思う理由は、この二つはともに「予定モノ」だったということだ。出来事があることを事前に知っていながら記事にしていない理由はさまざま推測できる。だが、そうした理由はいま、読者には通じないと思った方がいい。「対立」をみることができる現場があることを事前に知りながらすぐ伝えないメディアに、「メーンストリーム・メディア」としての信頼・支持・共感が生まれるはずはないからである。伝えられなかった理由をきちんと確認し、編集局としてそれをどう乗り越えるか。新聞社が生き残るための大きな課題の一つだ。

＊　1875―1969。ジャーナリスト、思想家、評論家、作家。新聞記事・評論・エッセイ・戯曲・小説・紀行など約3000本の作品を著した。大正デモクラシー期の代表的論客の一人。「如是閑」は雅号、本名は山本萬次郎。

10月25日

「武器」としての言葉

政治家にとって、言葉は大事な武器だ。政策に通じていることは大前提だが、選挙での演説や国会での質疑、それにメディア対応などあらゆる機会でその武器の力が試されている。報道に携わる記者にとっても言葉は武器だが、使われる目的はおのずと異なる。

政治家にとっての言葉は〝説得〟のための武器といえる。思想・信条を異にする議員や選挙民、官僚に、演説や討論を通して自分の主張を少しでも受け入れさせるのが政治家の仕事だからだ。

これに対して、記者の言葉は〝理解〟のための武器といえよう。

では何を理解するのか。政治家の発言の中にある事実認識の正しさ、論理展開の合理性、メッセージとしての政治的意味合い、そしてそれを表現するために使われた言葉の適切さ——などではないだろうか。

取材は、それを理解するために質問を浴びせることであり、そうすることで読者に政治家の発言の趣旨とそれがもつニュース価値を理解してもらうことが目的のはずだ。

『言語学者が政治家を丸裸にする』（東照二・米ユタ大教授、文藝春秋）によれば、政治家の言葉は〝話し言葉〟としてもっぱら使われるが、話し言葉は「ふだん私たちが考える以上に、はるかに大きな力でもって、私たちの行動、生活、価値判断を左右している」とし、話し言葉が政治的なだれを起こした典型例として、小泉純一郎元首相の時の郵政解散*を挙げている。

このところ、政治家の発言をめぐってメディアの伝え方があれこれ論議されている。鉢呂吉雄・経産大臣の「放射能つけちゃうぞ」や「死の町」発言（9月10日朝刊）、小沢一郎元民主党代表の政治資金問題の裁判をめぐる小沢氏の記者会見での発言（10月7日朝刊）などだ。鉢呂氏の件では「メディアの言葉狩りだ」との批判は妥当なのか、小沢発言の〝詭弁《きべん》〟に近い論理をどこまで崩せたのか。

その場での記者との詳細なやりとりが分からないので即断はできないが、いずれも読者としてはなにか食い足りない、あるいは消化不良の気分が残された。

政治家（だけとは限らないが）との言葉の攻防では、政治家の方は記者の質問をかわしながら、自分の言葉だけをメディアを通して市民に伝えさせようとするだろうし、記者の側はそれをさらに理解しやすいように〝どれだけ詰める〟ことができるかが勝負だ。

特に新聞は、質問でのやりとりは話し言葉であっても、最終的には記事として表さざるを得ない。書き言葉への〝変換〟を踏まえつつ、もっと話し言葉を使いこなしたプロらしい質問（取材）に強くこだわってほしい。そうした取材プロセスを感じさせるような記事が読者の信頼につながるはずだ。

＊　2005年8月の参院本会議で郵政民営化関連法案が否決されたことを受け、小泉純一郎首相は衆院を解散し、総選挙では衆院で反対票を投じた全議員に自民党の公認を与えず、賛成派候補を擁立した。

情報源の多角化

12月5日

「国民がこんな程度だから政治もこんなもの」――かつて、ある政治家の自嘲気味の発言がひんしゅくを買った。政治家の〝居直り〟と受け取られたが、一面の真実でもある。「政治」を「メディア」に置き換えても同じだ。メディアも社会の構造の中に組み込まれていて、その国の文化や習慣、知的水準などとまったく無縁というわけではない。

環太平洋パートナーシップ協定（ＴＰＰ）*への参加をめぐる議論がかまびすしい。日本政府の外交力の弱さを危惧して交渉参加に消極的な意見もある。だが最近のＴＰＰ問題の報道をみていると、日本のメディアも外交問題は苦手なのではないかと思えてくる。

11月のＴＰＰ関連記事は本紙が約２２０件、朝日約２６０件、読売約２８０件、毎日約２６０件にのぼった（記事データベース検索結果）。テレビの討論番組も多かったが、どうもよく分からない。

国民もそうなのだろう。例えば「ヤフー知恵袋」には「ＴＰＰって何？」という質問が１０００件以上も寄せられている。よく分からない理由は、疑心暗鬼や不正確、未確定な情報に基づいた国内議論しか伝えられていないからではないか。反対・賛成どちらの主張にしても、「関税ゼロ」の原則が徹底されたら……という前提で国内各産業にとってのメリット・デメリットの比較に重点が置かれているようにみえる。

しかし、外交は諸外国との付き合いだ。そのあり方は一方的に決まるのではなく、相手国（国々）との交渉の中で規定される。ＴＰＰが「例外なしの原則（関税ゼロと非関税障壁の撤廃）」だとしたら、いったい何を交渉するのか。妥協の余地はあるのか、あるとしたらどこにどの程度あるのか、が見えてこない。

交渉では相手側の情報が欠かせない。「米国主導」といわれるから米国の意向などは確かに伝わっている。だが、ＴＰＰを当初締結した4カ国は▽本当に例外措置はなかったか、▽各国で競争力の強い産業と弱い産業がその後どうなったか、貿易量の変化は?、▽弱い産業にどのような対応策が講じられたのか、▽〝弱小連合〟だったＴＰＰに米国、カナダ、日本など〝横綱級〟が参加することをどう受け止めているのか。参加の意向を表明した他国では、どんな国内議論が交わされているのか。さらにいえば、戦後世界史における「経済ブロック化」の潮流の中でどうとらえるのか――。

こうした点は、日本政府や国内業界への取材だけでは当然ながら見えてこない。新聞自らの手で相手国を直接取材し、ＴＰＰ参加交渉の全体像を示さなければ「分かった」とはならないのではないか。

外交問題は多様な要因が複雑に絡み合っている。それだけに、報道は「日本」という立ち位置をいったん離れ、国際的な視野で情報源を多角的に確保することも必要だ。

＊ アジア太平洋地域でモノの関税、サービス、投資の自由化を進め、さらに知的財産、金融サービス、電子商取引など幅広い21世紀型ルールを構築する経済連携協定。途中で米国が離脱したが、2017年11月に11カ国が大筋合意。

2月6日

「?」の5W1H

東日本大震災の対策を協議する政府のさまざまな会議の議事録が残されていないことが明らかになった。なぜ議事録は作成されなかったのか? 政府は「非常事態だった」「記録を残す習慣がなかった」と釈明し、野党は「違法だ」と非難している。

その根拠となるのが公文書管理法。正式には「公文書の管理等に関する法律」で、名称からして文書が作成されるのを前提に「管理」に主眼を置いていることがうかがわれる。実際、第四条（文書の作成）では「……次に掲げる事項その他の事項について、文書を作成しなければならない」として、「法令の制定又は改廃及びその経緯」「閣議、関係行政機関の長で構成される会議又は省議（これらに準ずるものを含む。）の決定又は了解及びその経緯」など5項目を挙げている。

詳細な定めは関係各省庁の「行政文書管理規則」にある。例えば内閣官房の規則は、第三条で「内閣府に総括文書管理者、副総括文書管理者及び監査責任者それぞれ1人を置く」とあるが、第六条（作成）では「職員は……文書を作成しなければならない」としかない。つまり、責任者が、いつ、どのように「指示」し、それを受けた職員が、いつ、どのように「作成」するのか具体的な規定がないのだ。さらに「非常時」だからこそ対応の記録を残し、後世の検証に備えなければならないのに、それを想定した規定もない。

だから、今回の大震災で議事録が作成されていないのは、むしろ当然とさえいえるのだ。どんなことで責任を問われるのかが不明確で処罰もできず、政争の具にしか使われない——具体がない日本の政治・行政の典型的な姿ではないか。

これを伝える新聞も似ている。議事録がなかったことの政府の言い訳や野党、評論家の批判の声は載せている。だが、それ以上に言及した記事は見当たらない。わずかに本紙特報面（1月28日）で米国の会議公開のあり方を紹介しているが、突っ込み不足の感は否めない。制度の欠陥は前述のように明らかだ。非日常は日常の中に萌芽《ほうが》があるのだから、では日常の議事録はどのように作成しているのか、その実態は？　他国の参考例はないか？　例えば、米国では大統領執務室の会話はすべて録音されているというが、他の重要会議の記録はどう残しているのか？

ジャーナリズムの要諦は、権力の監視にある。権力の腐敗・不正を暴くのが目的といわれるが、腐敗や不正がそうそうあっては困るし、実際そう頻繁にあるわけでもない。だが、権力のミスや不作為は日常的にある。そのミスや不作為*を日頃からチェックし構造的な原因を探り出す姿勢が、腐敗・不正を暴く調査報道に結びつく。そうした取材の〝基礎体力〟を養うには、「5W1H」を手がかりに具体的に「?」を想定して取材し、確かめる地道な作業が積み重ねられなければならない。はたして、それができているだろうか。

＊　何もしないこと、あるいはあえて積極的行為をしないこと。法律上では、行政争訟の「不作為についての不服申立て」、「不作為の違法確認の訴え」、刑法の「不作為犯」、民法の「不作為債務」などとして問われる。

現代的「節目報道」

3月15日

東日本大震災から1年。巨大地震と津波の被害だけでも甚大なのに、やっかいな原発事故はいまだ収束していない。そんな中の大きな「節目」である。

報道には締め切りが必要で、日刊紙は1日サイクルが基本だ。「節目」報道は、特定の日を締め切り日として過去を整理し、現状をまとめ、未来に向けて問題を抽出してみせる〝総括的〟報道だ。経験でいえば、「節目」報道は当日の一挙掲載や数日前からの連載で済んでいた。しかし、大震災は別格だ。起きた出来事があまりに多く、広範囲に及ぶ。問題点も多岐にわたる。伝えるべき事は限りなく多い。どう伝えるか。

主要3紙は主に2ページの特別紙面で臨んだ。読売は特別面『東北大震災1年』で、3月1日朝刊から①企業・金融、②がれき・除染、③復興庁、世論調査、④農業・漁業、⑤住宅・ライフラインと原発報道検証、⑥福島原発1～4号機と賠償――などと続けている。朝日も特集面『東日本大震災1年』で、「いま伝えたい千人の声」を2月21日からスタートさせ、3月1日から11日まで、①健康と医療、②変わる社会、③食の安全、④原発事故、⑤復興どこまで――といったテーマを同時掲載。毎日も特集面『東日本大震災1年』で、被災東北3県ごとの現状報告や朝日、読売とほぼ似たテーマ別に3月1日から12日まで掲載している。

一方、本紙は「『福島』の教訓」「放射能汚染を追う」などワッペン*での随時掲載や独自の発掘ネタをぶつけるスタイルだ（「節目」前日の10日と当日だけは、『東日本大震災から1年』の統一タイトルで数ページの特集展開で臨んだ）。

他紙と単純に比べて「見劣りがする」などというつもりはない。むしろ、読者が忙しさの中でネットなどの多様なメディアを使い分けている最近の情報環境を踏まえると、2ページ特集を連日載せる手法は時代遅れではないかと思うのだ。2ページにわたる記事は、連載でいえば6〜8回分ほどの分量だ。「どーん」と〝大津波〟のように派手にみせる効果はあるだろうが、はたしてどれだけの人がすべて読んでくれるだろうか。

日本人が新聞を読む時間は1日平均15分を切っている。実際、私も各紙の特集面は切り取っているが、なかなかじっくり読む機会がない。いずれ〝積ん読〟で終わるに違いない。これでは記者たちの努力は空回りではないか。それより、コンパクトに日々連載してもらった方がよほど読みやすいし、読み続けられる。そのためには、▽節目報道のスタートを早めたり、節目後も続ける、▽データ類や図表、識者の見解など関連情報はホームページにアップする（ネットとの連動）――などが必要だろう。

震災報道を通じて新聞の長所短所がよくみえてきたはずだ。新聞はもっと新しい〝見せ方〟を生み出し、ネット時代の〝武器〟にしていかなければならない。

＊ 連載記事とは異なり、特定のテーマに関連する一般記事に随時つける共通タイトル。

何を見るのか

4月25日

「北朝鮮のミサイル発射」は打ち上げ失敗で終わった。結果として北朝鮮の長距離弾道ミサイルの発射技術の未熟さが分かったが、これで一件落着というわけにはいかない。発射当日の政府の対応を批判する報道を見ると、政府のみならずメディアの側にも見過ごせない問題がある。

読売が4月13日当日の夕刊で早くも「政府発表　探知から43分」と批判したのを皮切りに、翌日朝刊では「判断まずく連携不手際」（本紙）など各紙が一斉に報じた。しかし、その中身はどこも似たり寄ったりだった。政府関係者の言い訳を盛り込みながら発射から発表までの政府対応を時系列でおさらいし、「遅れた」「混乱した」と〝非難〟しているだけだ。

今回、事前通告でミサイルのコースは日本上空をほぼはずれていたものの、もし日本に向けてミサイル攻撃をされたら、政府はその情報をどうキャッチし、国民にどんな情報を提供するのかという危機管理上のシミュレーションにもなるはずだった。

その意味で読者に役立つ情報は、①「発射」とその後の飛行状況の情報探知と評価の方法、②国民へどの段階で、どんな情報を、何のために伝えるか――という危機管理システムをベースに検証し、何が課題かを示すことではないのか。

素人なりに記事への疑問を挙げてみよう。例えば、「発射」情報を即時にキャッチできるのは米軍の早期警戒衛星（ＳＥＷ）や韓国軍のレーダーではないのか。日本の地上レーダーでは一定の高度に達してからでないと無理だからだ。となれば、官房長官の言う「ダブルチェック」にはかなりの時間が必要になる。まして、ミサイルは発射してまもなく落下してしまったのだから、日本独自に情報を得ることができなかったのは当然のことだったのではないか。

一方、「Ｊアラート」*は発射情報をいち早く国民に知らせ、警戒してもらうためではないのか。だとすれば、Ｊアラートはダブルチェックを待たずに米軍情報やその他の情報源による「第一報」を流すべきではなかったのか。

もし本当にミサイルが北朝鮮から日本に向けて発射されたなら、発射15分後には日本に飛来するといわれる。ダブルチェックしている暇はない。警戒態勢をまずとることが必要なのであって、誤情報だったらそれはそれで「誤情報だった」と後で説明すればいい。「ＳＥＷには誤情報もある」（官房長官）との弁明は、こうした危機管理の思想を理解していない政府の重大なミスということになる。

本紙を含めたメディアは、今回のケースで日本の緊急事態への対処システムがどう作動したのかをチェックできたか。あえていえば、そうした問題意識で取材に臨んでいたとは記事からうかがえなかった。

何を見るのか分かっていなければ、見えるものも見えない。

＊　全国瞬時警報システムの通称。弾道ミサイルやゲリラによる攻撃などから国民を守るため、通信衛星と市町村の同報系防災行政無線や有線放送電話を利用して国民保護サイレンを鳴らし、緊急情報を住民へ瞬時に伝達する。

説明責任の責任

6月15日

「スピン（Spin）」という言葉がジャーナリズムにある。駒を回転させる、という本来の意味から転じて、報道を自由にころがす、つまり情報操作をすることだ。ある出来事から世間の目をそらしたり、出来事の意味を特定の方向へ誘導したり、時には証拠に不正に手を入れたりする。情報操作は権力者にとってはいつの時代も変わらない願望でもある。そうした戦術や戦略は古くからあり、権力側は日々さまざまなテクニックを身につけている。最も単純で日常的に行われているのは、記者に質問する機会を与えなかったり、質問時間や記者の数を制限したり、質問の趣旨とは別の論点にすり替えたりすることだ。

野田佳彦・首相が大飯原発再稼働*に向けた決意表明をした6月8日夕刻の記者会見を見ると、日本のマスメディアは見事にその〝わな〟にはまったと思わざるを得ない。原発依存を容認している他の新聞は論外として、「脱原発」を明確に主張している本紙も例外ではない。

本紙が批判をしていない、というのではない。一面の見出しを比較すれば、他紙は「大飯原発再稼働へ」「首相、安全策を強調」（朝日）、「大飯再開を明言」「原発再稼働で『生活守る』」（読売）、「大飯再稼働　16日にも決定」「首相『日本立ち行かぬ』」（毎日）などと首相の発言からとるだけだったが、本紙はさらに「確証なき安全宣言」の大見出しを加え、「『事故防げる』根拠どこに」という署名入り記事も本記に抱き合わせて強く批判色をにじませた。本紙のように一面ではないが首相決断を批判する新聞もないわけではない。

問題は、どこの紙面を見ても首相の判断がどのように導き出されたのか、決断の根拠が書かれていないことだ。

原発問題は、あの大震災以来さまざまな観点から議論が行われ、再開をめぐる賛否両論にはいくつかの論点で事実評価や優先度の違いがあることが分かってきた。だから、市民が知りたいのは個別の論点をどのように首相は整理し、選択して再開の結論を出したのかということだ。首相が会見でそこまで言及しないのはまさにスピン戦略そのものだ。

そうした戦略を突き崩すのは、実は記者の的確で、しつこい質問しかない。〝わな〟にはまったと思うのは、質疑で聞き出してほしい首相の説明が会見本記の中に見当たらないからだ。署名記事が指摘しているいくつもの疑問は、会見で質問できていないのだろうか。結果的にマスメディアは政府の広報機関として「首相が再開を決意した」というメッセージを世間に伝えるのに使われたといえよう。

合理的な説明のない結論のみを伝える報道は、「非合理」なことの繰り返しを続けるこの社会への不満を募らせるばかりなのではないか。〝スピン〟政治に対抗できないメディアは、「説明をさせる」責任を果たせていないと批判されても仕方がない。

＊　福井県大飯郡おおい町にある関西電力の原発。2011年3月の福島第一原発事故で原発の安全性が注目され、同原発も稼働を一時停止。ストレステストを受けた1次評価で再稼働の是非を判断することになっていた。

「見える」前に伝える

7月25日

出来事を伝えるのはジャーナリズムの基本的な仕事だ。出来事には、事件や事故、災害といった突然〝起こる〟タイプと、会議やイベントなどのようにあらかじめ〝起きる〟ことが分かっているタイプがある。前者は、起こった後に現場を見ることからしか取材は始まらないが、後者はその出来事が起きる前にどのように起きるかをある程度知ることができる。こんなことはいわずもがなだし、釈迦《しゃか》に説法の類だろう。

だが、後者のタイプについて事前の取材が日常的にできているのだろうか。そんな懸念を抱かざるを得なかったのは、「ああ、またぞろ同じことが繰り返されているな」と既視感にとらわれるニュースがあったからだ。将来のエネルギーを原発にどれくらい依存するのか、国民の意見を聞こうとする政府のやり口だ。6年前の小泉政権下で明るみに出たタウンミーティングや公聴会での「やらせ発言問題」*を思い起こさせた。

今回は、政府の「エネルギー・環境会議」が6月29日、2030年時点の原発比率を①0%、②15%、③20~25%の3案で提示したことから始まった。「国民的議論を深める機会を提供しながら、国民各層の意向を丁寧に把握する」ために四つの方策をとるという。情報提供データベースの整備▽意見聴取会の開催、▽パブリックコメントの募集、▽討論型世論調査の実施――だ。

これについて、本紙は耳慣れない討論型世論調査を取り上げ、「中立運営が必要　誘導の懸念も」と翌日朝刊二面で早くもくぎを刺した。意見聴取会については、7月11日は一面トップで「形だけ？の国民的議論」、12、13日は朝刊二面で「選択肢少ない◆議論形だけ」「核燃サイクル議論除外」と続け、14日にさいたま市で行われた初回会合でその通りになった実態を大きく伝えた。「原発比率　議論深まらず」「持論のみ　意見交換なし」の見出しで翌日朝刊の一面トップにした。

朝日一面二段、毎日六面三段、読売二面三段と比較すれば、本紙の厳しい目を感じさせた。「議論を深める」「意見を聴く」という政府の〝うさんくささ〟や〝形式主義〟のにおいを鋭く感じ取っているからだろう。

この種の出来事は、水面下のプロセスを丹念に詳細にチェックして、「起きる」前に問題点を報道すれば、「予定された」ようには「起こ」らないはずだ。つまり既成事実化をはばむことも不可能ではない。事実、批判を受けた政府は聴取会の改善策をしぶしぶ打ち出した。

本紙の評価が最近とみに高まっている理由の一つに、こうした基本的な取材をきちんと実践してみせていることがあるに違いない。20日朝刊トップ「原発聴取会業者任せ」が、開催前に報道できていたらということなしだった。

気を抜かずに他の分野でもこの姿勢を貫いてほしい。

＊　小泉政権で2006年に全国でタウンミーティング（TM）が開かれ、青森県八戸市の教育改革TMで政府に都合のいい質問をするよう出席者に依頼していた。参加者の動員や質問者への「謝礼金」支払いも明るみに。

事実の積み上げから

9月15日

この夏はひときわ暑かった。気候もさることながら、原発をめぐる討論型世論調査や国会前の金曜デモなど、人々の声が熱っぽく語られ世論の高まりを感じさせた。そんな中、本紙は最近、原発関連の独自ネタを立て続けに朝刊一面トップ掲載して異彩を放った。

9月4日「原発再稼働したら／核燃料プール数年で満杯／6割が運転不可に」▽5日「『ウラン節約』ウソだった／再処理『原発維持のため』／電事連　秘密会で本音」▽6日「規制委人事　国会素通り／原発監視　はや『骨抜き』／事後同意も不要論」▽7日「再稼働不要裏付け／今夏消費5〜11％減／3電力節電解除　関電の予測過大」——である。

本紙は「脱原発」が社論のようだが、今回はそのことに関連するこれら個々の報道を検証したい。少々論理が粗いのではないかと感じたからだ。明示するか暗示するかは別に、読者にとっては結論ありきの記事の書き方にみえ、誘導やあおりに近い印象をぬぐえない。

いっておくが、個々の記事の中心となっている「新たな事実」の提供はすばらしいのだ。個別の事象を俯瞰的《ふかんてき》に捉えて全体像を浮き彫りにしたり（9月4日や7日の記事）、はっきりと捉えていなかった事柄を確認したり（5日の記事）、放っておいたら見逃しかねない動き（6日の記事）を取材した結果だ。良質の調査報道が実践されているといえよう。

とはいえ、これらの事実が何を意味するのかの判断は別の問題だ。

核燃料プールがまもなく満杯になることは、「だから、使用燃料の中間施設建設を」という動機づけや圧力にもなり得る。計算の信頼性を担保するために、核燃料の交換実績の数字も提示すべきだった。「ウラン節約と原発維持」には、本音と建前はそれぞれ一つしかないという思い込みはなかったか。「規制委人事」は、他にどんな適任者がいるのか野党や識者からの対案を見せ、その上で国会の現状を踏まえた評価をすべきではないか。「今夏の電力消費」は、消費と節電の実態や電力会社の発電実態など経済的側面も含めて幅広い要素を考慮すべきだったのではないか。

社会の出来事は、複雑な要素がからみあって動いている。そのうちの一つの要素の決定でさえ、変数がいくつもある連立方程式を解くようにして決まってくる。一つの変数が決まった＝事実が分かった、というだけで、簡単に結論が導き出されるわけではない。

報道はそれら一つひとつの要素が何であるかを探り出し、それが決まるいくつもの変数としての「事実」を過不足なく伝えることが基礎である。社会が複雑になればなるほど、またパラダイム転換が起きて社会の変化が大きければ大きいほど、「主張のジャーナリズム」[*]を求める声は高まるが、それに応えるにしても、忘れてならないのは事実を丁寧に積み上げていくことではないか。

＊ Advocacy Journalism の訳。提唱報道、擁護報道とも。何らかの社会的または政治的な目的のために記事に特定の視点を持ち、特定のアイデアや価値を積極的に擁護・提唱・主張するジャンル。

潔さ

11月5日

本紙の原発報道に菊池寛賞が贈られた。「果敢なるジャーナリズム精神」の発揮が評価されたもので、まずはともに喜びたい。ジャーナリズム精神は、このように真実に向けた果敢な取材姿勢によって発揮されるが、同時に、読者に向けた〝潔い〟姿勢の発露とみることができる。このことを、iPS細胞の臨床応用をめぐる「誤報問題*」で考えてみたい。

最初に報道した読売は、初報の2日後に早くも「誤報」と認め、検証記事を1ページにわたって掲載した。このことは、いとも簡単に「誤報」だったことが裏づけられるほど、このネタは単純な「ウソ」だった、という証明でもある。本来なら、「それにもかかわらず……」ということで検証がされなければならないが、同紙の記事は、取材や掲載に至る経緯は説明しているものの、再発防止につながる教訓を得るほどの「検証」がされたとは言い難い内容だった。素早い検証は「潔さ」の表われというより、あまりの稚拙さを覆い隠し、早く一件落着したいとの意図の表れのようにみえた。

では本紙はどうか。読売朝刊が初報を掲載した当日の夕刊で、共同の後追い配信記事を一面トップに掲載。10月12日の朝夕刊で関係病院が否定するなどを続報した後、13日朝刊で「治験虚偽　別の論文も疑義」の本文と、共同および本紙の「おわび」を一面に、共同の「報道検証」記事を六面にそれぞれ載せた。

「配信サービスの抗弁」というのがある。それなりの信頼できる通信社が「真実と信じて」配信した記事が名誉棄損に当たったとしても、それを掲載した新聞社の責任は問われないというものだ。今回のケースは名誉棄損があったわけではないが、本紙の「おわび」もそれに準じた受け止め方をしたのかも知れない。

しかし、昨年4月の同種訴訟に関する最高裁判決では「当該新聞社が当該配信記事に摘示された事実の真実性に疑いを抱くべき事実があるにもかかわらず、これを漫然と掲載したなど特段の事情のない限り」と条件を付けてこの抗弁を認めている。

今回のケースは、この条件が当てはまらず、抗弁は通じないのではないか。理由は、この持ち込みネタはそもそも〝マユツバ〟で扱うべきだったと思うからだ。人体への応用を6件も実施し、しかもその第一号の米国人患者はすでに退院しているとしたら世界的なビッグニュースであり、米国メディアに知られないで済んだはずがない。そうだとすれば、読売はもちろん、〝抜かれた〟他紙でも、何を確認すべきか気づくはずだ。

では、共同の配信を受けた本紙は、そうしたことを自主取材も含めてどうチェックしたのか。「配信記事だったから」で済ませず、掲載紙の責任として本紙の経緯を詳細に検証してはどうか。それが読者に対するジャーナリズム精神の潔い発揮になるはずだ。

＊　2012年10月11日読売朝刊の記事「iPS心筋を移植　ハーバード大日本人研究者　米国の心不全患者に初の臨床応用」が誤報だった。同社の検証で、この研究者の研究を報じた記事7本のうち6本が「虚偽説明による誤報」と判明。

ネットの出来事

12月15日

久々に各紙の扱いの違いが興味深かった。今回の衆院選を前に、ニコニコ動画（ニコ動）が11月29日に開催した党首討論会の報道だ。

ネットという新しいメディアで初めての〝ビッグイベント〟だったし、翌日には伝統メディアの集まりである日本記者クラブが主催する恒例の党首討論会も予定されていた。それだけに、衆院選報道の一環としてのニュースという観点からみれば、2日連続の党首討論会開催はややこしい。野田佳彦民主党代表（首相）と安倍晋三自民党総裁の一対一の対決、という注目点もあった。価値判断に迷ったとしてもやむを得ないだろう。

本紙は、一面ではなく三面の「核心」欄で本記と別稿を抱き合わせで掲載した。本記は各党首の主張を紹介し、別稿は「140万人が『来場』」と見出しをとったが、メディア的観点の内容は3分の1ほどで、あとは首相と安倍総裁の一対一の対決場面としての経緯が占めていた。

朝日は社会面トップの派手な扱いだ。ネットの生中継に焦点を合わせ、見出しも「党首＠ネット140万人キタ〜〜」「視聴者も生で書き込み、拍手は『888《パチパチパチ》』」といかにもネット流。視聴者が書き込んだコメントがダブるサイト画面の写真も大きく扱い、4人のコメンテーターの感想も。

毎日は一面トップで扱った。首相と安倍氏の〝直接〟対決という設定に討論会のポイントを置いて

2人の主張だけを紹介し、中見出しに「動画サイト舞台」ととったように、ネット生中継の様子を盛り込んだ。対照的なのが読売で、一面で「首相・安倍氏らネット討論」の見出しと会場の首相らのアップ写真を載せたが、記事は30行程度とあっさり。

ネットといえば、そこは「バーチャル（仮想的、擬似的）な」空間で、「玉石混交、あることないことが入り交じった」情報世界というイメージが、ある種の人々にまだ根強くある。

だが、どうやら最近は、そんなイメージも〝リアル〟なものとして受け入れなければならなくなったようだ。中国船が海保の巡視船に体当たりした様子のビデオ*がユーチューブにアップされた時が、おそらく最初のケースだ。ニコ動の生中継（ニコ生）は、政治家小沢一郎氏が好んで出演したことや福島第一原発事故の際の東電の記者会見を延々と中継したことでメディアとしての存在感を増している。今回の党首討論会生中継もその一つといえる。

ネットの情報が玉石混交なのはいつまでも変わらないだろうが、ネットの〝強さ〟を印象づけるのは動画の提供、つまりテレビと同じ機能を発揮できることであり、それが一層現れるのが生中継なのだ。

かつてテレビの登場で新聞の報道が変わってきたように、ネットからも同じように挑戦されていることを意識すべきだろう。

＊　2010年9月、尖閣諸島付近の海域で、海保の巡視船が不審な中国籍漁船を発見。漁船は領海からの退去命令を無視して違法操業を続行、逃走時に巡視船2隻に衝突した。船長は逮捕されたが、後に処分保留で釈放、中国に送還。

確かなよりどころ

2月15日

「Ｇｏｈｏｏ《ゴフー》」*というネット上のサイトがある。ポータルサイトの「Ｙａｈｏｏ！《ヤフー》」と似ているが、こちらはマスコミの誤報を収集、検証するウェブサイトだ。幸い本紙はこれまであまり登場してこなかったが、最近珍しく取り上げられた。２月５日朝刊総合面トップの「ネット選挙民主案も『全面解禁』」の記事だ。サブ見出し「焦点は政党広告」「自民推進　民主は禁止」の中で「民主は禁止」が間違っていると指摘されていた。

他紙を見ると、同じ２月５日朝刊にはなかったが、翌６日朝刊に「ネット選挙解禁一致（朝日）」「ネット選挙解禁へ」（毎日）などと伝えている。５日に国会内で与野党10党が参加して開かれたネット選挙討論会を取り上げたものだ。肝心の政党広告について、毎日は「政党には有料のバナー広告も解禁」という自民党案だけを紹介し、朝日は「政党のみに限った自民党原案に対し、政党と候補者の両方に認める」という民主党案を紹介していた。どうやら、本紙の記事は「Ｇｏｈｏｏ」の指摘通りだったのだろう。だとすれば、この討論会のニュースをきちんと扱った上で、訂正記事を添えておくべきだったが、残念ながらいずれも紙面にはなかった。

なぜ間違ってしまったのか。事情が分からないから推測するしかないが、取材上の単純な誤解や思い込みでないとするならば、情報源が偏っていたのではないか。

これとは別に、他にも気になる記事があった。2月7日朝刊一面トップで扱った「諮問会議危うい中立」の記事だ。首相の諮問機関である経済財政諮問会議の民間メンバーに「原発推進派2人が兼務」し、「利益相反防ぐ規定なし」と批判している。

しかし、この会議はあくまで首相の諮問機関である。起きてしまったことを公正に検証したり、真実を探り出したりする第三者機関とは異なり、首相が採るべき政策の大きな方針・方向性をアドバイスするのが役割と思われる。政策の選択は必然的に価値判断を伴うのだから、会議の議員に「中立」を求めるのは無理があるのではないだろうか。

報道の役割に「権力監視」がある。これが最重要、あるいは唯一のことのようにいわれがちだが、そうだろうか。筆者は、報道の役割は「社会の変化の観察」であり、「観察」＝目を凝らして見る＝という行為の対象の一つとして「権力」もある、と考えている。

「観察」した結果がニュースである。観察はできるだけ客観的に行わなければならないし、批判は観察結果を踏まえた上で適切な評価基準を元に行わなければならない。さもないと、権力からの逆襲に耐えられないし、市民の支持と共感もいずれ期待できなくなる。

本紙の果敢な批判精神が好調なだけに注意を喚起したい。

＊　マスコミの誤報を検証するウェブサイト。2012年3月に元産経新聞社記者・弁護士の楊井人文氏が中心となって立ち上げた日本報道検証機構が運営。資金不足などから2019年8月29日に解散した。

「風化」をめぐって

3月25日

東日本大震災が2周年を迎えた。テレビの特別番組で「風化させないために……」とアナウンサーや記者が口々に語るのを、違和感をもって見ていた。「風化」とは、「徳によって教化すること」のほかに、「地表の岩石が、日射・空気・水・生物などの作用でしだいに破壊されること。また、その作用」という意味がある。後者を比喩的に使った場合は「戦争体験が――する」のように「記憶や印象が月日とともに薄れていくこと」をいう（デジタル大辞泉）。

筆者の違和感は、この言葉を使うのが被災当事者ではなく、メディアの側だということから来ていると思われる。人々にとって出来事の多くは直接体験できず、メディアを通じて知る。つまり、メディアが伝えなければ出来事はなかったとほぼ同じことになる。だから「体験の記憶を風化させたくない」というのは当事者こそが発していい言葉であり、メディアは「伝える」という本来のことを粛々とやることが求められているからである。

わずか2年しか経っていないこの大震災について、当事者である被災者のいったいだれが、自分の記憶の「風化」を心配するだろうか？　「風化」するのは、被災者以外の多くの人々の記憶と関心であり、それはメディアが伝えなくなることによって生じる。「風化」などという言葉は、メディアが使った途端、わが身に振り返って問われるものではないか。

とはいえ、大震災の被害はあまりに広く、多く、深刻だ。復旧・復興の歩みは日々遅く、新たな変化はなかなか目に見えにくい。そんな中で見えにくいものを見えるようにして伝え、それによって人々の記憶を呼び覚まし、関心を継続させ、問題の本質を考えさせていくメディアの姿勢と工夫が大事になる。

本紙の一連の報道をそうした視点から振り返れば、他紙と異なる意識の強さを感じさせた。

秀逸だったのは3月11日朝刊一面トップの「原発関連死789人」の記事。「震災関連死*」に含まれていて災害弔慰金が給付されているので行政的な瑕疵《かし》を指摘したわけではないが、新たに「原発関連死」という独自のコンセプトを取材班が考え出して、隠れた現実を抽出したところがいい。

「取材班から」の記事で「『原発事故で死者はいない』とする人たちが見つめようとしない多くの死。その重さを考えることなく、原発は必要か、という問いに答えを出すことはできない」と問いかける飯田孝幸記者の発想こそがジャーナリズムの精神の表れといえよう。

3月10日朝刊一面トップ「急造タンク群3年後破綻」も同じだ。いずれの記事も「日々の風景」になってしまった現実から「日常」というベールを引っぺがし、その特異性を暴いている。「日常」に埋没させないという意味で「風化」に対抗する価値ある報道だった。

＊　災害による直接被害ではなく、避難途中や避難後に死亡した人の死因に災害との因果関係が認められる「災害関連死」のうち、特に震災に伴うもの。1995年の阪神・淡路大震災で生まれた概念。

何が〝変〟なのか

5月15日

　このところ、何か変だ、と直感的に思う政治ニュースが多い。何が変なのか、すぐに、はっきりと説明できればいいが、難しい。政治家の言葉は、レトリックというオブラートをまとっていることが多いからだ。

　例えば、ゴールデンウイーク中に中東諸国を歴訪した安倍晋三首相の原発トップセールス。首相はサウジアラビアで「再生可能エネルギーや世界一安全な原発技術を提供できる」（5月2日朝刊）と語り、トルコでは「日本の最高水準の技術、過酷な事故を経験した中での安全性への高い期待を寄せられた」（4日朝刊）と述べた。だが、東日本大震災での原発事故を踏まえれば、わが国では推進派、反対派を問わず少なくとも原発によるエネルギー調達に慎重になっているはずだ。いったいどこに「世界一安全な原発技術」や「安全性への高い期待」があるというのか。

　一連の発言をきちんと伝えたのは本紙など少数で、朝日、読売、毎日の三大紙にはなかった。中東歴訪を終えた5月4日朝刊では本紙だけが「反省なき原発輸出行脚」と批判した。朝日の「原発輸出高い壁」との解説は、「競争は厳しい」「原発輸出の先行きが明るいわけではない」と経済の論理で終わっていた。

　ただ、本紙のような批判は、原発推進の旗を降ろしていない安倍政権の耳には届きにくいかもしれない。ニュース記事では触れなかった毎日は、コラム「風知草」（5月6日朝刊）で「富国無徳」と批判した。「自国の経験に学び、友好国の安全にも親身になって考える徳に欠ける」と述べ、原発ビジネス外交を〝二枚舌〟と指摘。政治における「徳」という視座から、何が〝変〟なのかを浮き彫りにした。

もう一つは、改憲問題だ。第九六条*の改憲要件を先に改正しようという首相は「国民の多くが改憲を望んでいても、議員の3分の1を少し上回る人の反対によって国民が改正に手も触れられないのはおかしい」と語るが、これも変だ。この場合、首相のレトリックそのものを俎上《そじょう》に乗せ、その〝変さ〟を吟味すべきではないか。つまり、世論調査や選挙での獲得票数（率）が示す民意が議員の数に反映されていれば首相の弁は理屈が通る。が、現実はそうではない。得票率と獲得議席数には大きな乖離《かいり》がある。選挙結果は民意を正しくは反映していないというところが肝なのだ。そこを指摘したのは、これまでのところ毎日5月7日夕刊二面特集ワイド「憲法九六条改正すれば民意は反映されるか」だ。今回の国民栄誉賞（プロ野球の長嶋茂雄と松井秀喜が受賞）にも〝変さ〟がつきまとうが、触れる余裕がない。

言葉のレトリックに惑わされず、何が〝変〟なのかを指摘する報道は、この多難な時代に求められていることの一つだ。少しでも多くのテーマで日々それを実行して、新聞ジャーナリズムの質を高めてもらいたい。

＊ 憲法第九六条では、衆参両院で3分の2以上の国会議員の賛成で憲法改正のための国民投票を発議できると要件を規定。自民党は国民投票の発議を衆参両院で過半数の賛成でできるとしている。

統一球の怪

6月25日

メディアがこぞって「不祥事だ。けしからん」と批判したのに、当事者は「不祥事とは思わない」といい、騒ぎはそれで尻切れトンボ――プロ野球の「統一球変更」問題は、そんな不思議なニュースだった。

初報は6月12日朝刊。本紙一面見出しは「プロ野球とんだウソ／統一球変わっていた」「反発力修正指示」。テレビやスポーツ紙を含めた大半のメディアもほとんど同じトーンで大きく報じ、多くの人は「統一球の仕様が変更され（＝反発係数を引き上げ）た結果、今シーズンは〝飛ぶようになった〟新統一球でプレーしている。だまされた」という印象をもった。

だが、日本プロ野球機構（ＮＰＢ）は「仕様の変更」を否定。読売だけが二社面で「プロ野球『飛ぶボールでした』」「ルールに合わせ微調整」と簡単に伝えた。この違いは報道スタンスだけの問題なのだろうか。

一定の規格品を多量に取り引きする場合、納入側も発注側もサンプル検査をする。すべての商品の品質を個々にチェックはできないからだ。その結果の評価方法はいろいろあるが、ＮＰＢは反発係数の平均値でみているようだ。今回は一昨年、昨年に7回実施した検査ごとの平均値*を公表したが、これでは実態の一側面がぼんやりとしか見えない。

単純化してみよう。基準値を「5」とし、サンプルボール10個のうち、1回目の検査で「10」が2個、「5」が4個、「1」が4個あったら、平均値は「4.4」。2回目で「5」は変わらず、「6」が2個、「3」が4個になったら、この時の平均値も同じ「4.4」。実態は少し改善の方向に向かっているのにもかかわらず、平均値の変化だけでは、品質のばらつき具合がどう変わったかは見えないのだ。

品質管理という面では、「飛ばな過ぎる」ボールと「飛び過ぎる」ボールのともに「過ぎる」程度と数が減り、規格に合うボールが増えることが望ましい。それを把握するには、例えば個々のデータの出現率とその変化を見る方が適切ではないだろうか。前記と同じデータを使えば、「10」の出現率は20％から0％へ、替わりに「6」が0％から20％へ、「1」は40％から0％へ、替わりに「3」が0％から40％へと変化した。つまり、規格から極端にはずれたボールが減り、全体として規格に近づいてきたことが把握できる。

こう考えると、今回のニュースは、秘密裏に行ったことの是非を別にすれば、納入された統一球の品質を少なくともＮＰＢが反発係数の「平均値」でチェックしていた〝ずさんさ〟が一番の問題だったのではないか。もしかすると「出現率」など他の方法も使っているのかも知れないが、それにしても、今回の報道には批判のための証拠となる事実が少な過ぎる。「飛ぶように変更」は、あまりに雑駁《ざっぱく》な捉え方なのではないか。

＊ すべての値を足して個数で割った「単純平均」のほか、大きい順に並べ替えた時に順位が真ん中の値を求める「中央値」や同じ値が出現する回数・頻度を数え、最も出現頻度が大きいものを取る「最頻値」などがある。

「ない」という現実

8月5日

新聞は、現に「ある」ことや「あった」ことを伝えるのが役割とされている。だから、もし「ない」のなら、伝えないか、「ない」ことを「ない」と伝えるしかない。しかし、それで本当にいいのだろうか?

選挙ではさまざまなテーマについて政党の主張が有権者に問われる、はずだ。しかし、現実にはスローガンや目標ばかりが目立つ。公約を比較したり有権者の声を伝える記事からは、そんな現状に対する不満やいら立ちが多く表れた。

本紙は、「有権者発 現場から」「政策もっと知りたい 有権者発」や社会面「選挙を歩く」などで取り上げたが福島再生の道筋を問う7月14日朝刊「選挙を歩く」の見出し「避難者『具体策を聞きたい』」が、それをストレートに伝えていた。他紙でも、毎日の「日本どこへ」、朝日の「公約を問う」などで重要テーマの政策を連載で扱ったが、その多くに「具体策を」「道筋具体的提示を」などの注文が担当記者から付けられていたのが印象的だった。

こうした選挙戦の現実を「争点隠し」という言葉でくくって批判することはできるだろう。しかし、実際に政党や候補者が語らなければ、争点は「ない」に等しいのだから、「ない」こと以上を伝えることはできていない。つまり批判だけに終わってしまったといえるのではないか。

このように、「ない」という状態は「隠されているから見えない」というのと、本当に「存在しない」というのがある。だから「ない」ことを伝えるには、まず「ない」ことは問題だ、「あるはずだ」か「あるべきだ」という認識がなければならない。次に必要なのが、では「なぜ、ないのか?」と問うことだ。

こうすることで「ない」ことの背景に、当事者の「無能」や「無責任」という消極的要因や「意図的な隠蔽《いんぺい》」という積極的要因、あるいは社会構造など環境的な要因があるのかをあぶり出すことができるかも知れない。

事件の容疑者を不起訴にした理由を検察が語らない現状を取り上げた記事（7月16日朝刊）は良い例だ。語ら「ない」現実を、東京地検が扱った不起訴事件27件を対象に明らかにした。では、「なぜ語らないのか」。記事は、検察幹部の公表消極派と公表積極派の言い分を対置する手法を取っていたが、これではまだ不十分ではなかったか。非公表事件の個別理由や検察内の共通認識づくりの実態を詳しくフォローできれば、「ない」状態の背景の理解にもっと迫ることができるだろう。「ない」状態の可視化の工夫がもっと必要だ、と言い換えることもできる。

「ない」から伝えられない、という入り口で立ち止まってしまうことはないか、あらためて日頃の取材を見直してほしい。

「程度」を語ろう

9月25日

経済は難しい。まして予測はなおさらだ。人々の微妙な心理がからむし、経済の仕組みも複雑になり、さらにネットによる情報伝達の速さが経済活動のスピードを加速させているからだ。そんな中で予測し、政策決定をしていくのは至難の技だ。

その難しい経済を分かりやすく伝えるのが一般紙の経済報道の役割だが、専門家や関係業界も含む「多くの人々」に伝えるのだから、「分かりやすさ」を読者の理解度のどの辺に照準を当てたらいいか悩ましい。

10月1日に政府が決めるという消費税率*アップをめぐる議論はその典型的なテーマの一つだ。税率引き上げの目的は財政の健全化とデフレ脱却。本紙を含む一般紙やテレビでは、その是非について解説や社説、世論調査、専門家の考えなどを伝えてきた。

政策の効果にはプラスとマイナスの両面があるが、議論はもっぱら負の側面に片寄りがちになる。例えば、本紙の「ニュースがわかるA to Z　経済指標と消費税」(9月16日朝刊)をみてみよう。「増税是非の判断材料　なぜデータ?」では、「引き上げた場合に、国民の暮らしは大きな打撃を受ける」として次のように説明している。

「余分な出費を嫌い消費者が買い控えに走れば(①)、企業の売り上げが減る(②)。企業の生産計画は減少し、工場や製造ラインの新設は手控えられる（③）。従業員も増やせず、賃金が抑えられる（④）。こうして、増税すれば経済全体に悪影響が及んでくる（⑤）」（注：丸数字は筆者が加筆）

このような説明は、本紙のみならずどのメディアにも共通している。だが、〝待てよ？〟と思う。これは増税の影響の連鎖について経済循環の仕組みを基に説明しているだけではないか。ある政策を実施すれば影響が「ある」ことは間違いない。

しかし、影響はプラスもマイナスもあるので、仕組みだけ分かっても政策の是非は判断できない。今回のケースがそれで、議論すべきは、影響が「どのくらいか」という〝程度〟を知り、それがコントロールできるのか、できないなら実施すべきではないし、できるとしたら他のどんな政策でどのように補完したらいいのか——ということではないだろうか。

そのためにはまず、前述の影響①から⑤について複数の予測パターンを根拠と具体的な数字で把握することが必要だ。専門家の議論を見たり聞いたりしても、結局は影響の程度を大きく見るか小さく見るかの違いだ。彼らは①から⑤（だけではないが）の〝程度〟を具体的にはじき出しているはずだが、それを伝えてきただろうか。

経済の予測は難しい。だが、悲観論や楽観論のどちらにしても具体的な予測の根拠を示してもらわなければ、市民は政府の決定を「そういうものか」とただ受け入れるしかなくなる。

＊　商品の販売やサービスの提供などの取引によって生じる付加価値に着目して課される税。消費者への直接課税と物品の製造・販売者やサービス提供者への間接課税がある。日本は1989年に導入。

イライラ

11月15日

記事を読むと、「なぜ？」への答えがなかったり、不十分だったりする。「別の角度からはどうなんだろう」とか「この点をもっと知りたいのに」といった不満が生じることもある。

新聞記者だった頃は、自分で調べたり、上司や同僚に伝えてさらなる取材を後押しすることもできた。無視されることもあったが、そうやって疑問や不満が解消されてきたことも多い。

しかし、社をやめるとそうはいかなくなった。自分で調べようにも時間は少ないし、取材相手の対応も木で鼻をくくったようにすげない。もちろん疑問や不満を一度の記事ですべて解消できるわけではない。しばらくしてそれに応える記事が出てくればいいのだが、そう思う通りにはいかないことの方が多い。

イライラが募る。きっと一般の読者の気持ちもそうなんだろうな、と今さらながら思ったりする。だが、最近の本紙にはそんなイライラを感じさせないダイナミズムを感じる。

例えば、巨大な規模が批判されている新国立競技場建設問題。建築家槇文彦さんの批判論考を最初に取り上げたのは本紙だった（9月23日朝刊）。

それを見て、さっそく日本スポーツ振興センター（ＪＳＣ）のホームページにアクセスした。いったいどんな条件で公募したのか知りたかった。だが、きちんとした情報提供はない。イライラしていたら、本紙が11月9日朝刊で「公募条件逸脱」とフォローしてくれた。

特定秘密保護法案に関する報道では、他紙を圧倒する分量で批判の矢を次々に放っている。健闘ぶりは大いに評価したい。ただし、イライラ感がなかったわけではない。どこの新聞も同じなのだが、法案が抱えるテーマについて基礎的な情報提供が遅かったことが理由だ。

一つは「国家秘密の必要性とその保護のあり方」をどう考えたらいいのか。参考にすべき「ツワネ原則」*を下敷きにした批判がようやく本紙に出たのは11月9日朝刊特報面だった。

ようやく、とあえていうのは、この原則はすでに今年6月に発表されているのにもかかわらず、ということだ。「日本も盗聴すべきだ」とする意見が8割という世論調査結果（日経11月6日電子版）もあるが、この記事が法案の国会上程前に出ていたらこうした世論も変わっていたかも知れない。

二つ目は、公的情報の取り扱いに関する現状だ。この点では情報公開法の改正が俎上《そじょう》に上がってはいるが、それは問題の片方の側面でしかない。「公文書管理法」のずさんな規定と行政の恣意《しいてき》的な運用は日本の政治の基本的欠陥の一つだ。これを放置したままで「秘密情報」の議論は本質をはずすことになる。

審議真っ最中のこの時期、本紙や朝日、毎日の批判的な報道がどれだけ力を持つのか不明だが、少なくともこのことを指摘しない報道には、イライラ感がつきまとう。

＊　安全保障のための国家秘密の保護と国民の知る権利や人権の保護を両立させるため、米国の民間財団の呼びかけでつくられた国際的立法ガイドライン。2013年に南アフリカ共和国の都市ツワネで合意された。

武器はある

12月25日

今年後半の最大のテーマだった特定秘密保護法案。振り返れば本紙の健闘ぶりは際立っていた。欲を言えばきりがないが、他紙と比べれば徹底したキャンペーン報道を貫いてきたといえるだろう。しかし、法案成立で終わったとするのは早計だ。社論とは別に、この法律に賛成、反対どちらの読者も含めて「ニュース」としてどう伝え続けるのか。これまでの報道の検証と同時に考えていかなければならない。

ただ、これは相当難しいことだ。個人情報保護法の経験をみてもそうだ。法案成立までに「報道」を適用除外させることには成功したが、いざ成立してみれば、報道発表のみならず一般の市民ですら「個人情報だから」という理由でメディアへの情報提供をしぶる傾向が一般化してしまった。メディア側も同じ理由で、「匿名」を当然のように受け止めてしまいがちになっている記者が少なからずいるのではないだろうか。〝既成事実の積み重ね〟に弱い、というメディアの弱点が如実に表れてしまっている。

では、今回の法成立を踏まえて何ができるのか。〝目の前にある〟事実を追うだけでは不十分だし、限界がある。

一つの提案だが、「情報公開請求」という〝武器〟を使ったらどうだろう。昔から「ブツをとれ」

は、取材の基本の一つだ。直近の例では、12月16日朝刊一面トップ「五輪でも省庁便乗事業」。これは「本紙が入手した政府の内部文書」に基いたものだった。同じ朝刊「総合」面でも共同通信が「情報公開請求し」た結果、大韓航空機撃墜で外務省が旧ソ連へ賠償を求める文書を作成したことと、それを遺族には知らせていなかったことが明らかになった。猪瀬直樹東京都知事のウソを見破ったのも*、毎日が情報公開請求で入手した公用車の使用記録だった。

「独自の取材力で〝獲る〟」か「制度を駆使する」かの違いはあるが、特定秘密法に対抗するためにあえて情報公開制度の活用をいうのには、理由がある。請求して①回答が「非開示」ならば、その理由として「特定秘密」に当たることが分かる（どのような回答をするのか今は不明だが）。そうなれば、「秘密かどうかもヒ・ミ・ツ」という同法の壁を乗り越えて、何が「特定秘密」かを知ることができるだろう。あるいは、②「文書不存在」との回答もあり得る。その場合は、重要な公的情報がきちんと文書化されてないか、こっそり破棄されていることが分かり、追及していける。

いずれにしても、この方法を多用すれば、情報公開と文書管理の不備というこの法律の〝弱点〟を突いていけるのではないか。編集方針をすべての記者に徹底するには戦略を詰める必要があるが、記者たちにとって、何を知りたいのか、何が分かっていないのかを自分で見直す良い機会にもなるはずだ。

＊　東京都の猪瀬直樹知事が医療法人・徳洲会側から受けた裏献金疑惑で、同氏の弁明のウソが次々と判明。2013年3月、公選法違反罪（収支報告書不記載）で略式起訴、罰金50万円を払った。都知事経験者の公選法違反罪立件は初。

ネットへの理解　2月25日

最近、「ネット」というメディアがよく理解されないままニュースやさまざまな言説で使われているのではないか、と心配している。新聞やテレビなどの旧メディアと「ネット」を単純に比較しているケースが多いのだ。

本紙「世界の街　海外リポート」の「上海　ネットの真偽見極め」（2月14日夕刊）を例にとろう。紹介している事実からは、中国の検閲と報道倫理が徹底していない新聞の現実こそ問題視すべきではないだろうか。「真偽の見極め」はネット全般でとらえてしまえば当たり前のことだからだ。

実は本紙に限らず、他紙でも状況は同じだ。毎日メディア面「ネットウオッチ」（2月17日朝刊）や朝日「メディアタイムズ」（14日朝刊）でも「ネット世界では誤報、虚報はつきもの」「ネットのデマ許す空気」などと書いている。

しかし、新聞は「印刷（紙）」という上位メディアの下にあるメディアの一つ、テレビは「電気」という上位メディアの下にあるメディアの一つだが、一方の「ネット」は新聞やテレビ、雑誌などあらゆる下位メディアをもつことができる*メタ・メディアだ。だから、こうした記事は「ネット」の下位に機能別にあるメディアを個別に見ずに、「ネット」とひとくくりに語ってしまっているといえる。

残念ながら、これは記者だけでの問題ではなく、研究者・識者についても同じだから困る。識者コメントにもそうした間違ったとらえ方が紹介されているケースが目立つ。

いうまでもなく、人々が認識する「社会」とか「世間」「世界」の像やイメージは、自らの直接体験とメディアを通して知る間接体験の集合といえる。ネットがこれほど生活の中に浸透してきたいま、ネットに関連した出来事を無視することはできないはずだ。しかし、本紙はネットにまつわる記事が他紙と比べて少ないのではないかという印象がある。

試みに「G-Search《ジーサーチ》」で記事検索をしてみた結果は下の表の通り（2月18日現在）。他の3紙に全国すべての地方版も含まれていることを考慮しても、少なさは歴然としている。

なぜ本紙は少ないのか、その理由は知らない。しかし、新聞がネットをきちんと理解した上で、ネットがもたらす影響を常に意識しながらニュースを伝えてこそ、ネット時代を生きる読者は正しく社会をイメージできるのではないだろうか。

もう少しネット社会の動きに敏感だと感じさせてくれるような記事が増えることを願っている。

見出しに「ネット」のある記事件数（地方版を含む）

	本紙	朝日	毎日	読売
最近1カ月	39	91	125	60
最近1年	608	1,305	1,677	1,262

＊「あとに」という意味の古代ギリシャ語の接頭辞。転じて「超越した」「高次の」「変化」の意味で一般的に使われる。

ベタからトップ

4月5日

ニュースは魔物のようだ。ほんのささいな事実が追加されることで、ニュースバリューが小さいと思われた出来事が、世間の耳目を集めるビッグニュースになることがある。日々報道に携わっている者でも、このことを実感するニュースに出合うのはそう多いことではないだろう。本紙3月29日朝刊の一面トップ「福島第一原発で作業員死亡　土砂下敷き救急要請50分後　周辺病院は閉鎖中　搬送63㌔先」がそれだった。

他紙との扱いの落差は歴然だ。事故現場が統合版*地域の福島なので扱いが違う可能性もある。念のため他紙の版建てごとの扱いを調べてみると、朝日は福島県版のみ、読売は第二社会面で統合版からずっとベタ扱い。毎日も社会面でベタ扱いで通していた。ちなみに地元紙の福島民報は社会面四段。共同配信も25～40行程度の短信。いずれも地元警察や東電の発表を受けて事故の概要をさらっと伝えるだけだった。

この内容なら、全国紙・地元紙の違いを別にすれば妥当な紙面扱いといえるだろう。東電は本社から「プレスリリース」として発表しているが、重要な発表の際に使われる「報道関係各位一斉メール」という形では流されていない。東電側の問題意識の低さ、あるいは隠蔽《いんぺい》体質の表れとみることができる。

本紙がこれらと大きく違ったのは、発表にはない事実を独自取材で積み上げた点だ。見出しになった三つの事実がその成果であり、さらに良かったのは、第一原発でこれまで起きた作業員の主な事故例の一覧と現場作業員の生の声を掲載したことだ。こうした事実を重ね合わせれば、ベタ扱いで済ませる事故ではなかった、と他紙も反省せざるを得ないだろう。〝発表ジャーナリズム〟を乗り越えた好例だったといえよう。この差をもたらしたのは、現場の記者のみならずデスクらを含めたオール編集局が日頃から共有している問題意識の高さではなかっただろうか。

福島第一原発では、下請けを含めた約4000人の人々がいまも危険と隣り合わせで働いている。もし何かの事故が起きた時、原発の現場と周辺の医療体制は十分なのだろうか。29日の記事はそんな危惧を抱かせる端緒としての役割を果たしたのだ。

これによって、記事を読んだ読者の心には次々に知りたいことが浮かんでくる。▽なぜすぐに救急車を呼ばなかったか（東電のコメントは、そのことを説明していない）、▽「閉鎖中の周辺病院」の「周辺」とは原発からどのくらいの範囲なのか、▽事故によるけが人や急患が出たら、最も近い搬送可能な病院はどこにいくつあるのか、▽これまでの作業員事故の際は、どのような対応がとられたのか、▽原発敷地内にある医務室の実情（医師、看護師の数や医療設備など）は……。こうした疑問への答えを知る取材が継続されることを期待したい。

＊ 全国紙は1日に朝刊と夕刊を作成しているが、印刷工場から遠いなどの事情から夕刊を配れない地域のために作成する朝刊のこと。前日の夕刊に掲載したニュースも盛り込んでいる。

フクシマの鼻血

5月26日

週刊ビッグコミックスピリッツ（小学館）に連載されてきた漫画「美味しんぼ」*が、5月19日発売号をもって休載した。この漫画の内容については周知のことだろうから説明ははぶくが、わが身のこととして新聞に引き寄せれば、多くのことを考えさせられる。

「漫画」もメディアの一つであり、ましてこの週刊誌は多くの読者をかかえている〝マスメディア〟だ。取り上げたテーマが「福島の真実」という社会問題だけに、新聞報道のスタイルとは異にするものの、ジャーナリズムの一つのあり方として問題をとらえる必要があるからだ。

各紙とも、その表現をめぐって広がった論議を紹介し、社の主張を述べているが、スタンスは真っ二つに割れた。読売・産経vs朝日・毎日・本紙というパターンだ。前者は作品に対してほぼ批判一本やりだった。後者は表現方法の問題点を指摘しつつも、自由な言論封じの風潮を危惧するというバランスをとった。

ただ、双方に共通したのが、この問題を「被災者の切実な声が届くのか。それとも風評被害を増すのだろうか」（本紙5月14日社説）というとらえ方だ。しかし、このように二者択一で考えては、隠れた、より大きな問題が見過ごされてしまうのではないか。19日発売号に掲載された「ご批判とご意見」を比較しながらじっくり読むと、いくつかの問題が浮かび上がってくる。

まず、作者は「二年かけて取材し、すくい取った真実をありのままに書いた」としているが、「事実」に意味をもたせるには、その質や量のほかにもさまざまな「事実」との組み合わせが欠かせない。「真実」と「事実」は異なることの理解が足りないようだ。

また、「鼻血」が象徴するように、同じ症状を訴える人が「多い」「いや、聞いたことがない」という印象論や限られた経験での主張のぶつかり合いも不毛だ。風評被害の懸念をめぐっては、放射能に関するリテラシーの低さが根底にあるとしても、放射線被害を包括的に知るための科学的調査が行われていないことが背景にある。たとえ行われていても公表されていないケースがあることは、本紙の報道でもすでに明らかになっている。同時に、低線量被曝《ひばく》の影響についての見解が国際的に二つに分かれていることも見逃せない。

これらは、現場の記者が日頃から感じているはずで、今回の騒動で再認識できたはずだ。立場を超えて新聞が〝主張〟すべきことは「不安の声を反映した調査を行い、データをすべて公表しろ」と国に強く求めることではないか。

東日本大震災の報道では、他紙に劣らない情熱としつこさをみせている本紙は、事実の掘り起こしと慎重で丁寧な意味づけ、多様な見方を伝える努力を惜しまないでほしい。

＊ 新聞社の文化部記者2人が主人公の料理・グルメ漫画。原作・雁屋哲、作画・花咲アキラ。漫画週刊誌『ビッグコミックスピリッツ』（小学館）に1983年から連載。「福島の真実」編が終了した2014年25号以降、休載中。

メディアの教訓

7月5日

松本サリン事件*。当時、地方で起きた全国ニュースを出稿する毎日新聞東京本社のデスクだった。事件が起きた夜は朝刊番で、初報は「ガス中毒事故が起きた」だったが、まもなく様相が一変した――。あれからもう20年が過ぎたと思うと、感慨深いものがある。

6月中旬から始まった各紙の節目報道。「遺族はいま」「教訓語り継ぐ」「元捜査幹部の述懐」など、多くは「振り返る」記事が中心だった。新事実という点では「被害者への賠償」や「債権回収」が進んでいないことが報道された（産経、読売）。

教訓という点では、NHKクローズアップ現代の「生かされなかった教訓――松本サリン・20年後の真実」（6月26日）が目を引いた。警察当局が松本サリン事件の教訓を踏まえて、秘密のサリン対策報告書を関係者に送付したその日に起きたのが、地下鉄サリン事件。対策は生かされず新たな被害者を生じさせてしまった、という力作だ。

では、メディアにとっての教訓はどうか。これに関する記事は今回少なかった。毎日が「報道被害、繰り返しかねない」と語るテレビ信州の記者を取り上げ（6月27日地方版）、本紙は、事件を取材した反省から弁護士になった当時の読売の記者を社会面トップで掲載した。だが、見出しは「警察情報頼りの報道変わらねば」。転身の経緯は分かるが、では、どうしたらいいのか。弁護士になってみて、見出し以上に分かったことは何か。メディアはどこを、どう改善していけばいいのか――その考えが語られていなかったのが残念だ。記者が聞かなかったのか。それとも、聞いたが本人からの明確な答えがなかったのか。どちらなのだろう。

この事件では、第一通報者の河野義行さんをメディアが犯人視したことが、格好の批判材料となった。しかし、繰り返すが「では、どうしたらいいのか」。各紙は事件後、それぞれ独自の検証をしたはずだが、具体的な取材の改善方法については、確たる回答を手にしていないのではないだろうか。

この事件では、▽捜索令状を警察の言うがままに出してしまう裁判官▽警察の思い込み捜査と不当に長過ぎる任意の事情聴取▽公安部門と刑事部門という警察の縦割りによる情報の非共有▽サリンが簡単に製造できるかのようにコメントした化学者の姿勢や、そうではないことを詰めきれなかった取材の甘さ……など多くの問題点が浮かび上がっている。

事件報道のスタイルは、各国の司法制度の枠内で独自に成立している部分が多い。犯人視報道の問題は、これを抜きには語れない。

メディア自身が変われること、司法制度で改善すべきことは何か。「反省」を「教訓」のレベルにするには、具体的な〝知恵〟を生み出さなければならない。自分を含めたメディア研究者の課題でもあることを20年の節目であらためて思う。

＊ 1994年6月27日に長野県松本市で発生したテロ事件。オウム真理教教徒らが神経ガスのサリンを住宅街で散布し、8人死亡、約600人が負傷した。第一通報者の被害者が半ば公然と犯人視された。

対話の仕方

8月25日

長崎市の平和祈念式典の実況中継をテレビで見ていて、被爆者代表の城台美弥子さんが「集団的自衛権は憲法を踏みにじる暴挙」と述べたことに思わず拍手してしまった。その時、カメラがパンしてアップでとらえた安倍晋三首相は、能面のように無表情を決め込んでいた。

翌8月10日朝刊を見比べた。型通りの式典本記の中で簡単に触れただけの他紙に対し、このことにきちんと焦点を当てていたのは本紙だけだった。城台さんは式典後、記者団に予定原稿の一部をアドリブで差し替えた気持ちを説明しているのに、である。午前中にあったイベントを翌日朝刊で伝えるべき、これがニュースの肝だった。

「丁寧に説明して、ご理解を得る」。特定秘密保護法や集団的自衛権をめぐる議論の過程で、安倍首相はこう繰り返してきた。一見誠実そうな姿勢だが、実際はこの言葉とは裏腹だ。質問に正面から答えない、決まった説明の繰り返し……それに対するいら立ちは、政権の支持不支持とか思想の違いを超えて、たまりにたまっているのではないだろうか。上から目線の説明では、議論にもならない。実のある議論とするには、相互理解を目指して対話する姿勢が欠かせないが、それが感じられない。

城台さんのハプニング発言を快挙とみない考えもあるだろう。儀式の中のあいさつで「予定した内容をその場で変更し、続いて登壇する首相を批判するのは卑怯、失礼だ」という批判が当然予想される。

だが、安倍首相は式典会場の雰囲気を壊さない範囲で、アドリブで反論することもできたはずだ。なぜ、それをしなかったのか。儀式に対する硬直した考えからかも知れない。しかし、広島から続く平和式典で紋切り型のあいさつを繰り返し、「コピペ」と批判されたことと重ね合わせれば、首相の誠実さを疑わざるを得ない。

このことを論点として取り上げ、幅広く意見を紹介して紙面での対話を促す発想があってもいいのではないか。そうすれば市民のいら立ちのもっていきようもあるというものだ。

さて、本紙が今年度のＪＣＪ大賞*を受賞したことを喜びたい。「論点明示報道」とネーミングされた本紙の手法は、議論を形骸化し、手続きに従って「粛々と」「既成事実を積み上げ」る政権に「待った」をかけ、対話の必要性を訴える有効な手段となるかも知れないからだ。

その時に心がけたいのは、「論点」は一つだけではなく、「核心」かどうかについてもさまざまな見方があることを忘れないことだ。唯我独尊に陥らず、事実を掘り起こし、積み上げる中で「丁寧に」多様な論点と意見を示すことをこれからも続けてほしい。それが、政府と国民の、あるいは国民同士の〝対話〟につながれば、ジャーナリズムの責任の一端を果たすことになる。

＊　日本ジャーナリスト会議（ＪＣＪ）が１９５８年に創設し、新聞・放送・出版などの優れたジャーナリズムの仕事を顕彰する。７月から翌年６月までの報道、番組、著作などから毎年選考し、終戦記念日の８月15日前後に贈賞式を開催。

社会学者

10月15日

「抜かれた!」と、一瞬思ってしまった。現役の記者を辞めてからもう10年以上たつのに、だ。

その記事は、朝日10月2日朝刊「耕論　ヘイトスピーチへの処方箋」に掲載された3人の識者の中の1人、樋口直人・徳島大学総合科学部准教授のインタビューをまとめたもの。彼が示した処方箋は「極右を保守から切り離せ」だが、「抜かれた」と思ったのは、処方箋そのものではない。その論拠として彼が紹介した調査とその結果だった。

記事によれば、彼は2011年から1年半かけ、在日特権を許さない市民の会（在特会）*の活動家ら34人に自ら話を聞いた。社会学でいう「フィールドワーク」の一つだ。その結果「ようやく実像が見えてきました。通説の多くは根拠の乏しい神話であることが分かったのです」というのだ。

ヘイトスピーチ問題はここ1、2年、やっかいな社会問題として浮上してきた。本紙の記事をデータベース検索すると、この1年間で55件ヒットした。中身をみると、▽ヘイトスピーチを非難するさまざまな発言の紹介、▽在特会のデモやこれに対する反対集会、街宣活動を禁止する判決が出たことなどのストレートニュース、▽ヘイトスピーチの心理分析——などがある。中でも本紙「こちら特報部」は、「台頭する『日本版極右』」（2月27日）、「排外主義に萎縮する大学」（3月3日）、「ヘイトスピーチの源流を探る」（4月22日）、「ネットのヘイトスピーチ」（6月20日）、「ヘイトスピーチ　自治体どう立ち向かう」（7月23日）など精力的にカバー。他紙と比べても、問題意識の高さを印象づけている。

こうした本紙の取り組みはすばらしいものだが、振り返ってよくみると、取材対象がヘイトスピーチによる被害者や非難する人たちが中心だ。ヘイトスピーチをしている肝心の当事者、在特会の情報が少ない。いわば、〝核〟の周りをぐるぐる回っている印象だ。これは、日本のメディア全体にみられる報道傾向ではないだろうか。樋口氏は社会学者らしく、〝核〟である在特会の人々にストレートに迫ったといえる。

「抜かれた！」と思ったのは、まさに本来メディアが取材しなければならないことを社会学者に先取りされた、ということだった。もちろん、メディアはすべてを自分の手で調べることは不可能だが、〝実態〟に迫るこうした調査（取材）を学者がしたなら、それを「ニュース」として伝えたり、学者との共同調査もできる。

樋口氏の調査方法と結果がどれほど妥当か、詳しく知らないので分からない。しかし、メディアは問題の解釈や主張をする前に、実態に迫る、実像を明らかにするのが一義的な責任だ。そうした取材が「現場主義」であり、社会学のフィールドワークと相通じる。

「フィールドワークを忘れてはいないか」。この社会学者はそう問いかけているように思えた。

＊　正式名称は「在日特権を許さない市民の会」。桜井誠氏（ペンネーム）が2006年に設立した保守系市民団体。主に在日韓国・朝鮮人を優遇する、いわゆる「在日特権」を撤廃し、他の外国人と同等に扱うべきだと主張している。

撃ち方やめ

11月25日

一つの政治記事をめぐって考えたい。安倍晋三首相が10月29日、側近議員との懇談で閣僚らの政治資金問題について「（民主党は）『撃ち方やめ』になればいい」と発言した、というニュースだ。朝日、読売、毎日、産経、日経が翌30日朝刊で報じたが、首相は同日の国会で発言を否定。「朝日の報道は捏造《ねつぞう》」と朝日のみを名指しで批判した。朝日は31日朝刊で、懇談出席者の説明で記事にした経緯を説明し「捏造ではない」と反論した。

初報としては小さなニュースだが、この経緯からは、新聞報道の現状と問題点がいくつか見える。

一つは、本紙にかかわることだ。初報も翌日の国会での首相発言も記事にしなかった点だ。共同も配信しているので、本紙が単にカバーしていなかったというのは理由にならないだろう。翌日の衆院予算委員会でも首相は繰り返し発言したのに、「論戦のポイント」欄でも触れていない。ニュースとして完全に「ネグった」としか思えない。初報の無視は分からないではない。しかし、首相の「捏造」答弁が朝日に的を絞ったことの意味は大きかったはずだが、書かなかったのはなぜか。それをカバーする意図があったかどうか知らないが、11月5日に「こちら特報部」がようやく「どうもおかしい安倍首相」の中でさりげなく紹介した。

二つ目は、懇談のように密室で行われた会合についての取材手法だ。

他紙によれば、懇談出席者は「自分の言葉だったかも知れない。説明ミスだった」と謝罪したという。首相の発言という大事なテーマを、各社とも本人ではなく、1人の情報源に頼っていたということになる。だからといって、「ぶら下がり取材復活」を勧める「私説論説室から」（11月3日）の意見は安易な飛躍ではないか。その前に、複数の情報源からの確認という基本があることを忘れてはならない。

三つ目は、より大きい問題だ。朝日だけを指弾した首相発言は、意図的で公平性に欠ける。それにもかかわらず、そのことをきちんと反論した社説が、朝日はもちろん他紙にも見当たらない。特定の新聞を標的に取り上げることで孤立化を謀る首相のメディア戦略とみれば、各紙が足並みをそろえて一斉に批判すべきテーマだったのではないか。ジャーナリズムの〝仲間〟を放っておいていいのか。「2人の吉田問題」*で揺れた朝日は、社長の引責辞任にまで発展した。「誤報」はどこの新聞でも起こり得る。吉田問題ほどの大きなテーマでなくとも、このようにたとえ小さなニュースでも取材の基本に忠実で、理にかなった事後対応を行う必要は変わらないはずだ。当事者をひとり朝日に押しつけ、他人事のように報道する姿勢が続けば、いつか回り回って自らの首を締めることになるのではないか。それが心配だ。

＊ 慰安婦問題の「吉田清治氏の証言」記事（1982年9月）と福島第一原発事故で政府事故調査・検証委が吉田昌郎・同原発元所長から聴取した記録から「所長命令に違反、原発撤退」とした記事（2014年5月）。ともに誤報と判断して謝罪。

シャルリ

1月26日

本紙の、こんなに印象が薄かった報道も珍しいのではないだろうか。パリの週刊紙「シャルリ・エブド」へのテロ事件*である。発生の第一報が掲載されたのは1月8日朝刊。以降、テロの連鎖とその銃撃戦、反テロ行進の世界的広がり、同紙最新号での再掲載、「表現の自由」と風刺をめぐる論争……と、連日のように関連するニュースが続いている。各紙とも紙面を大きく割いて報道してきたのに、なぜなのか――。

試みに自宅で取っている朝日、毎日と本紙の3紙について、初報の1月8日朝刊から阪神大震災20年目当日の17日朝刊まで、計17回の朝夕刊紙面でどのように扱われたのか、その違いを比較してみた。

結果は、こうだ。毎日は初報の1月8日朝刊から13日朝刊までの朝夕刊9回連続して一面のトップで扱った。朝日は、9日夕刊を除いて12日朝刊まで一面トップを7回続け、14日朝刊も加えると一面トップは計8回。この期間でトップ以外も含めた一面扱いは、毎日15回、朝日13回。これに対して本紙は、一面トップは8日夕刊の1回のみ、さらに一面で扱った回数もわずか8回に過ぎなかった。印象の薄さは、一面での扱いの違いにあったといえるだろう。

では、本紙の一面はこの間、このテロ事件ではなく、何をトップにしていたのか。毎日がトップ扱いを続けていた13日朝刊までの朝刊に限ってみてみよう。▽8日「防衛費補正予算倍に」、▽9日

「『一人親手当』板橋区でも一時支給拒否」、▽10日「14年度予算為替レート相場より円高設定」、▽11日「ドナルド・キーンの東京下町日記」、▽12日「都心でカルガモまた会える」、▽13日「山谷で『合葬の墓』来月完成」。いずれも独自ネタではある。だが、テロ事件を上回るほどのニュース価値があっただろうか疑問が残る。

ニュース価値は、その新聞の性格と密接にかかわっている。ローカルか全国（あるいはグローバル）か、総合的か専門的か――などだ。ただし、どちらにしてもその新聞が読者にとって〝メーン・メディア〟、つまり〝世界の今日の姿〟を知る上で最初に頼るメディアであるなら、ニュース価値の判断はそれほど大きく異なることはないはずだ。

本紙は、部数で全国紙に及ばずとも、メーン・メディアの自負を持って大事なニュースを届けている、と筆者は思っている。それとも、メーン・メディアとは異なる視点や論点の提示に重点を置いた〝オルタナティブ・メディア〟たらんとするのか。そうだとしても、今回のテロ事件報道に本紙の独自性があったとはいえない。いや、本紙の性格上の問題ではなく、個別ニュースの扱いという編集上の問題だったのだろうか。どちらにしてもきちんと答えを出しておくべきだろう。日頃の本紙の高い紙面評価にかかわりかねない事柄、と思うからだ。

＊　2015年1月7日、仏・パリの週刊風刺新聞「シャルリ・エブド」本社にイスラム過激派テロリストが乱入、編集長、風刺漫画家ら12人を殺害。同紙がデンマークの日刊紙が掲載したムハンマドの風刺画を転載したことに反発した。

角度をつける

3月5日

朝日の従軍慰安婦報道の検証作業を通じて、メディアが「角度をつけて」報道する問題が浮上した。一般読者には耳慣れない業界用語だが、報道関係者ならだれでも知っている。とはいえ、報道の現場でそう頻繁に使われているわけでもない。では、この言葉は何を意味しているのだろうか？ よくよく考えてみると、いくつかの意味が混在しているようだ。

まず広い意味では、ある社会問題を特別に「重要視」して独自の報道姿勢を示すことだ。新聞の個性につながる。狭い意味では、二つある。一つは「ニュース価値がはっきり分かるように表現を工夫する」こと。これは良い意図だ。もう一つは「取材（証明）が不十分なのに、断定的な見方で伝える」こと。これは悪い意図だ。おうおうにして、後者が問題を引き起こしている。慰安婦だけでなく、原発の吉田証言問題も含め、朝日の例がよく示しているところだ。

では本紙はどうか。狭い意味で気になったのが2点ある。「チェック２０１５年度予算」シリーズの一つ、「支出官レート*」を取り上げた記事（2月11日朝刊）と「戦後70年　甦る経済秘史」の連載で「松下に木製爆撃機発注」（24日朝刊）だ。

前者は、「Ｆ35」の購入に多額の為替差損が出ることを批判的に強調したが、「支出官レート」は価値中立の予算上のテクニックだ。為替の大きな変動が予想される際にこの算出方法が妥当かどうか、他の方法はないのかなどを問題提起すべき素材としてならば適切だったと思うのだが……。

後者は、「見つかった」という軍の機密書類のニュースバリューに疑問があることだ。いつ、だれが、どのようにして見つけたのかの情報がない上、「製造したことは知られているが、軍の決定過程を詳しく記した文書」の内容に〝意外性〟がそれほどあるとは思えない。一面で扱うには、文書発見のニュース価値を位置づける証拠に乏しいのではないか。新聞が個性や政治的スタンスを明確にすることは悪いことではないが、この二つはいずれも、好ましくない「角度」をつけている、といわれかねない。

このような「角度」のつけ方をなぜしてしまうのか。その後ろには、十分に立証できていないか、逆に都合の悪い事実が出てきてしまったか、どちらかの取材実態があるのではないか。防ぐ方法はいくつかあるが、その一つは述語が受動態で書かれていたら能動態に、自動詞だったら他動詞に替えてみることだ。立証に必要な5W1Hの事実＝証拠＝が十分取材されているかどうか、チェックしやすくなるはずだ。

一方、広い意味で「角度」をつけ、本紙の個性を示す良い記事もあった。福島第一原発の汚染水外洋垂れ流しだ。2月25、26日と続けて朝刊一面トップ扱い。健忘症気味の他メディアの反応の鈍さと比べ、「忘れない」姿勢が光って見えた。

＊　国庫金からの支払いを外国通貨で行う際の外国貨幣換算率。国庫金取扱機関のうち、国の収入・支出を決定命令する命令機関の中で支出を調査決定し、公共事業費等の支払いを行うのが「支出官」。

データで描く

4月15日

ネットの登場によって、「データ・ジャーナリズム*」が新たなジャーナリズムの一形態として注目されている。

デジタルでデータ化されたさまざまな統計数字を関連する変数として組み合わせてコンピュータ分析すれば、これまでとらえるのが難しく、気づくことができなかった社会の断面を描き出すことができるようになった。また、それをグラフィックに描くことで、視覚的にもさらに分かりやすく伝えられるのも特徴だ。データは、行政などの組織がそれぞれもっているものを使うことが多いが、個別自治体や地域の枠を超えたデータを独自集計して、より大きな社会の姿を描き出すこともできる。コンピュータというテクノロジーが報道の可能性を広げたケースといえる。

こうした観点から目を引いたのは、3月10日朝刊一面トップ「原発関連死１２３２人に　福島1年で１８４人増」という記事だ。

福島県の各市町村に弔慰金申請書類などを調べてもらい、「震災関連死」のうちの原発関連死として独自に集計した。昨年3月からの1年間で１８４人増えているが、時間の経過とともに因果関係が分からず、認定率は低下していることが分かった、という。

この記事の良さは、まず「原発関連死」というコンセプトをメディアの側が規定し、それに基づいて原発事故による人的被害の姿を独自に捉えようとしたことだ。さらに、この新しい定義は行政にはないことから、これに当てはまる実数を自治体と協力してはじき出していること、そして、そうした独自取材の結果を震災2年後の2013年から半年ごとに掲載し続けていることだ。これは、調査報道の一形態であり、現代風にいえば「データ・ジャーナリズム」なのである。

このタイプの報道は、実は本紙で結構見かけるようになった。最近では、3月23日朝刊一面トップ「今年も2万1000人入れず　認可保育所23区対処で成果に差異」があった。本紙が実施した緊急アンケートの結果を集計したもので、各区別の募集枠と入れない子の割合を算出して比較、取り組み方とその成果について紹介した。この調査も2013年から継続して行っており、入れない子の割合が多い区のトップ5の変遷などを図表で分かりやすく示していた。

この二つの例は扱うデータの種類（変数）が少なく、分析結果の表現も静的でシンプルなので、アナログ色を帯びた「データ・ジャーナリズム」にまだとどまっている。だが、そのこととは別に、いずれも3年間続けて調べている、つまりその継続性にも大きな価値を見い出したいと思う。独自に社会の姿を描き出しただけでなく、その〝時間変化〟をも捉え続けることができるからだ。既存の他の複数のデータと関連させたり、動的なグラフィック表現を取り入れたりするなど、さらに意外性のあるデータ分析を期待したい。

＊　主にネット上のオープンデータや広く収集・蓄積されたビッグデータを解析して新たな事実や解釈を発見する報道スタイル。2010―11年にかけて世界を席巻したウィキリークス報道以降始まった調査報道の手法の一つ。

詭弁を暴く

6月5日

安保法制の論議が国会で展開されている。だが、そのやりとりを読んだり聞いたりしても、じれったさ、イライラ感が募る。質問と答弁がかみ合っていない。しかし、各紙の報道の仕方は、答弁で新味のある事柄を取り上げて「ニュース」化し、詳報を合わせてするという従来型のスタイルが多い。政治報道における「形式的な客観主義」だ。これでは、国民（読者）は、単に首相の言葉を伝えられているだけで、国会審議の実質的な意味を理解することは難しい。

原因が安倍晋三首相の「言葉」にありそうだ、ということは大方の人も薄々気づき始めているようだ。新聞にもそこに焦点を当てた記事を見つけることができる。例えば、朝日は長谷部恭男・早稲田大教授と杉田敦・法政大教授の「考×論」で「安保法制　安倍政権の『話法』から考える」という対談を載せ（5月24日朝刊）、「安保国会――語られた言葉は」というシリーズを31日朝刊から始めた。毎日も作家の柳田邦男氏が自身のコラム「深呼吸」で【言葉と政治】をテーマに取り上げ、「危うい安倍政権の言説」と批判している（23日朝刊）。

秀逸なのは、神奈川新聞の「論説・特報」だ。「時代の正体　安全保障法制考／うそで矛盾繕う話法／安倍首相の言葉　内田樹さんが読み解く」を上下2回連載した（5月18、19日朝刊）。『街場のメディア論』（光文社新書）などの著作がある思想家の内田さんは、「安倍首相の言葉は詭弁《きべん》の典型です。

キーワードのすべてが聞き手、読み手の誤読を当てにして選択されている」として、「日本近海」「後方支援」など安倍首相の使う言葉の「詭弁」と「欺瞞《ぎまん》」を鋭く分析している。

本紙も、首相の答弁を伝えつつ「リスク語らず」（5月21日）、「厳格基準示さず」（27日）「『他国で戦わず』崩れる」（28日）など鋭い批判を伝えようと努力していることは評価したい。だが、それでもいま一つの感が拭えないのは、首相の言葉がもつ「詭弁の構造」に切り込めていないからではないだろうか。

辞書によれば、「詭弁」とは、①道理に合わないことを強引に正当化しようとする弁論、②論理学で、外見・形式をもっともらしく見せかけた虚偽の論法、という意味だ。今回の安保法制をめぐる国会論議の報道は、この詭弁が繰り返される状況をどう切り取り、表現して読者に伝えるかにかかっている。

形式的客観報道は、結果的に政権の広報として利用される危険がある。外部の識者に頼らずとも、記者自身の手で日々のストレート・ニュースとして審議の実態を表現する方法論を工夫してほしい。

本紙はこのほど、外国特派員協会「報道の自由推進賞*」の年間最優秀出版賞を受けた。優れた調査報道を継続的に行ったことが理由だ。その力量に期待したい。

＊ 日本外国特派員協会（ＦＣＣＪ）が２０１５年の「世界報道の自由デー」に当たる５月３日に創設。報道の自由の推進に貢献した記者、媒体、フリージャーナリストを表彰するもので、調査報道賞・殉職した英雄賞などがある。

終わりじゃない

7月15日

新国立競技場の建設計画見直し案が7月7日、日本スポーツ振興センター*（ＪＳＣ）から有識者会議に提示され、承認された。巨額の財源は未定、維持管理費はさらに膨張するなど課題を抱えつつ、着工に踏み切るという。まさに「見切り発車」だ。結論ありき、甘い計画、強引なプロセス、説明不足、世論あるいは少数者の意見無視……これは安保法制や沖縄基地問題だけにかかわらず、今の日本の政治のあらゆる分野に共通する悪弊といっていいだろう。

とはいえ、政治の当事者たちの言葉を借りれば「粛々と」、つまりいったん目標をこうと決めたら何がなんでもそれに向かって着々と進めていくに違いない。報道は既成事実に弱い、とよくいわれるが、弱い、と諦めるわけにはいかない。だから、さまざまな工夫と努力が忍耐と継続性の中で求められる。

新国立競技場の建設計画について振り返ってみると、本紙が当初から批判精神を発揮してきたことは間違いない。

デザインコンペの選考過程の不透明さや建築学界の重鎮、槇文彦氏らによる反対の声や対案提示の動きなどをいち早く伝え、問題点を指摘してきた。これに関する記事件数を検索してみたら、昨年からこれまで約1年半の間に１２０件もあった。その実績は高く評価されるべきだろう。

7月8日朝刊は、日経と産経を除いた主要紙すべてが一面で扱い、社会面は産経を含めてほぼ批判一色となった。日頃の政治スタンスの違いが批判の論点の強弱に現れてはいるものの、見直し案とこの日の会議のありさまは、さすがにだれが見てもおかしいと思わざるを得なかったのだろう。

本紙はシンポジウムに参加したアスリート、有森裕子さんの「涙の訴え」を社会面で取り上げた。これまで見えづらかった側面をすくいあげると同時に、これほど〝モノ言えぬ社会〟になっているのか、とも感じさせる良い記事だった。直前の6日朝刊特報面「小川勝の直言タックル」も、新国立の発端が「五輪じゃなくラグビーW杯」と気づかせてくれた。

もちろん、すべて良し、ではない。国家的プロジェクトだけにオリンピック組織委員会、JSC、国（文部科学省）、東京都など関係者は多岐にわたっている。そのためか、結果的に取材・報道の戦列が分断されてしまった、との反省がなければならない。スポーツ担当の記者からの視点は、本紙を含め各紙とも7月8日朝刊でようやく読むことができた。

本紙7月8日朝刊の「編集日誌」は、有識者会議での承認を「ポイント・オブ・ノー・リターン」ととらえ、「まさにこの地点を踏み越えようとしています」と書いたが、必ずしも「ノー・リターン」とはいえないのではないか。

課題は山積している。まだまだ道のりは長い。本紙持ち前のしぶとさを発揮してほしい。

＊ スポーツ振興を目的に2003年に設置された独立行政法人。国立競技場の運営、スポーツ科学の調査研究、スポーツ振興くじ（toto）の実施、学校災害共済給付制度の運営、学校における安全・健康保持の普及などの事業を行う。

安倍談話の評価

9月5日

8月の終わり、高校時代の友人たちが集まった。そのうちの1人が安倍晋三首相の「戦後70年談話」について新聞社に投稿し、掲載されたことから、それを酒の肴《さかな》に久しぶりに顔を合わせ、各自の考えを披露し合った。投書の見出しは「70年談話　下ろした重荷と課題」だった。

投書は、談話には課題が多いことを認めつつも、「戦渦に苦しんだ国々の民衆の心の葛藤に寄り添い、悲嘆の中で彼らが貫いた敗者に対する寛容さへの感謝の言葉が、初めて日本の指導者から発信された」と、外地の引揚者たちが無事祖国に帰還できたことへ謝意を述べていることを評価していた。

翻って、メディアによる安倍談話の評価はどうだったか。政権に批判的な本紙や朝日、毎日を見ると、村山、小泉談話との比較にその焦点が絞られていたように感じる。

すなわち、「植民地支配、侵略、痛切な反省、心からのお詫び」というキーワードの去就や、主語が不明といった表現などを通して、本音を隠し、あちこちに配慮したインパクトの少ない談話と評したといえる。慰安婦問題を間接的に取り上げたことに目を配ってはいるが、投書のような観点からの評価はどこの紙面でも抜け落ちていた。

投稿主は、中国との友好をビジネスを通じて長く実践してきた体験を踏まえ、東アジア経済の視点から日中の平和実現を模索する学究者だ。彼によれば、本来なら1972年9月に日中国交正常化が果たされた時、田中角栄首相が周恩来総理主催の歓迎宴の答礼スピーチで、その恩義に感謝を表明するべきだった。それだけに、安倍談話で初めて触れられたことの歴史的価値をマスコミや国内外の多くの人に気づいてほしかった、と投書の動機を語っていた。

「戦後70年談話」で語られるべき内容について、メディアはどのような批判軸を検討し用意していたのだろうか。

村山談話など過去の談話が完璧だった、十分だったとは言い切れないはずだ。キーワードに目を奪われすぎた、との批判もある。自社独自の解釈は必要だが、紹介した投書の視点を含めて、もっと包括的な角度から歴史的意義を捉える姿勢が欠けていたのではないだろうか。談話がこれからの政治にもたらすインパクトのプラスとマイナスを冷静に分析する記事も少なかったように感じる。

8月29日朝刊特報面で作家、赤川次郎さんが「言葉を軽んじるな」と安倍政治に怒っているが、その批判はメディアの側も受け止めたい。「積極的平和主義」の内実に対する批判も、ノルウェーの平和学者、ガルトゥング*さんが来日するもっと早くからするべきではなかったか。

2年前の国会で安倍首相が初めて談話を出す考えを表明してからの報道を早急に検証し、緊迫した安保法案というテーマに挑戦してほしい。

＊ ヨハン・ヴィンセント・ガルトゥング（1930―）はノルウェーの社会学者・数学者。戦争のない状態を平和ととらえる「消極的平和」に対し、貧困、抑圧、差別など構造的暴力のない状態を「積極的平和」とする概念を提起した。

政府の保身術

10月26日

約5年半の長丁場だった環太平洋パートナーシップ協定（ＴＰＰ）の交渉が決着した。だが、それにしては全体像と具体的な内容が依然として見えない。なぜなのか？

そもそも、交渉決着時に本紙を含めた日本のメディアが伝えた際の「大筋合意」という用語の意味がよく分からない。「大筋」とは、「物事の、細かい点を切り捨てた、大まかなところ。大略。あらまし」をいう（大辞林第3版）。「大筋合意」とすると「大まかなところで合意した」と読める。そうだとすると、細部はなお交渉や調整が残されている、と受け取ってしまう。しかし、初報（10月6日朝刊）に、そうしたことは書かれていない。ちなみに、参加した他の国のメディアはどう表現しているのか。ニューヨーク・タイムズは「最終合意」（Final agreement）、カナダやオーストラリアの新聞でもシンプルに「合意した」としており、「大筋合意」に当たる表現は見当たらなかった。

どうなっているのか。政府発表の英文資料を見て合点がいった。タイトルは「Summary of ～」、つまり要約、要旨、概要なのだ。結局、初報のポイントは「合意した」という事実と「合意の大筋（要旨）」が発表されたということになる。「大筋合意」は日本人記者に向けた政府発表文にある表現をそのまま使ったのだろうが、この表現は不適切ではないか。各紙はその後も「大筋合意したＴＰＰの～」と枕詞にして使っているが、見直すべきだろう。

この疑問が解消しても、なおモヤモヤした気分なのはなぜなのか。各紙の続報を見ると、理由がうかがえる。本紙は10月7日朝刊六、七面に「詳報」、9日朝刊三面「『ＴＰＰ農産物』撤廃多岐に 追加発表」と伝えた。ともに政府や農林水産省の発表によるものだが、日経は16日朝刊一面で「大筋合意した工業製品の関税*撤廃に関する全容が明らかになった」と特ダネで伝えている。こうしてみると、政府の情報開示の姿勢が浮かび上がる。交渉妥結の日は抽象的な枠組みだけを公表し、各分野の詳細は明らかにしない。その後は時間をかけ、国内関係業界の反応を見ながら小出しに発表したり、リークしたりしているのではないか。

交渉中ならまだしも、妥結したのになぜ全容を公表しないのか。合意書の詳細は「付属文書」と「覚書」を見なければならないが、付属文書は4年間非公開とされている、という解説がネットにあった。その真偽はどうなのか。これも各紙に解説は見当たらない。そんな疑問を抱えていたら、20日に関税分野の全容が突然発表された。理由は「精査していた」（毎日）ためというが、内容を精査もしないで合意できるわけはなく、理由にならない言い訳にしか過ぎない。これで、隠されたことはもうないのか。そして、非関税分野の全容と詳細の公表はいつなのか。

メディアは、初手から政府の情報操作に乗せられたままのように見える。いつまでも政府の掌《て》の上で踊らされるのを見るのはごめんだ。

＊ 貨物が国境を越えて動く際に発生する税金。一般的には「外国からの輸入貨物」について輸入者に課し、輸入する国の税関が徴収する。

非常事態

12月5日

「テロリズム」は、「恐怖」によって政治、宗教などさまざまな目的を達しようとする暴力の発露だ。その「恐怖」は相手を混乱させ、攪乱《かくらん》させ、極端な行動に走らせるが、ある側面では相手の覚醒をも呼び起こす。テロの実行者はだれで、動機は何か、背景には何があったのか、そこに私たち被害者は無関係なのか、あるいは何がしか加担していなかったか――という問いかけが否応なく突きつけられるからだ。

約130人が死亡したパリの同時多発テロ。米国の「9・11」テロに次ぐ大事件だけに、このニュースの報道がない日はないほどだ。だが、大学で教えている学生たちの印象は意外だった。「日本のメディアはなぜあまり報道しないのですか?」。

事実は無論違う。検索エンジンで「テロ・同時・パリ」をキーワードに調べれば、発生以来の件数は本紙406、朝日789、読売756などと多量な報道がなされている(11月30日現在)。

では、こうした印象はどこから来るのか。記事の中身にヒントがありそうだ。

各紙に共通するこれまでの報道は、事件発生の第一報から始まり、実行犯の割り出しと人物像、フランス政府の対応ぶり、その後の捜査状況が大半だ。

一方、研究休暇でフランスに滞在中の知人が、フェイスブックを通じて現地の様子を知らせてきた。

事件後、国旗の三色旗が飛ぶように売れていること、国歌「ラ・マルセイエーズ」を声高に歌う市民の姿が街中で見られるようになったこと、そうしない市民には〝ネトウヨ〟的な糾弾の言葉が飛び交っていること……自身が見聞し、現地メディアが報じていることを教えてくれる。

若者の印象は、もっぱらSNSを通じて世界を感じている彼らの、日本のマスメディアに対する素朴な違和感の表れなのかも知れない。

海外の出来事の報道に、国内取材と同じような質と量を期待するのは無理だろう。日本のメディアは事件報道として加害者・被害者・捜査、そして政治報道として政府の対応を伝えているが、こうした情報だけでは、このテロがフランス社会にもたらしている〝変化〟を実感として伝えることは難しい。例えば、「非常事態宣言」*。海外メディアによれば、仏政府はこの宣言に基づき欧州人権条約の例外措置をとると通告し、警察は令状なしで家宅捜索を行い、ドアを壊し、住民に強圧的に質問し、疑いを持った人物は警察に拘留したり自宅軟禁したり、容疑事実の公表もしないという。

「非常事態宣言」で市民の権利はどう制限されているのか。社会の変化を足元の市民生活レベルで具体的に見える報道がもっと必要だ。社会の危うさは日本も例外ではなく、「すぐそこにある他国の現実」は、日本の近い未来の現実になりかねないからだ。

＊「緊急事態宣言」とも。戦争、事変、革命、内乱や大規模災害などによって国民の健康・生命・財産・環境などへの危険が差し迫っている状態に対し、国・地方政府などが特殊な権限の発動や、広く一般に注意を促すために出す。

戦場取材考

2月5日

戦後70年の2015年は、本紙を含めてほとんどのメディアが総力を挙げて、戦争体験者の証言や記録を「体験の継承」のために掘り起こしてきた。「今の戦争　想像する鍵に」（毎日）がその眼目であり、貴重な史料として後世に残るはずだ。振り返れば、20世紀がいかに「戦争の絶えない時代」だったかを思い知らされる。大学での講義でも、学生たちの「戦争」への関心は強い。

しかし、関心の「質」には、やや違和感を覚える。おそらく団塊世代以上の人間は、自分たちの父母や祖父母らから多少とも戦争体験を聞かされて育ってきたが、彼らは違う。

知っているのは、せいぜい戦争のヒーロー映画であり、スマホやゲーム機で「敵をやっつける」仮想のバトル体験くらいだ。テレビが伝える世界各地の戦争は、ピンポイントで爆撃が命中して炸裂《さくれつ》する灰色の光景で、実際に殺される人々の姿は「悲惨過ぎる」として捨象される。これでは戦争にリアリティを感じるはずもない。

そんな彼らに、例えばNHKスペシャル「新・映像の世紀*」シリーズを見せれば、戦場の〝リアル〟をいやというほど見せつけられ、目を背けてしまう。そして、「日本のマスコミは、なぜフリーの記者ばかりに戦場取材をさせているのか」と私に問う。フリー記者、後藤健二さんが過激派組織「イスラム国」（IS）に殺害された事件などが、彼らにこの疑問を抱かせるのだ。

後藤さん殺害が明らかになったのは2015年2月1日。同じように危険地帯を取材する日本のフリー記者らによって『ジャーナリストはなぜ「戦場」へ行くのか』（集英社新書）と題した本が昨年暮れに出版され、今年1月に同名のシンポジウムもあった。

こうした動きを受けて、NHKは1月30日夜、BS1スペシャルでドキュメント「それでもなぜ戦場に行くのですか」を流し、朝日は31日朝刊社会面トップで扱った。ともにフリー記者の情熱と厳しい現状を伝えているが、自らが問われている先の学生たちの疑問はスルーしたまま。毎日は2月1日朝刊メディア面のシンポ報告で「読者の支え必要」とのパネリストの声を紹介するにとどまっていた。

本紙にこのニュースは見当たらない。記事検索すると、1年前に特報面が疑問をストレートに取り上げているのが見つかった。だが、「記者の安全が確保されない場所には派遣していない」（外報部長）とのコメントを載せただけで十分な説得力をもった答えにはなっていない。

戦場取材は特殊な専門分野だ。記者は身の安全を自ら確保し、現地の状況・文化に通じ、できれば現地の言葉も話せなければならない。特別な訓練と知識、経験が必要で、一朝一夕には育たない。メディアの多くがフリーのジャーナリストや通信社電に頼っている理由が、自社記者が死傷・拘束された場合に会社が負うリスク回避のためだけだとしたら、説得力は弱い。この不信にきちんと答えを出す必要がありそうだ。

＊　2015年10月から月1回、計6回のシリーズで、NHK総合テレビの「NHKスペシャル」で放送されたドキュメンタリー番組。NHK放送開始90周年と終戦70周年の記念特番として制作された。

不完全さ

3月15日

流行言葉で言えば、まさに「びっくりポン」だった。東京電力が福島第一原発の事故以降、社内の「原子力災害対策マニュアル」に炉心溶融*（メルトダウン）の判断基準が記載されていたにもかかわらず、5年後の2月になって「気づいた」というニュースだ。

「ない」と思われていたものが「あった」というタイプのニュースは、その「発見」が新たに視野を広げてくれることにつながり、ある意味で〝前向き〟な〝明るい〟ニュースが多いが、これは「後ろ向き」の発見だ。とはいえ、過去（事故）の検証に欠かせない重要な新事実と捉えるべきだろう。

これを伝えた2月25日の各紙朝刊を比べてみる。本紙は二面トップ。朝日一面二番手、読売二社面二番手、毎日社会面三番手、産経一面二番手と二社面トップ、日経一面肩と二社面など。この日は独自記事が各社にあり、紙面扱いに若干の違いはあったが、「びっくり」度はそれなりに共通していたといえる。

問題にしたいのは、どの社の記事にも共通する「不完全さ」だ。各紙とも記事の中身に大きな差はないのだが、そろいもそろって知りたい情報が欠けている。

各社の記事を総合すると、「新潟県の申し入れに応えて」「事故の検証の過程」「追加調査」で「今月（2月）になって」気づいたという。存在に気づいたのは「判定基準の記載」で、マニュアル自体は「本社や各原発にある」。本紙を含む一部の記事ではマニュアルの存在に「気づいた」と誤解しかねない表現もあったが、そのことは置いておく。

肝心なのは、判定基準が記載されていることに▽いつ▽どこで▽だれが▽どのようにして▽なぜ――気づいたのか、その具体的な詳細情報がないことだ。また「東電は炉心溶融の公表の遅れの理由として『判断基準がない』と説明してきた」というが、マニュアルを見ないでこのような説明はできないはずだ。「詳細な事項まで確認しなかった」との釈明も説得力がない。炉心溶融が「詳細な項目」であるはずがない。また、政府や国会をはじめとする各種の事故調査委員会はこのことをどう調べていたのか。さらにマニュアルは「事故後の２０１３年12月に全面改訂され、（炉心溶融の判断基準の）記載はなくなった」のはなぜか――。

このように知りたいこと、疑問はいくつもある。「作為」「責任逃れ」を強く疑わせる東電のこの発表で、記者たちはこうした点を質問しなかったのか。そしてデスクや他の編集責任者は……。記事中にそれをうかがわせる記載はない。

東電の旧経営陣３人が業務上過失致死傷罪で強制起訴された（２月29日）。旧経営陣の責任の所在の有無を明らかにする上で、指摘した「不完全さ」を埋めるような事実の掘り起こしは、隠された真実に迫ることにつながるだろう。

＊　原子炉の冷却装置の停止によって炉心の熱が異常に上昇し、燃料ウランを溶かし、そのために原子炉の底部が溶けてしまうこと。原子力発電の重大事故の一つ。メルトダウン。

パナマ文書

4月25日

中米パナマにある法律事務所「モサック・フォンセカ」から流出した内部資料を元に、国際調査報道ジャーナリスト連合（ＩＣＩＪ）と世界各国のメディアが共同で取り組んだ調査報道、いわゆる「パナマ文書」が世界的に衝撃を広げている。

この資料の特徴は、Ｅメールと同事務所のデータバンクのファイルを中心とした2・6テラバイトという膨大なデジタル・データだということだ。ウィキリークスによる暴露やスノーデン事件などと同じように、デジタル・データを扱う調査報道が世界の最先端を切り開いていることを実感させ、その重要性を再認識させるものだ。

日本では共同通信と朝日新聞が日本関係の資料の分析に参加。本紙「こちら特報部」は、文書の中に事件性は不明だが日本人の名前も登場しており、「政府として調査は考えていない」との菅義偉官房長官の発言を捉え、政府の消極的な姿勢を批判（4月9日朝刊）した。

朝日を除けば本紙をはじめ多くの国内メディアが筋もの（出来事の事実関係だけで構成した記事）を共同配信に頼らざるを得ないのは仕方がないとはいえ、じれったい限りだ。

この調査報道の実際は、メディア関係者にとっても関心事だ。毎日が4月18日朝刊でフォローしたが、インターネットのオープンソース・プロジェクトを支援するために設立された非営利団体「モジラ・ファウンデーション」のニュースサイトが、この調査に携わったＩＣＩＪのリーダー、マール・カブラ氏のインタビューの中でかなり具体的に紹介している。

それによると、さまざまなフォーマットで作成されたフォンセカのファイルを統一的に取り扱えるよう、解析調査した上でデータベースを構築。公開されたソフトを可能な限り使用し、例えばインデックスを作るには「Apache Solr」、文書の処理・加工には「Apache Tika」、ＯＣＲ（光学読み取り）には「Tesseract」を援用、さらに記者たちが同時に作業できるためにアマゾンの中に30から40のサーバー群を持った。記者同士のコミュニケーションと資料の共有のために「iHub Global」や「Black Light」「Linkurious」の三つのプラットフォームを使用したという。

ＩＣＩＪは5月初めにも、タックスヘイブン*（租税回避地）に設立された20万以上の会社とその後ろに隠れている関係者の名前をすべて公表する予定だという。

ここに挙げた各種のソフトは、私はもちろん、日本のジャーナリストのほとんどにはなじみがないかもしれない。

だが、こうしたＩＴ（情報技術）を新たな〝武器〟として活用しなければ、他の分野と同様に日本のジャーナリズムも〝ガラパゴス化〟とやゆされかねない。「パナマ文書」に限らず、日々の取材で当たり前に駆使できる記者を育てていく努力が必要なのではないだろうか。

＊　tax haven。課税を完全に免除したり、著しく軽減するなど税制上の優遇措置を域外の企業に対して戦略的に設けている国や地域のこと。租税回避地、低価税地域とも呼ばれる。

政治報道考

6月15日

「木を見て森を見ない」。このコラムを担当して10年以上、100回を超えて書かせてもらってきた。その中で、この言葉を何度使っただろうか。根本的な問題は、客観報道の意味とそのための取材、そして表現の方法に関するものだ。コラムではこの大きなテーマをめぐって、さまざまな領域のニュースを取り上げて繰り返し考えてきた。とりわけ素材にしたのが政治の分野だ。

安倍晋三首相は6月1日、消費税の引き上げ時期を再延期し、衆参同日選を見送ると表明した。紙面扱いが各社一面トップなのは当然だが、本紙の本記は首相会見の中身を紹介しているだけで、4本の見出しも首相の言葉をただ伝えるものばかりだ。消費増税再延期の判断について「参院選で信を問う」というが、政権は衆院選で過半数を獲得した政党・勢力が担うことからすれば、解散・総選挙で問うのが憲政の筋というものだ。それを避けたのは、衆院選での勝敗の見通しが暗いという計算が働いていたはずだ。つまり、「信を問う」気はないのだろう。脇に抱えた「信を問う」の別稿でも、そこまで踏み込んでいない。増税再延期の理由も然り。直前の主要7カ国首脳会議（G7）の舞台で延期理由の「リーマン級の経済危機」の認識を各国首脳にも共有してもらい、追い風にするという目論見が外れたにもかかわらずだ。

記事は確かに、会見の中身を伝えている。中身の一つひとつの事実が「木」に当たる。だが、この会見で語られた言葉を積み上げてみると、どんな風景が見えてくるのか。これが「森」といえるものだ。

増税再延期の判断は、「アベノミクスの失敗」*を糊塗するものだし、解散見送りは「信を問いたくない」逃げ腰の姿勢が導き出したものではないだろうか。6月6日の朝日、読売の世論調査では、先延ばしを評価する人が朝日56%、読売63%。増税を嫌がるのは、どんな時でも変わらない一般の感情だ。この数字が格別高いわけでもなく、再延期について国民の積極的・合理的判断が示されたとみるのは、政権側の都合のいい解釈だ。政権を変えることにつながらない参院選では「信が問われない」のであり、選挙後に待ち構えているのは、「白紙委任された」と言って強引に政治を動かす手法の繰り返しではないか。安保法制論議を忘れてはならない。

そしてもし、このように「森を見た」のなら、そして、それが極端なものではなく、多くの人々に共通するものなら、自信を持ってそれを表す適切な形容詞や文章で伝えるべきではないか。前にも書いたが、そうしないのは「形式的」「消極的」な客観報道に過ぎず、逆にそうできないのならジャーナリストとしての「観察眼」がないに等しい。

日本の政治報道のあり方は、本気で考え直さなければならないのではないか――安倍政権の運営をめぐる報道を見続けていて、つくづく思う。だが、日本のメディアはこの問題意識を共有しているのだろうか。果たして、自ら変える気はあるのだろうか――。

＊　2012年から始まった第2次安倍晋三政権が掲げた一連の経済政策の通称。「安倍」と「エコノミクス」を合わせた造語で、大胆な金融政策・機動的な財政政策・民間投資を喚起する成長戦略の「三本の矢」を柱に掲げた。

天皇報道の敷居

7月25日

7月13日夜6時59分、突然「独自」マークが入ったテロップが流れた。「天皇陛下、生前退位の意向」。画面はすぐに定時のニュース番組に移り、トップで伝えられた。衝撃力の強い夜7時のニュース番組にぶつけた、久しぶりのNHKらしいスクープだった。

皇室報道には独特の難しさが伴う。天皇や皇族への直接取材の機会が非常に限られているからだ。その結果、天皇の気持ちや意向などは、必然的に伝聞情報となることが多い。今回のニュースは、その典型的な例だ。宮内庁や政府の幹部の正式コメントが報道内容を否定しているため、直後から「誤報だ」「情報操作だ」などと、NHKとそれに追随したメディアの姿勢に批判が出ている。しかし、報道の実態を知らず、自分勝手な推測を元にした無責任な批判が多いのはいつもながら困ったことだ。

この報道で考えておきたいのは、伝聞情報の取り扱いと「抜かれの作法」である。

伝聞情報、つまり非当事者から得た当事者に関する情報を報道するにはよほどの慎重さが求められる。取材源を明示できればまだしも、そうでない場合はなおさらだ。

特に当事者の「気持ち」に関する情報は危険が大きい。それを聞いた人（取材源）の受け止め方に左右されやすいからだ。いつ、どこで、どのような状況下で、どのような文脈の中で、だれに、どのような発言をしたのかを正確に取材できただろうか。それができない場合、「○○のような趣旨の発言」といったアバウトな情報として伝わっていく。これが「忖度《そんたく》」＊である。報道にとっては、情報操作というワナになり得るのだ。

一方、「気持ち」は揺れ動くものだし、相矛盾する「気持ち」も同時に一人の人間にはあることにも心したい。その「気持ち」を整理して形成されるのが「意思」「意向」、さらに強いのが「決意」だ。何かを「したくない」という「気持ち」と、だから「しない方法を見つける」という「意思」とは別物だ。匿名の取材源による各社の今回の報道は、そこのところがあいまいだった。だからさまざまな臆測が飛び交う結果を招いているし、続報の中にも、事態の流れを否定するようなものも散見されることになる。

「抜かれの作法」については、初報したメディアのことには触れず、いかにも自社ネタのように扱うという、日本のメディアの悪い慣習が今回も繰り返された。「〇〇が報道した。それによると、……」などと伝える海外メディアのような工夫をするべきではないか。米国の通信社APは自社で裏が取れない場合、「我々の取材では裏づけが取れていない」と最後に注意書きをしている。自社のみの報道に頼っていればいいという姿勢は、ネット時代には通じない。

天皇問題はどんな形にせよいずれ表面化する。その時、これまでタブー視されてきた天皇制そのものの是非をめぐる議論を取り上げられる知恵と勇気を今から養っておきたい。

＊　他人の内心や真意を推し量ること、または推し量って相手に配慮したり便宜を図ること。2017年には政治問題に関連して広く使われ、「新語・流行語大賞」年間大賞に選ばれた。

キーンさんへの返事

9月15日

「ドナルド・キーンの東京下町日記」*は愛読のコラムだ。日本文学研究者として日本文学を、日本を、東京の下町をこよなく愛し、幅広い人的交流を通じてさまざまな出来事を取り上げている。そのソフトな語り口に変わりはないが、4日のコラムがいつもと違ったのは、日本メディアのあり方に向けた厳しい視線だ。日本のリオ五輪報道を「台風のような」と批判した。

「五輪を否定しているわけではない」「鍛錬した選手が全力を尽くし、流す汗と涙の美しさを分かっているつもりだ」というキーンさんの批判のポイントは二つ。「ほとんどの新聞は一面から社会面まで、日本人の活躍で埋め尽くされた」ことと、「メディアがこの時とばかり『日本にメダルを』と叫ぶこと」への違和感だ。「メディアが率先して民族主義に陥っているよう」であり、「まるで全体主義国家にいるような気分になった」という。

確かにこの時期、テレビはどこを見ても五輪、フェイスブックなどのSNSの「友達」たちの書き込みも五輪の話題が多かった。開催地が時差半日というのも影響しただろう。新聞も夕刊で速報、朝刊で深掘り記事やストーリーものを、と繰り返す掲載手法が「五輪一色」の印象を一層強めたのかも知れない。しかし、日本人選手に限らず、最高にすばらしい試合・演技になるはずの決勝の様子はもっと知りたかった。日本人選手ばかりにスポットライトを当てた五輪報道満載のメディアと世間の浮かれた気分に少々ウンザリした。

なぜなのか？　ニュースの夏枯れ、記者の夏休みに当たったから？　他のスポーツ大会と違って「平和の祭典」だから？　いや違うだろう。リオ五輪は28競技306種目で行われたが、国ごとに競う世界選手権（ワールドカップ）は冬の競技を除いても30を超える競技でほぼ4年ごとに開催されている（ウィキペディア）。スポーツニュースは楽しいが、五輪にこれほど集中する必要はあるのか。五輪そのもののあり方すら問われている。「パンとサーカス」という古代ローマの警句もある。そして日本も世界もこの間、さまざまな重要ニュースがあった。むしろあり過ぎたほどだ。

こうした指摘は、なにもキーンさんが初めてではない。五輪に限らずビッグイベントのたびに繰返される〝集中豪雨的〟報道は、日本メディアの悪しき特徴としてこれまでも批判されてきた。では、なぜそうなるのか、今のままで本当にいいのか。変えることはできないのか。

新聞は「世界の窓」といわれ、世界を知る基幹メディアとして生きてきた。キーンさんが報道に求める基準軸は「程度の問題」「価値判断とバランス」「批判精神」だ。これらが欠ければ窓から見える光景はゆがんでしまう。スポーツ紙ではない一般紙として、「違和感なく」五輪をどう伝えるか。本気になって考え直すべきではないか。コラムを掲載している本紙がまず、その問いに答えてみる義務と責任がある、といったら酷だろうか。

＊　1922―2019。米国出身の日本文学・日本学者、文芸評論家。日本文化研究の第一人者、日本文学の世界的権威で、欧米への日本文化紹介でも数多くの業績がある。文芸評論の著作も多数。2012年に日本国籍取得。

「検証」を読む

11月5日

連載「新貧乏物語」の一部記事に捏造《ねつぞう》などの問題があり、本社紙面審査室が行った検証結果とそれに対する「新聞報道のあり方委員会」外部委員の意見が10月30日紙面に載った。不適切な記事掲載の経緯を読者に明らかにしようとする姿勢は評価したいが、問題への取り組み姿勢と検証の内容には疑問や不十分な点が残った。

▼姿勢　一面などの見出しにある「削除問題」は不適切ではないか。削除した原因（自作自演、捏造）を強調したくない、との後ろ向きの気持ちがうかがわれてしまう。問題の本質を正直に、正面から受け止めるべきではないか。▽一二面の前文の書き出しは「……問題で『新聞報道のあり方委員会』を……開いた」。だが、検証の報告を真っ先にすべき相手は読者だ。「検証結果を読者に報告する」と書いてほしかった。委員会に関しては「紙面化に先立ち、検証結果に対する意見を聞き、合わせて紹介する」などとすべきだったのではないか。

▼検証内容（全体）「報告」は紙面に掲載分ですべてなのか。文書の総ページ数、社内提出先、今後の対策にどう活かすかなどが不明だ。▽事情聴取の実態が不明。聴取の時期、方法、対象の範囲、人数、回数など具体的事実が記されていない。

▼検証内容（個別事実）　10月12日の「おわび」との整合性が不十分。「おわび」では「記者の一人

が事実と異なる取材メモを作成し、それを基に原稿を書いた」とあるが、検証では社会部長が「本人から『(問題)ない』と言われれば信用するしかなかった」と証言。「想像で書いた」(記者)のに取材メモに記述があったというのは、あまりに不自然だ。▽「関係者宅」の玄関ドアのノブをなぜ記者が中から開けたのか。「自作自演」に至る状況がいま一つあいまいだ。▽第1回目の記事に対して「約束したプライバシーが守られていない」と抗議を受けたというが、写真の自作自演以外に、この記事の「プライバシー」問題とは何を指すのか。説明はなく、抗議の時期も不明。▽「取材班の風通しは良かった」というが、社会部記者の中にたった一人で放り込まれたこの地方の記者が相談できるような「兄貴役」はいなかったのか。▽テーマごとにシリーズを続けるこの長期企画で、ほぼ毎月継続する「プレッシャー」は相当なものだと想像できる。「息切れ」「自転車操業」の実態はなかったといえるか。▽企画全体を通して取材態勢・掲載方法が適切だったか、という問題に踏み込んでいないのはなぜか。

検証は難しい。「編集から独立した」紙面審査室とはいえ、自己検証にはそれなりの限界がある。魚住昭氏*のように取材経験も豊富な外部委員を検証チームに迎える方法もあったのではないか。信頼回復への努力を継続してほしい。

＊ 1951―。フリージャーナリスト、ノンフィクション作家。元共同通信記者。2004年に『野中広務 差別と権力』により講談社ノンフィクション賞を受賞。『渡邉恒雄 メディアと権力』『出版と権力 講談社と野間家の一一〇年』など著書多数。

コラムの責任

12月15日

こんな書かれ方をされて、悔しくないのだろうか。12月2日夕刊の一面コラム「紙つぶて」だ。素材は、11月28日に歌手のASKA氏が覚醒剤取締法違反*（使用）容疑で逮捕されたことをめぐる報道ぶり。筆者の批評家は「報道を見て『またか』とげんなりしました。ASKA氏にではありません。依存症問題を『見せ物』として消費するメディアの態度です」と〝メディア〟を俎上《そじょう》にあげ、速報、本人の電話出演、自宅ガレージの器物損壊、タクシーのドライブレコーダー放映……などに対してウェブ上でも批判が大きかったと書いていた。

ここで指摘しているのがテレビ、特に民放の報道の無謀、過熱ぶりであることは、落ち着いてよく読めば分かる。実際、本紙11月29日朝刊社会面を見れば、二段見出しの本記に本人がブログで使用を否定していることを加えて淡々と伝えている。

それならなぜ、こうした問題を一般名詞である「メディア」という言葉でくくって批評が展開されてしまうのだろうか。「メディア」には幅広い意味があるが、現代の私たちは「報道機関」という意味で普通に使い、慣れ親しんでいる。だから、「メディア」といわれると新聞も含めてイメージしてしまう。ところがこのコラムの筆者は、新聞ではなく「テレビ」の報道が問題、とはっきり区別して書いていない。批判されるような報道が、まるで本紙を含む新聞もあったのではないか、との印象を与える危険がある。

問題は、このような誤解を招きかねない大ざっぱな言葉遣いをそのまま紙面に掲載してしまう新聞の側にあるように思う。似たようなケースが、毎日の「メディア時評」でもあった。〝アフロ女子〟として知られる朝日の元記者が担当した回（11月26日）だ。大衆迎合主義が世界に広がっている現象を取り上げた記事を槍玉に挙げ、「大衆迎合でない民主主義はない」と言い切り、自分たち（記者のこと）は「大衆とは一線を画した存在だとでも言いたいのならそれこそが深刻な危機である」と批判した。民主主義に対する粗雑な認識がベースなのに、コラム担当の編集者は問題視しなかったようだ。

外部識者に依頼する新聞のコラムは、さまざまなニュースをめぐる多様な意見、見方などを読者に提供している。ジャーナリズムのフォーラム機能の一つだ。しかし、どれほどの有名人や著名な識者であろうと、そこで展開される意見は、事実の正しい認識や知識に基づき、誤解のないように表現することが求められる。

古くは橋下徹・前大阪市長、最近ではトランプ次期米大統領のように、いま大づかみの言葉遣いが人々の心をつかんでいるように見える。だが、報道側が同じ土俵に乗ってはならない。外部に依頼したコラムであっても、編集者は記者の原稿と同様にこだわりをもって向き合ってほしい。必要なら修正を求めるべきだ。それが新聞社の責任ではないだろうか。

＊　音楽ユニット「CHAGE and ASKA」のASKA（本名・宮﨑重明）容疑者が2016年11月、覚醒剤取締法違反容疑で逮捕された事件。2年前にも覚醒剤使用罪で有罪判決（懲役3年、執行猶予4年）を受けていた。

問われているもの

2月15日

このところ、私たちの「認識」をめぐる新たな言葉が飛び出して、世界を混乱させている。「ポスト・トゥルース」「フェイク・ニュース」「オルタナティブ・ファクト」。いずれも、ジャーナリズムにかかわりの深い「真実（トゥルース）」と「事実（ファクト）」について考えさせられるものだけに、事は深刻だ。それぞれの言葉の出自をあらためて説明はしないが、「ポスト（後の）」「フェイク（虚偽の）」「オルタナティブ（代替の）」という言葉がなぜ使われるようになったのかを考えてみたい。

『BLUR』（日本語版『インテリジェンス・ジャーナリズム』ビル・コヴァッチ／トム・ローゼンスティール共著、ミネルヴァ書房）の著者たちによれば、近代以降に発達してきたジャーナリズムが基盤としてきたのは実証主義である。真実（実相）は一つではない。人それぞれにある。しかし、事実を確め、その積み重ねで証明された姿を「真実に限りなく近いもの」として受け入れ、その上に社会を築いてきた。「そうあってほしい、あるべきだ」と信じるもう一つの「真実」と戦ってきたのである。

そうした歴史を踏まえてみると、これらの言葉に通底するのは、近代世界が、そしてそれを下支えするジャーナリズムが大事にしてきた価値や実践への疑念、不信感ではないかと思える。「信じたい」人々にとっては、ジャーナリズムが示す「事実」やそれを証拠として示す「真実」とは別の「真実」があるのだろう。「ポスト・トゥルース」は、「オルタナティブ・トゥルース」と言い換えた方が、そこに込められた意味が理解しやすいかも知れない。

ただし、否定するだけでなく謙虚に受け止めるとすれば、「オルタナティブ・ファクト」の主張は、ジャーナリズムの実践の現在の姿に対する批判の表れともいえる。ある人々にとっては、既存マスコミの報道は意図的に物事の一部の事実を無視していると映るからだ。「物事を公正に見る」というジャーナリズムの原則を誠実に実行しているかどうか、自らを真摯《しんし》に顧みることも忘れてはならない。

本紙に目を向ければ、論説副主幹が司会を務めるテレビ番組「ニュース女子」*が、沖縄・米軍基地反対運動に対して事実に反する誹謗《ひぼう》と中傷を浴びせたとして批判の的になっている。本紙は2月2日朝刊で論説主幹の謝罪を載せた。一部には「（会社として）立派だ」「潔い」との評価があるが、対応は遅く、何について謝罪しているのかもあいまいだった。「組織と言論」のあり方の問題と捉える向きもあり、本人も本紙の謝罪表明について「言論の自由に対する侵害だ」とラジオ番組で語った（7日朝日朝刊）という。

だが問題はもっと根本的なところにある。他メディアを含む彼の記事や発言から判断すれば、私たちが大切にしている実証主義に基づくジャーナリズムのあり方とは異質の言論活動をしている。彼は「信じたい」ように物事を見ている「オルタナティブ・トゥルース」の人なのだろう。本紙の「対処」の仕方によって、本紙がジャーナリズムをどのように考えているのかが問われることになる。

＊ ネット動画配信と番組販売を行う制作プロダクション「DHCシアター（現：DHCテレビジョン）」が2015―21年に配信していたバラエティ番組。オジサマ論客と女性のタレント、エキストラがニュース、時事問題をトークする。

評価の根拠

3月25日

「新聞は日々のことに流されて……」。車を運転することが最近多くなったせいで、車中で音楽を聴く機会が増えた。といっても、新しい歌はなじめないので、つい古い曲をかけてしまう。フォーク歌手の吉田拓郎は好きな一人で、「英雄」という曲の中にあったのが、このフレーズだ。だがよく考えれば、「流されている」のは新聞ではなく、そう嘆いている自分自身、つまり読者の方だ。なぜなら、新聞＝ジャーナリズムは、「ジャーナル（日記）」というその名の通り、日々の世界の動き（変化）を記録し、市民に報告するのが一義的な役割であり、本来の営為だからだ。それでも、人がこう嘆くのは、やはり一義的な報告だけでなく、日々の動きについて、ちょっと立ち止まって「だからどうなんだ」という評価や意味づけを新聞に期待しているからなのだろう。

そのためには、基準と根拠（＝批判軸）が必要だ。ところが、「オルタナティブ・ファクト」などという居直りの自分勝手な理屈が恥ずかしげもなく口にされたり、「フェイク・ニュース」と平然と決めつけて自分に都合の悪い事実を否定するような態度がまかり通る昨今だ。批判軸といっても、思想の違いもあって唯一正しいというものはないから、説得力のある批判をするのは、なお一層難しくなっている。

こんなことを考えながら、日頃のニュース記事を見ると、評価の根拠がなかなか示されていないという印象を持たざるを得ない。

例えば、東日本大震災6年目に関する一連の記事だ。町の復興や人々の暮らし、東電原発などの現状はよく伝えられ、震災前との比較も分かりやすかった。6年目の節目なのだから、そうした状況をどう評価するかが大事だ。その基準は復興計画、工程表が手がかりの一つになるが、それが明示されていないのではっきりしない。感情的な評価で終わっているといったら言い過ぎだろうか。

南スーダンからのＰＫＯ*撤退という大きなニュース（3月11日朝刊）でもそうだ。一面解説では「首相の判断は遅すぎたと言わざるを得ない」とし、「派遣の役目を終えたと判断したら、5月を待たずに早く撤収すべきだ」と批判した。ここでも「遅いかどうか」がポイントになっている。では、何をもって「遅い」のか。撤退の理由として現地の治安悪化を政府は否定し、道路補修約２１０キロメートル、用地造成約50万平方メートルという実績を根拠に「一定の区切り」をつけたとしている。だが、「一定」とはどういうことなのか。派遣に際しては、現地での活動計画があったはずだ。今回の第11次派遣ではいったい、どの程度の実績を目標として見込んでいたのか。それと比較しなければ、遅いかどうかや「一定の区切り」という判断が妥当かどうかわからない。

そうあってほしい、という願望からの批判は、もっともらしい事実を挙げて本当の理由を隠そうとする側と似たり寄ったりだ。

＊ United Nations Peacekeeping Operations（国連平和維持活動）の略称。日本は1992年6月、国際平和協力法（PKO法）を制定して人的・物的協力を行っている。

新鮮なしつこさ

5月15日

ニュースとは何か。ジャーナリズムの研究書を見ると定義はいろいろあるが、筆者は「ある時間枠における社会の変化」としている。旧メディアの新聞なら1日単位、週刊誌なら1週間単位という一定の時間経過の中で発見した変化、ということだ。インターネットが普及した現在、ネットは切り取る時間枠を任意に決めて伝達が可能となった。

しかし、どれだけ時間枠を細分化できても、社会の変化のスピードは出来事によってさまざまで、いつも1日ごと、あるいは1分ごとに変化が起きるわけではない。ニュースは新鮮さが売りものと相場は決まっているから、ニュース・メディアが見つけやすい新たな変化を追う傾向が強いのは、新聞を含めてやむを得ない習性といえよう。しかし、目先の新鮮さにばかりとらわれると、世の中の大事な事柄の本質や変化の潮流を見失う危険がある。

本紙報道の特色の一つに「しつこさ」がある。粘り強さ、しぶとさともいえる。共謀罪、沖縄の基地、改憲、原発事故に伴う放射線汚染や復興などでそれがよく示されてきた。いずれも、見逃しがちな小さな変化を、他紙にはない「しつこさ」で伝えていることが読者の共感を得ている。ただ留意しなければならないのは、しつこさが逆に、読者に「またか」という思い、新鮮さに欠けるというイメージを抱かせる面があることだ。それを避けるには、視点や切り口、比較などとともに普段とは異なる時間枠の設定や新しい表現方法などの工夫が必要になってくる。

そうしたしつこさと新鮮さの両立を目指す努力がうかがえるのが、3月から毎週水曜紙面で展開している「こちら原発取材班」だ。

特に東電福島第一原発周辺の町の現状を取り上げた独自調査「本紙が調べた○○」シリーズは出色だ。楢葉町・富岡町（3月29日）、浪江町（4月26日）、双葉町（5月3日）――と各町内の道路付近の放射線量をデジタル・マップ化したのは、広域で実態を捉え直すという視点や放射線という見えない事象をビジュアル化して捉えやすくした工夫、さらにIT（情報テクノロジー）を上手に駆使していることなどの点で新鮮さを感じさせた。すでに本紙の売りの一つになっている「こちら特報部」や「3・11を生きる」など、どちらかといえばピンポイントで深掘りする切り口と好対照でありながら、「しつこさ」の特質を引き継いでいるといえよう。

もちろん、まだ不十分な点もある。例えば、放射線量マップでは、原発事故直後にNHKが独自に行った調査*との比較はできないのか、住民のふるさと帰還の実態を把握するために楢葉町・富岡町で行った夜間の住宅での点灯目視調査マップ（3月22日）では、家マークが多く重なってしまってイメージが伝わりにくかった。むしろ夜間の町の光を写し取る人工衛星の写真を利用して事故前と比較した方が良かったのではないか――などなど。さらなる工夫と挑戦を期待したい。

＊　NHKディレクター（当時）が2011年3月から避難指示地域内に独自判断で科学者と入り、土壌や植物をサンプル調査し制作・放送したETV特集「ネットワークでつくる放射能汚染地図」は17の賞を受賞するなど反響を呼んだ。

闘う記者会見

6月26日

共謀罪と加計学園問題で大荒れの国会が、結局は疑問や疑惑のほとんどが解明されずに閉会した。本紙は孤軍奮闘したが、「認めない」「調べない」「謝らない」（6月18日朝日朝刊）の〝三ない〟政府の壁を打破することはできなかった。現在の政治状況は「一強多弱」といわれるが、それはニュース・メディアも例外ではないことをあらためて感じさせた。そんな中、本来あるべきジャーナリストの姿勢が取材の過程で垣間見られたのは小さな救いだった。

舞台は菅義偉・官房長官の定例記者会見。質問に木で鼻をくくったような回答を繰り返す官房長官に対して、本紙社会部の女性記者が執拗《しつよう》果敢に食い下がった。ネット上ではネトウヨ系のメディアやユーザーたちがこの記者への個人攻撃を展開したが、質問にまともに答えようとしない相手にひるまず、引き下がらなかった対応は、記者として当然の姿勢といえよう。むしろ、その場にいた他社の多くが、応援の声もあげずにひたすらパソコンに向かってやりとりを記録していたのは情けない限りだ。

ところが、この事実が本紙を含めた新聞紙面で読者に伝えられていないのはどうしたことだろう。おそらくこの会見では新たな事実が出てこなかったからではないかと想像できる。だが、テレビやネットを通じて知った人々の間では、相当の話題になっていたようだ。この情報ギャップを放置したままでいいのだろうか。新聞を通じてしか世の中のことを知り得なかった時代なら仕方がなかったかもしれない。しかし、ラジオ、テレビ、そしてさまざまなネット・メディアが乱立している今の時代に、こうしたニュース判断はもはや通じないのではないか。日本の新聞が変わろうとしないと批判される一因は、このような旧態依然のニュースの価値判断にもあるのだ。

官房長官会見は通常、首相官邸ホームページ（ＨＰ）に動画はあるが、文字記録は長官からの発表事項のみだ。しかし、他の主要官庁のＨＰでは、記者との一問一答が詳細な文字記録や映像などで提供されている。２００１年の田中康夫・長野県知事による「脱・記者クラブ宣言」*を皮切りに、２００９年の民主党政権下で多くの官庁がこうした取り組みをするようになった。ただし、ＨＰへアップされるタイミングはいかにも遅い。

会見は取材の一つのプロセスであり見せるものではないという考えは、もう過去のものと考えるべきだろう。政府要人などの会見は、今や重要な社会イベントであり、そこで情報を引き出そうとする記者もまた、イベントの舞台に登場する当事者の一人とみなされている。記者がどのような振る舞い（質疑のやりとり）をしているかは、会見で発表された内容とは別に、ジャーナリズムの信頼に直結するといっても過言ではない。

「逃げた」「ごまかした」「嘘をついた」など、新聞も会見全体を「ニュース」としてとらえ、そのありようを文字で伝えるべきではないか。前提に記者の〝闘う〟姿勢が必要なのはいうまでもない。

＊　田中康夫・長野県知事が２００１年５月に行った。県庁にあった３つの記者クラブを閉鎖し、だれでも利用できるプレスセンター「表現道場」（後に「表現センター」に改称）を設置するとともに会見は記者クラブではなく県主催とした。

国会議員の質問力

8月5日

国会の質疑をテレビ中継で見たり、翌朝の新聞を読むと、政府答弁のあいまいさやすり替え、言い逃れといった姿勢は論外だが、議員の質問の仕方にも腹立つことがたびたびある。記者の質問力の低下はよく話題になるが、議員の実態もそう変わらない。

例えば、7月24日の衆院予算委員会での閉会中集中審議。安倍晋三・首相が「今までの答弁で足らざる点があったのは、率直に認めなければならない」と殊勝な表情で答弁した、という。では「どこが足りないと認識しているのか」と質問したのだろうか。文部科学省の前川喜平・前事務次官と面会した事実を認めてこなかった和泉洋人・首相補佐官がこの日、一転して認めた際にも、「なぜ今になって認めることになったのか」は分からずじまいだった。二の矢、三の矢で答弁の根拠・理屈や具体的事実を質さないため、視聴者・読者からすれば、隔靴掻痒《かっかそうよう》、尻切れとんぼで置き去りにされてしまった感がある。そんな質疑をただ伝えるだけの新聞も不満解消にはつながらない。本紙25日朝刊を例にとれば、テレビやネットで既視感のある本記より、二面の「核心」を一面トップに据えた方がよほど読まれたのではないだろうか。

そもそも議会制民主主義の国で、行政のチェックは一義的に議会の役目だが、肝心の国会審議がこんな状態の中で、プレスは何ができるだろうか。まずは、「質が低かった」と与野党を問わず具体的に批判すること。でき得れば、独自の調査で新たな情報を発掘し、審議に活を入れること。そしてもう一つが、質問する議員と協力して、質問そのものを充実させることだ。

記者が議会の質疑に関与するには、当然ながら注意が必要だ。日本のマスコミが近年、苦い経験を重ねたことは覚えているだろう。例えば、１９７１年の沖縄機密漏洩《ろうえい》事件や２０００年の「神の国発言」釈明指南書事件だ。前者は、取材で得た情報を紙面化する前に野党議員に提供し、政府を追及させたケース。後者は、追及される側の首相に、会見での釈明方法を記者が密かに〝指南〟したケースだ。いずれも記者が日頃の取材活動の中で安易に関与したもので、悪しき前例といえる。

だが、質問する議員と協力すること自体は一概に否定すべきものではない。限度を踏まえたやり方によっては、ジャーナリズム倫理上許されることがある。苦い経験がトラウマになって二の足を踏んでいるのか、また議員の質問取り*をどの程度やっているのか、現在の政治取材の状況は知らない。だが、質問テーマに加えて、議員がどのように質問を積み重ねていくつもりかを聞いて改善させることができれば、実ある答弁を引き出したり、政府の対応姿勢をあぶり出すことも不可能ではない。結果的に市民の知る権利に応えることにつながるはずだ。

山積みの問題を抱える中、あらためてプレスとして何ができ、何ができなかったのか、そして、それを実践する記者の力量を点検する必要があるだろう。

＊　国会質問をする議員にあらかじめ内容を聞いておくこと。各省庁の担当職員の場合は、それに対する政府側の答弁書を用意する。記者の場合は、その議員と政府側の質疑のやりとりを事前に想定した上で質疑の現場に臨む。

産経の批判を考える

9月25日

この夏、同業他社から矢が飛んできた。産経による本紙批判だ。読者にとっては思想・立ち位置がまったく違う新聞社間のさや当てとしか映らない小さな出来事かも知れない。しかし報道のあり方を考える上で心すべきポイントが見えてくる。

矢は2本。1本は高校生平和大使の国連ジュネーブ軍縮会議での演説中止問題、もう1本は9月10日社説「桐生悠々*と防空演習」への批判だ。前者は、河野太郎外相が「後ろからの鉄砲玉」と自身のブログで本紙を批判したという記事（9月17日）で、間接的に本紙報道を批判。後者は、北朝鮮のミサイル発射に伴う避難訓練を批判した本紙社説に対し、桐生が昭和8年に信濃毎日新聞で書いた社説「関東防空大演習を嗤《わら》う」の趣旨を無視して都合の良いところだけを抜き出した政権批判だ、と産経抄（9月12日）が〝嗤〟い返した。

2本とも、報道機関は政府の政策を応援すべきだとのスタンスが貫かれている点で、ジャーナリズムの批判精神からほど遠いことは言うまでもない。

しかし、本紙の報道にこのように突っ込まれる〝弱み〟があったことも確かだ。前者について、本紙は高校生大使が軍縮会議に署名を提出したことなどの本記と合わせ、「こちら特報部」で河野外相が高校生の演説見送りを「容認」したことなどから外相への「期待」がしぼんでいる、と伝えた（8

月23日）。しかし、「政府間交渉の場で高校生が発言することへの疑義はこれまでもあった」「今までが例外」「今回もある国から疑義が示された」という外務省や河野大臣の言い分に対して、疑義を示した国とはどこか、疑義は以前からあったのになぜ今回は異なる対応になったのか――その事情を事実を持って解明はしていない。安倍首相への忖度《そんたく》から、という推測ありき、批判のための批判と言わざるを得ない。

後者では、桐生社説の中身について説明不足だった。この社説では、大演習の無意味さを指摘する前段と、防空演習とは別の軍事的選択肢を提言する後段とがある。本紙社説は後段には触れず、前段こそが「評論の核心」とみて、現在の避難訓練への視点に援用して論じている。後段の提言は、当時の軍事技術では不可能な対処法も含まれていて、桐生の本意を推し量るのは難しい。産経抄はこの点を突いて、「現在の状況に当てはめれば、ミサイル防衛の強化にほかならない」と本紙を皮肉ったが、桐生の名を借りず、「Jアラートを嗤う」と堂々と批判すべきではなかったか。

北朝鮮のミサイル発射実験は今後も数回以上続くと専門家は言う。9月16日社説「北ミサイル通過危機の長期化に備えよ」は、外交努力は当然として「事前探知など、米韓と防衛協力を固めるのが最も効果的」と限定的・短期的な提言にとどまった。ミサイルの危機に目を背けないなら、桐生評論に倣って本紙もまた、国民の安全のため現実的、具体的な対応策を示す必要があるのではないだろうか。

＊　1873―1941。石川県出身のジャーナリスト、評論家。本名は政次《まさじ》。新聞社を転々とした後、信濃毎日の主筆に。社説が問題化して退社後も雑誌を発行して時局批判、軍部攻撃を続けた。

調査の罠

10月15日

人間が道具を発明するのは、便利さを追求するためだが、新しく手にした道具はいつの時代もその社会にさまざまなトラブルを起こすものだ。

スマホもその例外ではないだろう。電話が固定から移動体（モバイル）になり、コンピュータも組み込まれてインターネットにつながる。その結果、スマホ一台で電話やメール、ＳＮＳといった通信機能のほかにも、音楽を聴いたり、映画やビデオを見たり、使い方次第では世界中の知恵を知ることができる。一方、その便利さは悪用されたり、さらには片手で操作できることからさまざまなことを同時にする〝ながら〟が社会問題となる。

その一つ、自動車やオートバイ、バイクでのスマホ〝ながら運転〟に関する調査結果が10月３日、内閣府から発表された。〝ながら運転〟は、スマホのほかにもラジオを聴きながら、漫画を読みながら、カーナビを見ながら、果てはテレビを見ながら……といろいろ目にするが、いずれも運転に集中しないという点で危険極まりない。

だが、調査結果を伝える本紙の記事「車運転中スマホ　13％が経験」（10月４日社会面）には納得がいかなかった。記事では回答者１９１１人のうち、「走行スピードにかかわらずある」との回答が７・１％、「ゆっくり走行中にある」との回答が５・９％で、「ながら運転の経験がある人は計13・

0%だった」としている。ところが、その後を読むと、「停車中にある」が23・5%、さらに「ほとんど運転しない」（8・5%）、「免許を持っていない」（17・3%）という回答もあったというではないか。

危険な〝ながら運転〟の実態を把握するのに、ペーパードライバーや無免許の人まで対象に含めていいのか？　いや、実際に運転している人に限るのが当然だろう。

内閣府の発表資料をチェックすると、回答者総数を母数にして各回答を百分率でしか表記していない。そこで、割合から実数を割り出して集計してみると、運転者計１４１８人中、停車中を含めた〝ながら運転〟経験者は６９８人だった。運転者の49・2%、つまり「約半数」が経験しているのだ。

毎日、読売、日経、産経も本紙と同じ報道ぶりだった。朝日だけが「６９８人」という発表資料にはない数字を独自に導き出したが、残念なことに非運転者も含む回答者総数を母数にして、経験者は「4割近く」としていた。「13%」「4割近く」「約半数」——どれが調査で分かった実態を正しく示しているかは、いうまでもないだろう。

こうした報道を各社がしてしまうような発表資料を当局がなぜ作ったのかは分からない。だが、ここには提供資料に疑問を持たず、当局が意図的にまとめた概要や解説に沿って書いてしまう「発表報道」の典型がみてとれる。いつになったらなくなるのだろうか。

仮想と現実

12月25日

８年前に『アバター（Avatar）』という映画があった。衛星パンドラにやって来た下半身不随の主人公が人間と衛星の原住民のハイブリッドであるアバターに変身し、慣れない土地で活躍するという未来型アドベンチャー映画だ。アバターとは「化身」という意味で、ネットワーク上の仮想空間でのユーザーの分身のこと（ASCII.jp デジタル用語辞典）。古い話を持ち出したのは、この「化身」というイメージが、「仮想通貨」*の話題へと連想がつながったからだ。

その代表的な一つ「ビットコイン（ＢＴＣ）」が初めて一般に注目されたのは3年前。東京のコイン取引所マウントゴックスで大量のビットコインが消失、取引停止から破産したというニュースだった。それからしばらくは大きなニュースにはならなかったが、今年に入ると、11月には１ＢＴＣの価格、つまり一般通貨との交換額が１００万円を超え、今月８日には一時２００万円にもなった。10日には米国の先物取引にも上場され、「急騰で取引一時中断も」（日経）というほどの注目ぶりだった。

だが、ビットコインに関する一連のニュースを本紙ではあまり見かけない。新聞・雑誌記事横断検索にかけてみると、この1年間では産経３８１件、読売２９５件、毎日２８０件、朝日２７６件、共同１１７件で、本紙は１３５件。８月以降に限っても産経82件、読売81件、毎日63件、朝日46件、共同24件で、本紙は38件だった（いずれも11月11日現在）。実は、９月の分裂騒ぎをきっかけにビットコインの成り行きを個人的に注目していたところ、本紙が10月末から「ビットコインの世界」という企画を4回連載した。この連載は、記者自身がまず買ってみたという体験談から入り、その仕組みや相場の現状、普及や研究の広がりなどを親しみやすいタッチで紹介したもので、タイムリーな好企画だった。さらに「A to Z」欄（11月27日朝刊）でも解説をしていたので、「本紙もいよいよ本腰か」と期待していた。だが、それ以降はあまり詳しく報じていないのが現状といえよう。10日の米国先物取引上場の記事も見当たらなかった。

ネット上のバーチャルリアリティは、ネットにアクセスするかしないかでユーザーは現実社会と行ったり来たりできる。仮想通貨も同じで、信用する人々が多くなれば、まさにリアリティ＝現実へと変貌し、影響し始めていく。銀行やさまざまなお店がビットコインでの決済や支払いを受け入れるようになってきているのがその証拠だろう。

経済ニュースは分かりにくいといわれる。ＩＴ（情報技術）を駆使した仮想通貨はなおさらだ。しかし、投機色の濃い現状ばかりでなく、じわじわと浸透している事実と理論上の可能性に目を向ければ、いずれ世界を大きく変えるに違いない。経済ニュースでトップを走る日経と比べるつもりはない。本紙には、単発ニュースをこまめにフォローできなくても生活密着型の独自性を発揮した企画を期待したい。

＊　デジタル通貨の一種。２０１８年のＥＵ指令は「中央銀行や公的機関によって発行または保証されてなく、必ずしも法的に確立された通貨に関連づけられてなく、通貨の法的地位を持たない価値のデジタル表現」を意味すると定義。

ポスト・プライバシー

2月26日

ネット時代になって、報道が抱える課題はますます複雑になってきた。その一つにプライバシーとの関係がある。昨秋の座間事件*は今も議論が続き、「カジノ 日本人月10回まで 政府、与党に規制案」（2月16日三面）も同じテーマとして考えられる素材だ。

座間事件の報道では、犯罪被害者の実名報道の是非をめぐる以前からの議論の再燃という側面とともに、報道後にネットを通した被害者への嫌がらせやプライバシー侵害などの悩ましい問題が加わっている。

「だから、報道は匿名に」という主張が一部でなされているが、それは短絡的に過ぎよう。報道は社会に一定の波紋をもたらすが、その波紋は報道がすべて原因というわけではない。そもそも「知られたくない個人の情報」は、時代ごと、国ごと、世代ごとで異なっている。厄介なのは、市民が情報を得るルートがネットによって格段に増えたことだ。特にＳＮＳはアナログ時代の井戸端会議や世間話のような無責任な情報を急速に、広範に拡散させる。ネット世論という新規な言葉に隠れ、「侮辱」「名誉毀損《めいよきそん》」「プライバシー侵害」などの違法とされる行為が数多く集中するために、いちいち取り上げることができずに放置されているのが現状だ。そんな時代に、報道という〝蛇口〟を締めれば済むものでもない。実名報道のあり方を根本的に議論する必要はあるものの、ネットの問題はネット技術で解決していく道とともに、「違法」言論に厳しく対処する社会の姿勢を明確にし、仕組みを模索していくべきだろう。

一方、「カジノ利用の制限」を提言している政府案には、ネットだからこそ個人情報を把握できるという側面がある。カジノ開設の是非を別として、カジノを利用するかしないか、利用の数が多いか少ないかは個人の問題だ。ギャンブル依存症を防ぐために、そうした個人の嗜好《しこう》をマイナンバーというこれまた個人情報を使って利用制限するというのだろうか。政府やカジノ経営者などの第三者に個人情報をコントロールされ、個人の自由を制限されてはたまらない。

「プライバシー権」は、イエロージャーナリズムの横行した1880年、米国の研究者、ブランダイスとウォーレンがハーバード大法学紀要に発表した論文で「一人にして置かれる権利」として初めて法理を主張。その後、コンピュータによる大量の個人情報の処理を踏まえてコロンビア大のウエスティンが1967年、「自己情報コントロール権」という考え方を提示した。こうした時代による変遷の中、現代ではネットの浸透を受けて新たな捉え方が模索されている。『ポスト・プライバシー』（阪本俊生著、青弓社）はそうしたことを考える手がかりを与えてくれる一書だ。

技術には良いも悪いもない。それをどう使うかがいつも問われている。報道も、ネット時代に起きるさまざまな現象に対してそうした問いかけをしつつ捉える必要があるのではないか。

＊　2017年10月に行方不明女性の捜査中、犯人が住んでいた神奈川県座間市のアパート室内で、若い女性8人と男性1人の計9人の遺体が発見された連続殺人事件。犯人男性はツイッターで「一緒に死のう」と被害者を誘い出した。

後の祭り

4月5日

森友学園問題、史上初の米朝首脳会談、米中貿易摩擦だと世の中は大きなニュースであふれかえっている。しかし、足元のたとえ小さな舞台で起きていても、いずれ大きな問題となる動きが静かに進行し、かつ広がりつつあることを知らせることも報道の大事な役割だ。世の中の監視、つまりウオッチドッグ機能であり、そうした動きに報道がどれだけ早く気づくかどうか。水面下で動いているうちにいち早く明るみに出す努力が肝心だ。

東京都迷惑防止条例の改正を例にしよう。本紙は、3月19日の都議会定例会警察・消防委員会での審議ぶりを20日都内各版で「つきまとい行為規制強化　議員から懸念も」と報道。21日特報面でその「危うさ」を具体的に指摘し、23日朝刊一面で「都議会委　迷惑防止条例改正案を可決　市民活動・報道制約の懸念」と連続して伝えた。社会面の関連記事によれば、すでに同じ条文があるのは神奈川や群馬など33道府県に上るという。

過去にも、青少年健全育成条例*など問題含みの条例が地方自治体レベルで広がり、のちに国の法案提出の動きにつながったという苦い経験がある。同様に、この都条例改正をきっかけに国レベルでも法律制定に向けた動きが出てくるかもしれないと予想すべきだろう。ところが、3月22日の委員会可決を伝えた主要メディアは本紙と朝日、毎日、NHKのみで、扱いも本紙が最も大きかった。このニュースに関する本紙の判断は優れていたといえよう。

ただし、本紙が警鐘を鳴らした改正案の危険性について議論が広がったようには見えない。改正案に対する修正の動きもなく、3月29日の本会議では改正案がそのまま可決・成立してしまった。なぜ流れを変えることができないのか、報道とはそんなにむなしいものなのか。

このことを考えるには、報道するタイミング、ニュースの気づきということに目を向ける必要がありそうだ。つまり、委員会審議をめぐる3回の報道では、多くの人々が問題だと知り、じっくり考え、行動する時間的余裕がなかったのではないか、ということだ。

では、いつから報道すればいいのか。国であろうと小さな自治体であろうと、行政がなにがしかの法的措置を新たに検討し始める時はいつなのかを想像すればいい。このケースでいえば、警視庁がまず検討し、改正原案は他の案件とともに知事部局が上程を決定。そして2月21日開会の定例会に提出され、委員会に審議が付託された――こうしたプロセスを振り返れば、もっと早く報道するチャンスはいくつかの段階であったと考えられる。

では、なぜそうならなかったのか。担当が分かれていて、情報が共有できなかった？　それほど東京都の動きを細かくウオッチする暇も人員もいない？　知っていたけど問題点がよく分からなかった？――こうした点をチェックして、さらに良い報道につなげてほしい。

＊　青少年の保護育成と環境整備を目的にした地方自治体の条例。青少年保護条例や青少年健全育成条例とも。1983年に埼玉県で初めて制定されてから各地に広がり、2016年にすべての都道府県で制定。

広報文って?

5月25日

人が疑問を持った時、答えを見つけるにはいろいろな方法があるが、最も手軽な方法はネット検索だ。その一つ、ヤフーの「知恵袋」に17日、こんな質問が投稿された。「警察の広報文は外部に出してはならないのですか?……公開情報なのに、なぜ『漏洩《ろうえい》』扱いなのでしょうか?」。

もちろん、本紙記者の〝不祥事〟処分に関するニュースをめぐって抱く当然の疑問だ。本紙を含めて多くのメディアは、「取材で得た情報を報道目的以外の目的に使うことは記者倫理に反する行為」という編集局次長の説明を載せている。それなのに、なぜ市民は納得していないのか。回答の投稿期限は約1週間だが、この原稿を書いている時点でまだ回答はない。

ポイントは二つある。一つ目は広報文を部外者に提供したことがなぜ報道の倫理違反なのか。二つ目は、このことが報道目的以外だとすると、それは何だったのか。提供した広報文の内容と逮捕された人物の起こした事件とどんな関係があるのか。いずれも、本紙を含めた多くのメディアの記事は短くてよくわからない。

一つ目についていえば、広く伝えるメディアを持っていなかった役所は、まず報道機関に情報を提供し、そこを通じて市民に伝えざるを得なかった歴史がある。「広報は報道機関へのサービス、便宜供与」という認識が記者と役所の双方に根深く残っているのが理由だろう。だが、いまやネット時代。

役所自身がホームページを使って一般に情報を公表し、報道機関への提供資料（広報文など）もネットに載せている。その中で数少ない例外が警察・司法分野だ。警察がネットで事件事故を広報しないのは「広報文には個人情報も含まれるから」という反論もある。だが、それは本当に正しいのだろうか？　例えば情報公開が進んでいる米国では、すべてではないが事件事故に関する広報文は、そのままネットで公開し、だれでも見ることができる。二つ目。一部のメディアによると、問題の記者は逮捕された人物が強要事件を起こした喫茶店に呼び出され店内にいたという。そうであるなら、これが取材活動の一環という範囲をどう超えたのかという点の方がむしろ重要になるかもしれない。

この問題は実は、報道と権力との関係を考える上で大事な論点が多く含まれている。そもそも、役所が持つ情報は市民のものであるはずなのに、なぜ報道機関がその資料を独占していいのか。現代のマスコミ不信の原因の一つでもあり、今回の問題でも一部のネットコラムでは痛烈な批判を見ることができる。暴力団やテロリストなど〝反社会的〟とされる対象の取材方法とその限界は……という課題も別に浮かび上がる。少なくとも警察広報については、これまでの日本の報道機関との間で出来上がった慣例に基づく常識や思い込みを見直し、ジャーナリズムの「あるべき論」を踏まえて、市民に納得できる緻密《ちみつ》な論理構築と丁寧な説明が必要となっている。業界全体での議論を期待したい。

分かる？

7月5日

科学は苦手だ、という文系人間は多い。そういう人にとっても面白いテーマはいっぱいあるのだが、面白がるだけでなく、本当に理解できるかというと正直なかなかそうはいかない。

例えば、電気。ベンジャミン・フランクリンから始まった19世紀以降の「電気の時代」にいる我々にとって電気は日常の中にあるが、ちょっと立ち止まって「電気はなぜ波のように空中を伝わって行くのか」と考えると「?.」。そもそも「波」とは何か、は筆者も高校の物理の授業以来分からなくて悩み続けている。「放送と通信の融合」もこれが分からないと本当の政策論議にはならない。

宇宙探査機「はやぶさ2」が小惑星りゅうぐう*に「到着」したニュース（6月27日）も、そんな一つ。分からないのは、「到着」の意味だ。

本紙（同日夕刊）によると「りゅうぐうの上空20キロに到着」とあり、他紙もほぼ同じ表現だ。でも、小惑星は太陽の周りを公転しているし、探査機も飛行を続けているはずだ。固定している（例えば陸上）地点に「到着」なら分かるが、宇宙空間で動いている物体に別の物体が「到着」する様子が思い浮かばないのだ。

これを説明している他紙は少なかった。わずかに産経に「高度20キロを保ってリュウグウと並走する軌道に入った」（6月28日朝刊）とあり、毎日には「リュウグウとの距離が約20キロ、リュウグウとの速度差が秒速1㌢以下になった」（同日朝刊早版）とあった。これを手がかりに想像すると、どうやら探査機はりゅうぐうの公転軌道より約20キロメートル、太陽から遠い公転軌道上に入った、ということらしい。公転速度もりゅうぐうと秒速1センチメートル以下の差（りゅうぐうより早いか遅いかは不明）、つまりほとんど同じ速度で太陽を回っていて、事実上りゅうぐうの上空20キロメートルに止まっているということのようだ。地球で人工衛星が上空の1点にとどまっているように見えるのと同じ状態でいることが、他紙を複数併せ読むとようやくイメージできた。

「到着」という表現は宇宙航空研究開発機構（ＪＡＸＡ）が発表で使っていたためだろうが、やはり「到着」というより「到達」の方が分かりやすいのではないだろうか。「りゅうぐう」の表記も、他の多くのメディアは「リュウグウ」とカタカナ表示だ。２０１５年にＪＡＸＡが公募して正式に命名したのは「Ryugu」。この時に共同はカッコ内でひらがな表記したが、他の多くのメディアは独自判断でカタカナ表記にした。以降、二つの表記がメディア内で分かれたまま使われているが、見出しにもなるだけにどこかで統一した方がいいかもしれない。

新聞社など組織的な報道機関は、知識や経験が異なるさまざまな年代層で構成されている編集局からニュースを発信する。そこがフリーの記者や市民など個人が発信する情報と違うところだ。幅広い読者層に向けて「できるだけ分かりやすく」はどんなタイプのニュースでも心がけたい。

＊　太陽系小天体のうち、星像に拡散成分がないものの総称。拡散成分があるものは彗星。主に火星と木星の間を回り、ほとんどが１００キロメートル以下。現在確認されているものだけでも25万個以上ある。

記事の根拠は何か

8月25日

この夏は、「夏枯れ」どころか大きなニュースがあり過ぎたくらいだ。考えさせられることは多かったが、その中でジャーナリズムのあり方に絞るとあまりない。そこで、通信社*のスクープ記事の扱い方を取り上げる。他社の特ダネの追っかけとは違って、配信記事は自社紙面でそのまま使っているからだ。

本紙紙面で特に大きく扱われた「日航機墜落事故33年　書類送検16人供述判明」（8月12日朝刊一面トップ）と「障害者雇用　省庁水増し　義務化当初から42年」（17日同）の2本。それぞれせっかくのスクープだが、大事な要素がすっぽりと抜けていた。

前者については、まずこの記事の問題意識がよく分からない。不起訴になった事件関係者の供述の全容が分かったからといって、そこにどれほど未知の情報が含まれていただろうか。詳細な記録を歴史に残すこと自体は意味があるが、それだけなら扱いはもっと小さくてよかったはずだ。

それ以上に問題なのは、どうやって「明らかになった」のか、つまりこの情報の〝根拠〟がまったく書かれていない点だ。推測できるのは①群馬県警が作成した供述調書そのものかコピー、②供述の概要を書き残していた県警関係者のメモ、③同関係者の記憶による証言――のいずれかまたはその組み合わせだ。情報源の秘匿のためとはいえ、少なくともどれかであることを示す書き方はあったはずだ。それがないため、この記事の内容の真実さを読者に示せていないのだ。

後者も、前文にある「事実」の〝根拠〟が本文で一切示されていない。具体的には、「四十二年にわたり」に該当する本文は「政府は水増しを長年放置」「国交省や総務省など十近い省庁で……常態化していた」とあるだけだ。また「雇用割合が……目標を大幅に下回っている」に該当する本文は「対象外の人数を除くと……雇用率が1％未満になる省庁が多いとみられる」としかない。

スクープのネタが「広がり」や「長い間」の現象・出来事であれば、それだけニュース価値は高く、社会へのインパクトも強い。だからそのような仮説を立てて取材する必要はある。だが、結果を伝える際には、その「広がり」や「長い間」の根拠を読者に伝えるべきだろう。そうでなく、少しずつこま切れのように伝え、「最後には分かってもらえるはず」という手法は時代遅れで、いまや通じないのではないだろうか。

マスコミ不信の時代にどう信頼を取り戻すか。ヒントの一つが「Trust me」vs「Show me」という考え方に表されている。「（報道機関である）私を信じて」から、「（読者視聴者である）私に（根拠・証拠を）見せて」へと、マスコミと社会の関係が変わっているのがいまの時代だ。通信社記事にも自社記事と同様に〝根拠〟にこだわりたい。配信元の通信社には、情報源秘匿とのギリギリの調整の上でそれを示すよう求めるのは〝無理筋〟だろうか。

＊　ニュース記事などの情報コンテンツを新聞社や放送局などに有料配信するサービス業。電信網の拡大に伴い、1835年にパリで創業したアヴァス通信社が近代的通信社の先駆。日本では現在、共同通信社、時事通信社などがある。

あいまいな事実

10月15日

フェイク・ニュースの広がりと分断の世界で、真実があいまいになっている。もちろん真実はなかなかはっきりしないものだが、真実追求に必要な、肝心の「事実」へのこだわりが社会全体に弱くなっているのではないか。

物事があいまいなままに流れては消えていく最近のニュースのあり方を見ていると、そんな懸念を抱くことが多い。

例えば、国の障害者雇用水増し問題。法律で雇用率を定め、達成できない民間企業には罰金を課している。だが、国・民間ともに雇用率は「目標」であるべきで、達成時期やその経過措置、背景にある解決すべき社会的障害を明らかにした上で政策がとられなければならない問題だ。しかし、これらに関する事実は示されないまま、「障害者に省庁共通試験」実施という臨時措置がとられることになったという（本紙9月22日朝刊）。事実を踏まえた議論も提起されず、とりあえずの対処をしただけで一つの〝騒ぎ〟として終わろうとしている。

例えば、雑誌「新潮45」の特集問題。* なぜ差別的な特集を組むに至ったのか。それを解明するためには社内事情、とりわけ編集局の実態はどのようなものだったのか、編集に直接携わった当事者の考えや釈明の声などが知りたいところだ。ところがそうした事実はメディアによって掘り起こされず、外部者による推測に頼った報道がほとんどだったといえる（各紙9月26日朝刊など）。「休刊」という事実上の「廃刊」では、出版社の社会的責任の所在はあいまいなままになってしまう。

例えば、東京五輪・パラの国の経費増加問題。「関連」する経費の線引きをめぐって、検査院と政府の間で見解が異なるとされている。では、検査院はどんな基準でチェックし総額を積み上げたのか、一方で政府のいう基準とは何なのか。報道を見る限り、双方による具体的な説明はなく、この食い違いが今後どう解消されていくのか、手がかりとなる事実は置き去りにされたままだ。

例えば、通商交渉をめぐる日米の認識の違いの問題。日本は「ＴＧＡ（物品貿易協定）」、米国は「ＦＴＡ（自由貿易協定）」を目的とした交渉という。両国政府の共同声明が英語と日本語では違っている（本紙10月4日朝刊）ことの外交的背景にはどんな事実があったのか。

こうして見ると、真実追求のために必要な事実は何かということが、メディアの側にも本当は分かっていないのではないかと思えてくる。ある分野には必ず根本的な理論（原論）がある。それを踏まえれば問題の輪郭が浮かび上がり、必要な事実もはっきりしてくるはずだが、そうした理論上の理解が不足しているのではないだろうか。

「いや、分かっているが、事実の取材に時間がかかっている。近いうちに必ず事実を提供する」。こんな答えが返ってくることを期待している。

＊「新潮45」は2018年8月号で、『生産性のない』ＬＧＢＴへの優遇が行き過ぎ」などとする杉田水脈・自民党衆院議員の寄稿を掲載。各方面から差別と批判を浴びたが、10月号で6本の擁護記事を特集した。同号を最後に休刊。

ネットの本質

11月26日

博士論文を書いている知人が最近、海外の論文を参照しようと学術関係サイトにアクセスしたところ、有料と無料のサイトがあった。「無料に越したことはない」と何の疑いもなくそちらからダウンロードしたそうだ。調べると、無料の方はいわゆる「海賊版サイト」だった。タイミングよく紹介した朝日（11月13日朝刊）によれば、論文の多額の購読料に不満を抱いたカザフスタンの女性科学者がこの海賊版サイトを立ち上げたらしい。ことほど左様に、ネット上にはさまざまな海賊版サイトがあふれていて、利用者も決して少なくない。いずれも著作権を侵害するネット上の不法行為だが、どう対処するか頭の痛いところだ。

同じように漫画の海賊版サイトをめぐって規制論議の行方が注目されている。こちらはもっと身近な分野でもあることから、政府は〝緊急対策〟としてNTTグループの〝自主的な〟ブロッキングを容認した。だが、法制化に向けた政府の有識者会議は「ブロッキングによる接続遮断」の是非をめぐって紛糾して中間報告がまとめられず、事実上の休眠状態に陥った。

異例の事態にネット上では研究者を巻き込んだ議論が飛び交っているが、本紙を含めてこの話題をどれだけフォローしているのか。関心が高まり始めた春からの関係記事をネット検索で比較すると、朝日28本、日経22本（電子版を含めると43本）、本紙19本、読売18本、毎日12本、共同11本。「意外」といっては失礼だが、本紙の健闘ぶりを確認することができた。

注目度が高まったのは、有識者会議が〝ガチンコの対立〟で荒れ模様となったことが大きいだろう。賛成派は被害額の大きさから、法的措置を待っていられないと〝緊急避難的〟対応としてブロッキングの実施を求め、一方の反対派はブロッキングが「通信の秘密を侵す」という憲法上の権利侵害の懸念から他の方策での対応を強硬に主張している。

背景には、ネットは革命的なメディアといわれるが、革命的とはどのようなことなのか、という本質的な理解が進んでいないことがある。このため、ネットの普及に伴って起きるこのような新たな問題への法的対処が欧米と比べて日本は遅れてしまっている。IoT*（モノのインターネット）のように、生活の隅々までネットが浸透し、あらゆる産業がダイナミックな構造転換に直面していて、出版という領域で起きている一つが「海賊版サイト」問題なのだ。そして、これは「表現の自由」「通信の自由」などといった憲法上の重要な概念の再定義が必要になるほどの課題を含んでいることを、報道する側も自覚すべきだろう。

ネットを理解することで生まれる意識の改革は、ニュースの核心の捉え方につながるし、同時に新聞社の生き残り問題にもかかっている。迷走する有識者会議の行方を追う中で、膠着《こうちゃく》した議論の裏にあるネットの本質に斬り込んでほしい。

＊「Internet of Things」の略。パソコン以外の、センサーと通信機能を持ったさまざまな「モノ（物）」がインターネットに接続され、情報交換することで相互に制御する仕組み。離れた場所のモノの状態を知り、変えることができる。

ニュースと法

1月25日

米軍普天間飛行場*の名護市辺野古移設の賛否を問う沖縄・県民投票の行方が気になっている。沖縄市など主要5市の市長が県民投票の不参加を表明したからだ。県内有権者の3割が投票できない事態となり、宜野湾市の市民団体は「投票権の侵害」として市に損害賠償請求を求めて提訴するという（1月16日社会面）。

疑問に思ったのは、県が実施する県民投票に対して、市町村がその関連予算をなぜ拒否できるのかということ。最初に宮古島市議会が県民投票に関する部分を削除した予算案を可決して以降、その法的根拠についてはどの新聞もきちんと触れてこなかった。ようやくその答えを書いてくれたのが本紙（1月14日一面）だった。それによれば、2000年の地方分権一括法によって国と都道府県、市町村との関係が「対等の立場」になり、「県が決めた県民投票への参加は各市町村の裁量の範囲で、不参加の判断も正当」なのだそうだ。

しかし、それでもまだストンとは納得しがたい。仕方なくこの「地方分権一括法」なるものを自分で調べてみた。同法は「地方自治法や国家行政組織法など、地方自治にかかわる475の法律の改正を一括して行なった法律。1999年7月成立、2000年4月施行」であり、「都道府県を市町村と同格の地方公共団体とし……中央政府の官僚統制を廃して技術的な助言、勧告にとどめるなど、まったく新しい地方制度を打ち立てたところにあるのが特色」だという（ブリタニカ国際大百科事典）。ところが数次にわたって改正されていて、関係する条文にたどり着けなかった。とはいえ、おぼろげながら分かったのは、国から県など地方自治体に委任する事務については、義務である「法定受託事務」とそうでないものがあり、沖縄の県民投票の事務を自治体が拒否するのも「法定受託事務」ではないからということだった。

だがこれが「正当」なら、県民投票に限らず県レベルの行政が一部の市町村の対応次第で行き詰まる危険性はないのか。米国では外交・安保、通商など一定分野は連邦政府が担当し、その他の分野は州などの地方自治体の裁量にまかせるという。一括法には、そうした分野別の分担が国や地方自治体との間でなされているのだろうか。残念ながら、自分で調べるには限界があった。遅まきながら1月16日朝刊で取り上げた朝日は「今回のような事態は想定していなかった」「県民投票不参加は法の悪用だ」と識者の声を載せているが、具体性に欠けていた。

他にも、漫画などの海賊版サイト対策でブロッキングをめぐる議論（通信法制）や天皇の退位・即位と新元号の公表時期（皇室典範特例法と元号を定める政令）など、このところ法がらみのニュースが目立つ。激動の予感がする今年、法と社会やニュースと法について新聞がどれだけ読者の理解の助けになるか考えていきたい。

＊　沖縄県宜野湾市にある在日米軍海兵隊の軍用飛行場。2700メートルの滑走路を持ち、嘉手納基地と並ぶ沖縄の米軍拠点。市面積の約4分の1を占め米軍機による騒音や事故もあり、代替地への移設と日本への返還が日米で合意されている。

「検証」を検証する

3月5日

本紙記者の官房長官会見での質問をめぐる「検証と見解」が2月20日朝刊にようやく掲載された。すでにこの問題が起きてから約1年半。検証記事によれば、この間、計9回も官邸側から申し入れがあったという。それなのになぜ、いまなのか。「ようやく」というのは、本紙の報道が「遅すぎたのでは」という問題提起の意味を込めている。前日の「社説」も含め、タイミングと内容について考えたい。

まず、時期について。9回の申し入れのうち、最初の書面は関係者の間で出回ったため、筆者も当該記者をめぐって問題が起きたことを知っていた。しかし、多くの読者は、本紙だけを読んでいたら、問題が起きていることすら知らなかったのではないか。それを知るのは他のメディアからで、特に官邸が昨年の12月28日に会見を主催する内閣記者会*に対応を申し入れたのをきっかけに、いくつかのメディアが大きく報じて広く知られるようになった。「読者に誠実に」ということを考えれば、本紙は問題の初期から報じるべきではなかったのか。

2月21日毎日朝刊によると、本紙の「沈黙」に対する批判に、本紙編集局は「官房長官の答えはほとんど記事にしていない。記事にするほどの中身がないためだ」と答えたという。しかし、この答えの根底にこそ問題が潜んでいる。まず、当該記者の質問に対する理不尽な返答や質問妨害があったという事実はニュースであり、これをその時々に記事にしてこなかったこと。そして、申し入れがあったこととそれに本紙がどう対応したかも記事にしてこなかったことである。

さらに、「何を検証したのか」という検証の中身だ。こうしたケースの検証で肝心なことは、当事者である自らの振る舞いを真摯《しんし》に、正直に語ることだが、この大事な要素が抜け落ちている。まずは、この問題について編集局は事態の推移に合わせてどのように認識してきたのか。その上で具体的には、①当該記者の会見での質疑に瑕疵《かし》はなかったのか、②もし瑕疵が少しでもあったら、編集局としてどう指導したのか、③内閣記者会として抗議などの対応を担当記者を通じて働きかけたか、そして同記者会の対応、つまりメディアとしての共同戦線づくりはどうだったのか――などだ。

いまの時代、報道側自体がニュースの当事者になることがある。検証記事を読むと、そうしたニュース感覚が編集局には希薄で、相変わらず「報道側は社会の埒外《らちがい》」という意識から抜け出せないでいるのではないかと危惧《きぐ》する。「報道の大事な役割は権力監視」といわれるが、こうした、〝小さい〟かもしれないが権力の不当なあり方を日々きちんとニュースとして伝えなければ、ある日、権力の〝大きな〟不当行為、つまり表現や報道の自由が社会全体で脅かされていることに突然気づく羽目になる。そうなってからでは遅い、というのが歴史の教訓とされてきたはずである。

＊ 総理大臣官邸の敷地内にある記者クラブ。「官邸クラブ」などと呼ぶ場合が多い。所属記者は、主に内閣総理大臣、内閣官房長官、内閣官房副長官、首相官邸や内閣府の取材を担当する。

メディアの改元対応

4月15日

「退位の気持ちを強くにじませた」天皇のビデオメッセージから約2年8カ月。「新元号の決定」でいよいよ平成の時代に区切りをつけ、新たな時代が始まる――という〝空気〟が広がった。戦後2度目の改元にメディアはどう向き合ったのか。

今回が過去と異なるのは、やはり「生前退位*」がもたらすさまざまな事柄への初めての影響（良くも悪くも）だ。これまでは天皇の死と新天皇の誕生が間を置かず、代替わりが一連の「再生」のドラマとして展開された。だが、今回は「死」という要素が切り離された結果、死を悼む「喪」の感情はなく、誕生を喜ぶ「祝い」の気分に包まれた中ですべてが執り行われる。「死」即「新生」という慌ただしさはなく、ある意味で落ち着いて迎えることができるともいえる。

5月の新天皇即位を前にした新元号決定イベントはその第一弾だった。新聞各社は新元号スクープを狙って水面下で激しく取材競争をしたことだろう。勝敗が分かる期日が明らかなだけに、腰を据えた取材ができたに違いない。

その一例が元号選定にかかわる学者や政府部内の組織と人を、今回初めてあぶり出してみせたことだ（朝日、毎日など）。また、「国書からの選定」について、典拠はやはり漢書にあり、漢書か国書かに単純にこだわることの無意味さを指摘し（本紙など）、政府の政治的意図に惑わされない冷静な姿勢を比較的保っていた。

ただ、疑問も残った。政府は「選定に関する詳細」の情報管理を徹底すると言明していたにもかかわらず、決定翌日には早くも新元号「令和」の考案者が事実上明らかになり、有識者会議に諮られた六つの原案もすべて判明したことだ。言明とは裏腹に、「令和」がいかに他案より優れていたかを納得させるための巧妙な「リーク」だったのではないかと疑いたくなる。「令和」が原案に加わったのも直近のことだった（4月4日朝刊）となると、有識者会議に提示される前に、実は官房長官の選定段階であらかじめ「令和」を本命とする〝一強五弱〟状況が出来上がっていたとの疑念もある。原案絞り込みのプロセスで政治性は排除されていたのか、さらなる解明が必要だろう。

一方、テレビやネットは祝賀ムードづくりの政府戦略に乗ったかのようだった。新元号の予想ゲームを無邪気に遊び、コメンテーターの多くが「平和が続いた」などと平成の30年間を無自覚にくってみせた。4月1日前後のテレビ特番をしっかり検証することもまた新聞の役割の一つだろう。

本紙4月4日二面「核心」欄で「改元は一瞬のイベント」と1人の学者が語っていたが、問題はその「一瞬」を消費することで醸し出される空気感だ。これから続く退位・即位に伴う一連のイベントで一時的に盛り上がっても時が過ぎれば消えるのか、それとも新しい「時代の空気」として狭量な自国中心主義の大きな風になっていくのか。新聞は冷徹に見極めていくべきだろう。

＊ 君主が存命中に地位を後継者へ譲り渡す「譲位」と同じ。2016年8月に当時の天皇明仁が意向を表明したが、現行の皇室典範は天皇の譲位を認めていないため、明仁一代限りに適用される「皇室典範特例法」が翌年制定された。

特報紙面の違和感

6月5日

「改元騒ぎ」がひとまず落ち着いた後、冷静になって報道を検証する企画がいくつかのメディアでみられるようになった。本紙ではそうした記事はまだないが、それに代わる（?）ニュースとして「令和と定めた政令の無効を求めた」裁判について、「こちら特報部」が大きく取り上げた（5月27日）。だが、記事の表現やニュースバリューの判断などいくつかの点で違和感を感じざるを得なかった。

記事では、前文でこの訴訟を「前代未聞」とオーバーな形容をして紹介していることや、本文の地の文で「ほとんどの国民が何の違和感もなく迎えた改元の瞬間」といったイージーな表現が気になった。当事者がそう言っているのか、記者がそう思っているのかが明確に区別されていない箇所も目立つ。さらに、「元号は天皇の諡《おくりな》（称号）」という本人の説明も誤解である。諡とは死者に対しておくる称号であり、明治以降の日本では、天皇が死んだ後に生前の元号を諡とする慣例となっている。こうした誤解は、記事化の前に本人に指摘しておくべきだった。発言のまま掲載したことは、校閲のルーズさや記者を含めた編集関係者の知識不足があったと言われても仕方がない。

主張の論理にも首をかしげる。「元号の制定が人格権を脅かす」というが、そもそも元号は暦の一種である。暦は人の時間意識を規定する道具の一つだが、時間意識と自己同一性を同じものとして考えていいのだろうか。「元号が代わることで」自己が「細切れになってしまう」というのは一般性、普遍性に欠けるのではないか。元号が天皇と結びついているのは事実だが、では、キリストと結びついた西暦はどうなのだろうか。暦はどの国でもその文化と切り離せない。

もちろん、元号に伴う行政上の問題がないわけではない。指摘しているように「国民に対してその使用を義務付けるものではない」としながら、戸籍事務については書面の記載・表現は元号で処理するという法務省民事局長の通達は、矛盾に満ちている。そうであるなら、訴訟では通達そのものの、さらには元号法の違憲性を問えばいいと思うのだが、今回は政令が対象だ。訴訟テクニック上の計算かもしれないが、いずれにしても訴訟を提起したこの弁護士の主張からは「天皇制反対」の強い感情ばかりが伝わってくる。

記事全体として、弁護士側との〝距離感〟が感じられず、客観的な取材表現とはいえないのではないだろうか。

世の中に対する異論や少数意見を紹介するのは報道の役割の一つだが、その紙面扱いの判断は、異論が生まれる社会背景やその思想にどの程度公共的な意味、人々の関心を喚起する要素があるかを考慮すべきだろう。さまざまな意見・考えを「フォーラム」形式で伝えるのではなく、訴訟の一方の当事者の言い分だけをニュース形式でこれほど大きく報じるのは公平性に欠ける。機関紙*とは違う一般紙としてのバランス感覚が問われるように思う。

＊　政党や団体、グループなど公的な事業活動をする組織が、構成員に対する意思の伝達や内部連絡、あるいは外部の不特定多数に向けて主義・主張を教宣するために発行する新聞。

暮らしへのアプローチ

7月16日

参院選の真っただ中、暮らしが良くなっているのかが焦点の一つだ。しかし、各党の論戦が相変わらず「空中戦」で市民感覚とのずれを感じている時、選挙を特段意識はしていないかもしれない「暮らし」にまつわる二つの記事に目がいった。

一つは7月5日二一面「街に広がる給水スポット　脱ペットボトルへ取り組み」。ずばり、くらし面の記事だ。「ペットボトルごみの削減に向けてマイボトル（水筒）に無料で給水できる場所を増やし、普及を目指す」（前文）という。猛暑続きの近年では確かに熱中症予防にもつながり、「家計にも優しい」と一石三鳥のアイデアのようにみえる。しかし、ちょっと斜めにみると、いくつか疑問が湧いてくる。そもそも、外出時にペットボトルの水を買うのは、携帯している時の容器の軽さと飲み終わったら捨てられる気軽さにあるが、水筒ではそうはいかないだろう。「給水場所の確保と普及」が課題というが、自動販売機が置いてあるのと同じほどの密度で街に確保するのは可能だろうか。生活の周辺で起きている出来事を「下から」報じたこの記事にはこうした踏み込みが足りなかった。

もう一つは7月7日朝刊「3・11被災固定資産税の減額終了へ*　原発避難者　税6倍にも」。一面トップと特報面での大きな展開だ。「災害を忘れない」「被災者に寄り添う」という本紙の姿勢をよく表わす、いい着目だった。気になったのは、一面本記の最後にある「総務省は『現状で規定を延長する議論はない』と説明。……どの自治体が特例で減額しているか把握していないという」という記述だ。それなら本紙で調べ、その結果を「こちら特報部」が報じているだろうと期待してページをめくったが、ない。該当する被災者の1人が町役場で相談するのに同行したルポだけだった。

一つの地点、一人の人間を集中的に取材する定点観測の手法は、「一点突破→全面展開」が期待できる時に有効だ。「こちら特報部」は一人の被災者に焦点を絞ったが、このケースでは全面展開、つまり全体像に迫るには適切な手法とはいえないのではないか。避難指示が解除されても帰還できないでいる人たちはまだ多数いる。そうした人たちの自宅はすべてこの特例に該当すると思われる。だとしたら、そうしたすべての自治体に現状を聞き、なぜ「議論がない」のかを取材してほしかった。こうした問題は、国と市民の中間にいる地方自治体の現状把握と認識を明らかにすることこそが解決への糸口になる。市民の日々の暮らしの中から問われる政治のあり方が具体的な政策へとつながってくるからだ。

物事は全体像とそれを構成する部分がともにあってこそ理解できる。マスコミ報道はしばしば「上から目線」と非難されるが、「下から」なら十分だともいえない。「暮らし」はすべてのニュースの源泉である。そこへのアプローチには、鳥の目、蟻の目、そして時には地べたを広く渉猟する犬の目も必要だ。

＊　東日本大震災の被害者対策の一つとして、震災特例法（2011年4月）の施行やその一部改正などによって、所得税などの国税や固定資産税などの地方税で減額や免除などの軽減措置がとられた。

「後追い」の作法

9月5日

この夏の「八月ジャーナリズム」でNHKの報道ぶりが際立った。圧巻は、終戦直後の初代宮内庁長官、故・田島道治氏が昭和天皇と交わした「拝謁記発見」だった。8月16日午後7時のニュースを皮切りに、17日放送のNHKスペシャル「昭和天皇は何を語ったか〜初公開・秘録〝拝謁記〟」、その後も定時ニュースなどでテーマ別に連日放送した。昭和末期から平成元年まで皇室を担当した筆者としては、田島文書の存在を恥ずかしながら知らなかったし、その内容に驚かされた。NHKは「占領期の昭和天皇の発言を記録した第一級史料が発見された」とスクープの意義を強調。本紙を含めた他のメディアが「後追い」した。本紙を中心に対応を振り返ってみる。

チェックポイントは①できるだけ早く知らせる、②独自色を出す、③正確な事実の把握とそれに基づくニュース価値判断（①と②のベースにもなる）だ。

まず①。全紙ともNHKが資料をメディアに公開した8月19日以降に初めて報道した。資料はNHKの手元にあるから直後の自らの裏取りは無理。では、NHKが公開してくれるまで手をこまねいていていいのか。ここは、そろそろ米国流を取り入れてはどうだろうか。つまり「NHKが16日……と放送した」という形式的客観報道のスタイルだ。「本紙は確認でき次第詳報する」と追記すれば誠実だろう。日本の場合、国内ニュースでは嫌がられているが、海外ニュースでは〝信頼できる他メディアからの引用〟は特派員が日常的に使っているではないか。②と③は、事実確認とともにNHKの報道に欠けていることを見つけることから始まる。知り合いの皇室研究者は早くも16日夜、「田島家を丹念にフォローした、クリーンヒットだとは思うが、内容としては既に加藤恭子さんの著作が指摘している。ストレートニュースとしてはどうか」とSNSで限定評価していた。

だから、仏文学者で評論家の加藤恭子氏*が先行研究した一連の著作の紹介と比較が最大のポイントになる。先行研究にきちんと触れ、「肉声」を知ることができるという新資料の価値を示したのは朝日、毎日、日経の3紙。加藤氏の研究に使用された田島文書とは別の資料であることを明記したのは朝日のみだった。本紙（8月19日夕刊、20日朝刊）は加藤氏の名前にも著作にも触れず「これまで研究書で指摘されていた内容の詳細が明らかになった」とするだけだった。NHKが入手した18の文書・メモの全体像と公開されたものがどの資料に該当するのかも不明だ。朝日は「NHKが報道し、遺族の同意を得た部分のみを抜粋して」公開したとし、新たに判明した内容3点を分かりやすく整理した。共同配信原稿を使った本紙にはこれらが欠けていた。こうした情報は後追い取材の中で独自にできたはずで、別稿として添えておくべきだっただろう。

〝特オチ〟は悔しいし、後追いは情けない。自分も数多く経験したので分かる。だが、社のメンツではなく「読者本位」の後追いの作法を徹底したい。

＊　中世フランス文学者、評論家。２００３年「昭和天皇「謝罪詔勅草稿」の発見」で文藝春秋読者賞受賞。著書に『昭和天皇と田島道治と吉田茂　初代宮内庁長官の「日記」と「文書」から』など。

地元ネタを大事に

10月25日

台風19号の災害が続く中、一つの記事にこだわり、思いをめぐらせてきた。「台東区の避難所で区職員が路上生活者の利用を断った」（10月14日朝刊）というニュースだ。

10月13日夜、ネットの毎日ニュースメールで気づいた。「こんなことがあっていいのか」と憤りを感じながら翌日の新聞をチェックした。本紙の記事は二社面二段見出しで短く、いくつもの「？」に残念ながら応えていない。

記事内容と扱いを他紙と比較すると、朝日は本紙とほぼ同じ、読売は同じ内容で都民版ベタ扱い。毎日は早版では同じだったが最終版で社会面左肩四段と充実させた。避難所入りを断られた男性の事情と断られた当夜の過ごし方、本人の談話、帰宅困難者向け施設への案内もなかったことなど、本紙にはない情報が加えられていた。さらにウェブ版では、東京23区のうち10月13日に取材できた台東区以外の12区で同様のケースの有無を調べ、比較していた。毎日の場合、初めから取材は十分だったが早版は短く最終版ですべてを掲載したか、最終版に向けて順次取材を加え、充実させたか、のどちらかだろう。

記事を読んで、情報入手のきっかけは路上生活者を支援する一般社団法人「あじいる」からの通報ではないかと想像した。台東区からの広報連絡なら、全紙で扱っているはずだからだ。

それにしてもこの差はなぜ出てくるのか。台風の甚大な被害の中でニュース価値は低いと判断したのか。取材は十分したが紙面事情が苦しく、とりあえずあったことを短く伝えるだけにしたのか。取材を深める余裕が記者やデスクになく、やむなくそのまま通してしまったのか――さまざまな事情があったに違いない。だから、ニュース価値に気づいていたとしたら、いずれフォロー記事が出るかもしれないと思っていたら、2日後の10月16日に特報面が取り上げた。

路上生活者当人への直接取材もでき、世田谷区や渋谷区の事情も盛り込んでいたので、初報のカバーはある程度できたと思う。気づきにくい出来事やストレートニュースになりにくいテーマを分かりやすく深掘りする「こちら特報部」の機能に加え、不十分だった初報の取材や扱いをフォローするという役割も果たしたといえる。ただ、背景として「自己責任論」*の存在を指摘する視点には違和感があった。むしろ、「あじいる」側と区側の説明の食い違いを解き明かしたり、避難所は混んでいたのかといった当時の詳しい状況を再取材したり、他県自治体での事情も広く調べて台東区の対処が特殊ケースなのかどうかを確認する方が先だったのではないだろうか。せっかくフォローするなら、さらに詳細に真相に迫る工夫が必要だった。

息の長い災害報道が求められ、取材陣の苦労が続く。無理なことを求めるつもりはないが、本紙にとって大きなニュースになり得るこうした〝地元ネタ〟は大事に扱ってほしいというのが願いだ。

＊ 自分の行動が引き起こした結果は、すべて自分の責任という考え方。2004年のイラク人質事件で拘束された日本人3人に対するもので、事件勃発直後に当時の環境相、小池百合子氏が最初に言ったとされる。同年の流行語大賞トップテンの一つ。

長期観察の力

12月5日

「新聞記者は歴史の最初のデッサンを書く人間」――報道を語る時によく引用される有名なフレーズだ。これを最初に言ったのはワシントンポスト紙のオーナー、フィリップ・グラハムとされる。立花隆の『アメリカジャーナリズム報告』（文春文庫）も、同紙編集主幹、B・ブラッドリーが「彼が口癖のように言っていた」とインタビューで答えたと紹介している。

筆者もしばらくはそう思っていたが、上智大勤務時代にあらためて調べ、実は違っていることを知った。1905年12月のサウスカロライナ州の地方紙に「新聞は毎朝、歴史のデッサンを書いている」との記事があり、〝これが初出〟だと米国の歴史学者が2010年の新聞週間*で報告していた。常識とされている歴史上の事柄も、時間がたってよく調べてみると意外な真実が浮かび上がってくるという好例だ。

だれが最初かはともかく、歴史を日々デッサンし、その積み重ねで正確な歴史が描かれることにつながるという意味で報道の重要な役割が理解できる名言だろう。

このことをあらためて感じさせてくれるのが、本紙の息の長い原発報道だ。本紙は東電福島第一原発の事故をきっかけに専門の取材チームを結成し、16年からは四面で「こちら原発取材班」のワッペンで定期的に報道を続けている。4基の原発内部の現状についての図解とまとめ記事（紙面下段）は、毎回大きな変化はあまりないが、その「あまりない」という事実にこそ重大な意味があることを静かに伝えている。また、上段ではさまざまな現地の実態をビジュアル化している。特に、研究者や行政担当者らとの協力による独自の放射能測定はユニークな取り組みだ。

11月18日朝刊は、台風19号の大雨で高濃度汚染の山林土砂が崩れて道路に流れ出ていたことが本紙と研究者の合同調査によって分かったと一面トップで伝え、「こちら特報部」でも見開きで詳報。取材班との関連は紙面からは分からないが、放射能測定の経験と実績がつながっているのだろう。

もちろん、称賛ばかりではない。時には、せっかくのビジュアル紙面にデータや説明を盛り込み過ぎて分かりにくかったり、むしろ記事だけの方が伝わりやすかったりすることもある。例えば、「都立水元公園の放射能汚染は」を伝えた11月13日朝刊「こちら原発取材班　3・11後を生きる」。29地点のうち12地点でセシウムが放射性廃棄物の基準を超えたことをビジュアル化した。これは別途、他の紙面できちんと記事化すべきだったと思うが、都心版にもその記事はなかった。

多くの重大な出来事があふれる現代、紙面の取り合いが起きているはずだ。「こちら原発取材班」の四面固定化も、これまでさまざまな社内議論にさらされただろう。だが、苦しい紙面のやりくりの中でこの面を続ける意味は、長期的な視野でとらえるべきだ。「原発事故」の真実に迫るのは、こうした観察の積み重ねで得られる事実こそが必要だからだ。

＊　新聞の啓発・啓蒙キャンペーン。米国で1940年から続く毎年恒例の行事（10月第1日曜から）。日本は1948年、米国に倣って始まり、開催は毎年10月15日から。2003年以降「春の新聞週間」（4月12日から）も。

報道のあり方を問う2冊

2月5日

「ゴーン被告の国外逃亡[*]」という年末の衝撃に引きずられるように、今年は大荒れの予感が拭い去れない。メディア界、報道界がその例外でいられる保証があるとも思えない。年明けの担当初回は、大きな潮流の中で本紙を含めた新聞のあり方がかかわる2冊の本を手がかりにしたい。

その2冊とは『ジャーナリズムなき国の、ジャーナリズム論』（大石泰彦編著、彩流社）と『ネットは社会を分断しない』（田中辰雄、浜屋敏共著、角川新書）である。いずれも意表を突くタイトルだ。

前者は長年ジャーナリズム研究の一線で活躍した大学教授の手によるものだ。編者としての「問題提起」で大石氏は、日本は西洋諸国のように市民革命によって民主主義を勝ち取ってきたわけではなく、取材の自由が存在しない中で発展してきたマスメディアは「統治機構のアクター」の一つとして組み込まれた特異な存在としている。そのため、「組織ジャーナリズム」としての新聞やテレビは権力との「もちつもたれつ」の関係で営まれ、「少数者の目線」より「多数者の目線」となっているため「権力取材」は成立しない――と言い切る。

本のタイトルは、逆説的な意味も込められているかもしれないが、私は編者の絶望の現れと受け止めている。似たようなむなしい思いをもってジャーナリズム研究やメディア批評の世界から去っていった何人かの学者を知っているからだ。

後者は、ネットをめぐって世間に出回っている思い込みや常識とされるものの一つ、「ネットは社会を分断する」を疑ってみた計量経済学と経営情報システムの専門家がアンケート調査をもとに分析したものだ。報道にかかわる知見を拾い上げると、大半の人はネットの利用でどちらかといえば穏健化し、特にネットを使う若者ほど多様な意見に接することで穏健化している。問題は極端な議論だけを拡大化してみせる今の会員制交流サイト（SNS）の設計にあり、中間の穏健な人々の言論空間をつくることが一つの対策だとしている。既存のマスメディアとの比較では、新聞とテレビを対象に自分と異なる意見に触れているクロス接触率は、平均でネットとほぼ同じ程度だが、約3分の1の人は自分と同じ意見のメディアしか触れていない——という。

二冊の論や指摘にすべて賛同しているわけではない。前者に関しては「組織ジャーナリズム」に対して固定的な見方にとらわれすぎているし、後者についても穏健派の中間層の言論空間をネットでつくるのはかなり難しいと考えている。

本紙は比較的「少数者目線」を大事にしていると思うが、全体としてどれほど徹底しているだろうか。ネットへの取り組みは遅れているし、本紙読者層が偏っているかもしれないことをどこまで認識しているだろうか。「組織ジャーナリズム」批判を乗り越え、ネット時代に対応すべく、本紙なりの課題を見つけて、これからの報道に生かしてもらいたい。

＊　2018年11月、カルロス・ゴーン日産会長（当時）は金融商品取引法違反容疑で逮捕・起訴され、翌19年4月には特別背任容疑で再逮捕。保釈後の同年12月、荷物の中に隠れてプライベートジェット機で国外脱出、レバノンに逃亡。

「危機」の報道

3月16日

私たちが「ニュース」を知ろうとするのはなぜか？　筆者は①生きる（生き延びる、より良く生きる）、②位置（どこから来て、どこにいて、どこへ行こうとしているのか）の確認、③知る喜び（おもしろがる）――という目的のためだと考えている。

大方の出来事は他人事だから、大づかみに知っていれば普段の自分の生活に支障はない。しっかり把握し、より多くの情報を求めるようになるのは、自分の身に降りかかってくる時だ。特に新型コロナウイルス*（COVID―19）感染のような「危機」では、行政の対応と報道の双方に期待と不満が高まる。事態を正しく知り理解するには、大づかみの情報と印象だけが強く残るテレビより、結局は新聞の方が役立つことを多くの人が再認識したはずだ。とはいえ、新聞の情報も時には不十分で、分かりにくいこともある。「より良い報道」のために心がけたい点を三つに絞ってみた。

コミュニケーションと言葉　いつでもそうだが、特に「危機」では大事だ。今回は慣れない医学用語が多く、行政・法律の知識も求められる。役人言葉ではなく、市民の立場になって丁寧にメディアが〝翻訳〟する必要がある。例えば、検査の必要性を判断する「医師」。街の一般病院の医師か、「帰国者・接触者外来」の医師か。検査が保険適用になった3月6日二面の記事と図では、それを丁寧に書き分けていないため、かかりつけの医師でも検査を依頼できるような誤解が生じた。「医療機関」もあいまいだ。感染患者が受診していた病院で二次感染が起きたケースでの発表は「医療機関」。一般病院か専門外来のある病院かによって病院の態勢が問われることにつながるポイントになる。

全体と個を往き来する　国、地方自治体などさまざまなレベルでの「総数」は全体を知る一つの指標に過ぎない。現場の実態は一律ではないことを忘れず、できるだけ足元の個別状況を調べてみる。例えば、「検査態勢　改善を求める声」（2月28日二社面）。首都圏の8都県の検査総数と検査能力を表にした。だが、検査を受けられなかった実態は相談件数や担当職員数、検査をしない理由を日報レベルで把握しなければ分からない。さらに保健所ごと、その後の病院の患者受け入れ態勢を調べれば、どこでその不満が集中しているのかをあぶり出せる。トイレットペーパー不足の現象も、店から流通経路を逆にたどれば、どこで需給ギャップが起きているか分かる。

発表への疑問と情報開示　会見や発表の内容をそのまま報じるだけでは、読者には多くの疑問が残されたままだ。例えば「一斉休校」の決定。決断に至る検討プロセス（メリット・デメリットの評価や他の選択肢との比較考量、根拠となるデータなど）の情報を要求し、取材する。「医師が必要とするすべての患者が受けられる検査能力を確保する」（首相会見）では、いつまでに、どのように、だれが、何を、どこで……が必要だ。具体的な批判の材料になり、後の検証にも役立つ。

＊　2019年12月初旬、中国の武漢市で第1例目の感染者が報告され、数カ月後に世界的流行（パンデミック）に。日本では20年1月15日に最初の感染者確認。拡大ピークは第8波まであり、これまでに約7万3千人が死亡した。

パンデミック下の危機

4月25日

新型コロナウイルスの蔓延《まんえん》で、ついに全国に「緊急事態」が宣言された。日本では都市封鎖まではならないものの、さまざまな面で人権が制限されることになる。政府や地方自治体の対策を広く知らせることは大事だが、危機に乗じた政府の〝やりたい放題〟を見逃したら新聞など報道メディアは「政府の広報機関」になり下がってしまう。ジャーナリズムの批判精神まで〝一時棚上げ〟するわけにはいかない。

批判精神は掛け声だけでは実を結ばない。大事なのは、何を、どう取材し、表現するかだ。その点で本紙の姿勢が光ったのが、「コロナ病床数　政府過大公表」だった。他紙のほとんどが全国の緊急事態宣言をトップに据えた4月17日の横並び朝刊で、本紙だけが独自ネタで精彩を放った。

政府の公表数字に対して、各自治体の公表数字や取材結果を積み上げてみた結果を突きつけた。「やってる感」を出すためにできるだけ数字を大きく見せたい政府の思惑を浮き彫りにしたといえよう。公表数字に疑問をもち、基となる一次データを自ら収集・確認してみるという調査報道の典型の一つを示していた。

ただし、記事が十分かといえば、そうは言い切れない。「コロナ対応の病床」として数字を公表するに至る政府内部の実態にまで突っ込んでほしかったからだ。記事では、感染患者に使えるかどうかではなく「単に空ベッド数」を集計しただけだったという厚生労働省や自治体担当者の証言を紹介するにとどまっていた。だが、では、それがなぜ「コロナ対応の病床」として扱われてしまったのか、そのプロセスにも目が向けられたなら、問題の本質に迫る厚みのあるものになっていただろう。

　このコラムで何度も繰り返しているが、こうしたプロセスのチェックは調査報道の一つのキモだ。例えば「アベノマスク」とやゆされた布マスク2枚の配布事業。見積もり経費は４６６億円と膨れ上がることがわかって（4月10日七面）驚いた。本紙によると、政府は当初２００億円程度と説明していたが、その後の説明では「1枚２６０円で買い上げ費用は３３８億円」という。「路上売りマスク『1枚１００円』」（19日社会面）によれば、輸入マスクの仕入れ価格の相場は1枚35～60円台というではないか。当初見積もりの基になった「単価」とは「原価」「卸売値」「小売値」「買い上げ値」のどれで、「1枚２６０円」は妥当な価格なのか。

　そもそも布マスクはウイルス感染の防御には役に立たず、自分からウイルス飛散をしないという消極的機能しかない。他の優先課題に先んじて政府が早々と大量に買い上げ、郵便局に配布させる決定をしたのはなぜか。疑問は残ったままだ。「業者との癒着」「お友達優遇」が背景にあるかどうかはわからないが、うさんくささは拭えない。「政府調達」の内容は官報*などで分かるはずだ。発注時期、請負業者、価格など契約内容を詳しくチェックする価値はありそうだ。

＊　法律、政令、条約などの公布、国・特殊法人等の諸報告や資料を公表する「国の広報・公告紙」。会社の合併・決算公告なども掲載される。行政機関の休日以外毎日発行され、都道府県庁所在地の「官報販売所」で販売。ネット版も。

「細部に眠る」のは？

6月15日

調査報道には2種類のタイプがある。一つは、内部告発などで得た情報が事実であることを関係者の話や資料によって裏づけていくもの、もう一つは、素朴な疑問を元に資料に当たり、そこから仮説を立てて検証していくものだ。二つの違いは、社会に訴えるべき問題点が〝初めから〟見えているかどうかだけ。内部告発で情報を得るのは、やはり社会的に信頼されている新聞など（近頃は週刊誌もそうなり始めたようだが）のマスメディアだが、後者の場合、仮説を立てるまでのプロセス（リサーチに当たる）は、関心と必要な知識がある人ならだれでもすることができる。情報がネットで簡単に入手できるようになった今はなおさらだ。

その後者の興味深い実践例が最近ネットで公開されているのを見つけた。クリエーターが文章や映像、音声を投稿し、ユーザーはそれを楽しみ応援できるプラットフォーム「note」上に、「ある団体が変だ」との疑問から調べた経緯と結果が5月初旬に数回掲載された。

驚くのはその調査手法と知識だ。まず手初めは公開情報から。団体に関する資料（定款や官庁の関連資料など）を現在公開中のものはもちろん、過去の資料も含めて渉猟している。原資料のあるサイトへリンクも張ってある。ＰＤＦファイルに隠れている裏情報を探り出す方法などデジタル情報の探索方法も駆使する。薄皮をむくように調べた経過が手に取るように分かるから、調査報道に不慣れな記者でも素人のユーザーでも、手順をなぞるだけで、「何が変なのか」の手がかりとなる事実を知ることができる。親切（?）にも推測できる問題点の整理まである。

この先は、事情に詳しい関係者に会うなど直接取材が必要なのでプロの仕事になる。実際、「このバトンを引き継いでくれる方がいることを祈りつつ」記事は終わる。筆者の「東京蒸留所」がどんな人物かグループかは不明だが、調査報道リサーチ編の〝マニュアル〟として多くの記者がノウハウを学べるはずだ。

もうお分かりだろう。「ある団体」とは、「サービスデザイン推進協議会」のこと。本紙は5月28日一面トップで先陣を切って報道した。週刊文春オンラインが27日夕にアップしたので〝同着〟になったのは残念だが、その後他社が追いかけた。国会でも野党が連日追及し、経済産業相は「外部検査する」と表明せざるを得なくなった（9日一面）。だが、これまでの報道は①「東京蒸留所」が指摘した疑わしい事実の追認、②野党ヒアリングで分かったこと、③経産省や協議会が明らかにしたこと――を伝えるのが中心。「バトンを引き継いだ」新聞などの独自ネタは、持続化給付金申請の相談会場費が不透明なことを独自調査で明らかにした（朝日7日）くらいだ。

「神は細部に宿る」*というが、「不正」もまた細部に眠る。疑惑の細部に迫る力をもっているのが報道のプロであってほしい。先行した本紙の取材成果が楽しみだ。

＊ ドイツ出身の建築家で20世紀モダニズム建築の巨匠の一人、ミース・ファン・デル・ローエの名言といわれているが、由来や起源は不明。「細部（ディテール）へのこだわりが作品の本質を決める」というような意味。

人の顔、人の心

7月27日

新型コロナウイルス感染は、第2波の恐れが現実的となり、終息とはほど遠いことをあらためて突きつけている。報道現場も苦しい状況が続いているに違いない。そんな中、「ぜひ追及を」と前回コラムで勧めた持続化給付金疑惑の報道も先は長そうだ。これまでのところ、本紙は他紙と比較しても一定水準の報道をしてきた。今後の展開が期待されるところだが、二つの方向性が見えてきたように思う。

一つは「構造」の問題、もう一つは不正、不当なカネにまつわる具体的事実の有無の掘り起こしだ。

前者については、一般社団法人、中でも「サービスデザイン推進協議会」のように政府事業の実施を〝手足〟となって代行するタイプには、どうやら同じような問題があちこちにありそうだということが次第に明らかになってきた。かつての「外郭団体」*問題の繰り返しかもしれないと見立てることができる。私たちの社会が抱えている大きな課題としてどのようにアプローチし、攻めていくか戦略が求められる。

後者の場合は、具体的な「人」と「状況」が見えてこなければならない。この点で、例えば「電通、受注法人の広報担う」（7月7日三面）の囲み記事「『マスコミには話さないで』」は、メールのやりとりとはいえ、登場人物の素顔が浮かんでくる好材料として印象に残った。大事な〝小さな一歩〟だ。

そこであらためて考えたいのは、いわゆる〝マスコミ〟と称される一般紙の報道のあり方だ。多くのニュースの元は行政にある。日頃のウオッチの主な対象なのだから、このこと自体は仕方がないことだが、そのため、どうしても「理屈＝知」が先行しがちだ。これが「高みから目線」といったマスコミ批判の大きな原因にもなっている。逆に、週刊誌は人々の「情」、つまり喜怒哀楽に訴えるのを得意としている。このところ、大きなスクープを続けて放って「文春砲」などともてはやされているが、例えば「モリカケ」問題など一連の報道をよくよく見れば、「理屈＝知」はともかく、そこにかかわった当事者が「情」を抱えた生身の「人」として登場していることに気づく。ビジネススタイルなどメディアとしての性格の違いは別として、内部告発などの〝たれ込み〟が新聞社から週刊誌へ変わりつつある現状は、情報提供者の「情」に対してどのメディアが共感してくれるかという選別が働いていると考えた方がよいかもしれない。

「智に働けば角《かど》が立つ、情に棹《さお》させば流される」。夏目漱石の『草枕』の書き出しだが、若い記者たちにはなじみがない古くさい言葉かもしれない。だが、詰まるところ、読者に伝わる良い記事とは、「智と情」をともに兼ね備えたもの、ということになるだろう。ニュースの後ろには必ず「人」がいる。その「顔と心」を忘れてはいないか。もう一度確認し、それをどう描き、伝えるのか一つひとつの取材で考えてみたい。

＊　官公庁から出資・補助金を受けるなどして補完的な業務を行うのが外郭団体。監督官庁からの天下りや出向者が役員や幹部職員に就任することも多く、官民の癒着、利権の温床化など中央・地方を問わず問題化した。

もう一歩前へ

9月15日

政治は、素人には分かりにくい。イデオロギーという価値観と理論、実際の局面に応じた時々の理屈と妥協、表向きの発言と舞台裏の駆け引き、個々の政治家の野心、国民の関心の度合いや風向き――これらすべてに目を向けないと本当のところは分からない。報道もこうしたことを丹念にウオッチし、事実を積み上げていって市民に説明しようと努力しているはずだ。

それにしても分かりにくいのが、8月28日以降の政局の動きだ。まず、当日の安倍晋三・首相の記者会見。病気を理由に「辞任する意向を表明した」（本紙29日一面前文）のだから、見出しは当然「辞意表明」と思ったが、意外なことに本紙は「退陣」。主要他紙も多くが「辞任表明」で日経は「辞任」。確かにいずれ辞任するし、退陣するのだが、これでいいのだろうか。各紙がほぼそろったのには、どんな理由があるのだろうか。

また、病気が理由で「国民の負託に自信を持って応えられる状態でなくなった」（首相）というのなら、内閣法第九条*の「事故」に当たるのではないか。その場合、臨時代理を置く必要があるが、それはしない。「次の総裁が決まるまで体調は基本的に絶対大丈夫だと思っている」というのだ。首相会見と同時に、自民党は9月中旬までに党総裁選を行う方針だという。あと20日程度はできるが、それ以上はできない……そんなに都合よく使い分けられる病状なのか。いったい、首相の病状はどれほど悪いのだろうか。

そして、なぜ20日程度なのか。その理由を党執行部は「政治空白回避」としているが、それが矛盾していることは、本紙9月1日三面「自民総裁選　党員投票省略へ」で正しく指摘している通りだ。だからなのか、党執行部は各都道府県連に予備選の実施を推奨。本紙はいち早く各地の対応状況を表にまとめた（9月4日三面）。「一部の地方組織は全国一斉の党員・党友投票を含めた通常の方式での総裁選実施を要求」したが、党本部は「準備に時間がかかる点を考慮して」党員・党友投票の省略を決めたという。だが、その矛盾を知りつつ党執行部が党員投票をしない理由が記事ではわからない。翌5日二面「党員投票　本当に無理？」では、無理筋を押し通す理由を〝推測〟する識者の談話を紹介したが、それを裏づける事実は示せていないし、談話自体も取材上の不手際を理由に削除された（9日）。正規の方式では「準備に2カ月かかる」という党本部の説明も、なぜ2カ月後ではダメなのかには答えていない。

やはり、「20日程度」がキーワードなのかもしれない。本紙の記事の多くは建前から攻めてはいるが、あと一歩の踏み込みが足りない。第一次安倍内閣の時も首相は同じ手法で辞任した。違いは、病気理由の先出しか後出しか。もしかしたら政治部記者たちはそれ以上の答えを知っているのかもしれない。どちらにしても「もう一歩前へ」があれば、少しは政治の実相が読者に見えてくるだろう。

＊　内閣の職権、組織、行政事務の分担と指揮監督の大綱を定めた法律。第九条で「内閣総理大臣に事故のあるとき、又は内閣総理大臣が欠けたときは、その予め指定する国務大臣が、臨時に、内閣総理大臣の職務を行う」としている。

スピード感を　10月26日

記録は残さない、説明は納得させる気もなさそうな空虚な言葉の繰り返し——菅義偉政権は、どうやら前政権のこの遺伝子を引き継ぐらしい。こんな政権をジャーナリズムは再び相手にしなければならないのか、と思うと気が重い。日本学術会議の任命拒否問題は、早くもそう予感させる出来事だ。一連の報道を見ると、菅政権は当初以上の説明はしないと腹をくくっているようだ。そんな〝確信犯〟にジャーナリズムの側はどう対処したらいいのか。

いくつか方法はある。①政治家の発言などのファクトチェック、*②隠れている事実を暴く調査報道、③素人には判断しにくい解釈の違いへの専門的知識と論理——などだ。ファクトチェックは、まったくのウソからプロパガンダまでいろいろな性質をもった「ウソ」を区別して判定するため、意外と難しい作業なのは確かだ。しかし、「政府への答申がない」と10月8日の参院内閣委員会で日本維新の会の委員が指摘したケースで、本紙「学術会議の活動実態は」（10日三面）は、政府の諮問がそもそもないという事実を指摘しないまま、発言を受けて「確かに……」と片方の事実を紹介しただけで終わっていた。ファクトチェックの意識をもてば、まとめ記事や「こちら特報部」のフォローを待たなくてもストレートニュースの中で書き込める機会はある。

隠れた事実の暴露という点では、6人除外に杉田和博官房副長官の関与を朝日が報道した例がある。本紙もフォローした（10月14日一面）が、気になるのは各紙の情報源が「政府関係者」ということ。特に政治がらみの匿名の情報源には情報操作の危険がある。杉田氏の立場上「関与」は当然のこと。「スケープゴート」にする意図的リークの可能性もないわけではない。どこまで、どのようにかかわったか決定プロセスの詳細がもっと必要だ。慎重に今後の取材で見極めなければならないだろう。

③については、除外決定の合法性をめぐる議論が一例だ。政府側は「法に基づいた任命」「人事権があり、学問の自由を侵すことにはならない」「天皇の首相任命とは異なる」などと説明。本紙は「理由を示さないことが問題」「法律的には、首相は推薦通りに任命する作りになっている」などといった識者の考えを紹介しているが、この程度の主張のぶつかり合いでは、法学的な知識がなければどちらに合理性があるのか分からない。天皇による首相任命も、首相による学術会議会員の任命も、「天皇は国政に関する権能を有しない（四条一項）」「学問の自由はこれを保障する（二三条）」という憲法の規定に基づいて人事権の発動は抑制すべきだと理解されている。記事はそこまで踏み込んで紹介するべきだろう。

以上三つはどれも難しいし時間がかかる仕事だが、それでもなお速さにこだわってほしい。遅ければ既成事実化が進み、覆すのは容易ではない時代だ。「スピード感を持って」「国民のために働く」――菅政権のキャッチフレーズは、ジャーナリズムにも当てはまる。

＊　情報の正確性・妥当性を検証する行為。報道機関では情報の公表前に行うが、公表後は外部の独立機関が行うことが多い。米国ペンシルベニア大学が運営するFactCheck.org（２００３年創設）がモデルケースとされる。

深掘り

12月15日

暮れも押し詰まった。振り返れば、この1年はコロナに始まり、コロナで終わろうとしている。新型コロナウイルスの蔓延《まんえん》は、病気そのものの困難さと合わせて、その影響が社会の隅々にまで行き及んだ。その意味で、インターネットがコミュニケーションの革命だとすれば、このパンデミック（世界的大流行）もまた、革命と言っていいだろう。そこで、ネットニュースの普及を契機に社会的要望が高まっているジャーナリズムの「深掘り」について、コロナ関連の最近の本紙記事で考えてみたい。

一つは、11月11日社会面トップ「都内医療機関に唾液検体→『陽性』　地方感染者　東京に計上」である。都外の人から郵送された唾液検体を都内の医療機関が陽性判定し、都内の感染者に計上されている現実を伝えた独自のものだ。感染状況を正確に把握することは有効な対策をとる上で必須の基礎となるが、これでは実態を正しくつかめない。これは唾液検査ができる東京など大都市だけでなく、その周辺地域にとっても関係する大きな問題だろう。自治体の日々の発表数字の裏にあるこうした実態を指摘した意義は大きいといえる。できれば一面に掲載してもよかったスクープだ。

もう一つは、11月30日三面「政府『Ｇｏ　Ｔｏ　トラベル　感染者２００人超』　実態把握困難でも『継続』」。感染の拡大がこの観光支援事業による人の移動が一因という声に対して、政府は「主要な要因であるとの根拠はない」としていることを批判したものだ。この事業と感染拡大との関係について、あらためて観光庁の集計の仕組みの説明や医師会の声を伝え、多くの市民が危惧しているテーマの重要性を気づかせようとしたことは評価できる。

この二つの事例は「好例」ではあるが、正確には「深掘りへの第一歩」と言った方がいいだろう。前者では①都内で唾液検査ができる医療機関の実態を洗い出し、②この有効性を厚生労働省が認めた7月中旬以降の都内感染者に含まれる該当者の数・割合（記事では9月29日以降のデータを紹介）をグラフ化したり、③住居地の自治体での公表の仕方にどう反映されているか、④東京都をはじめ関係自治体の計上方式の変更をフォローする――などが必要だ。

後者の場合、まず根拠には「肯定の」と「否定の」ための2種類があること、政府の答弁は「否定の」根拠を示さず、「主要な要因」としての「根拠はない」という言い方で「一因」との指摘を巧妙にすり替えていることをきちんと指摘すべきだった。さらに「根拠がない」理由については「正確に集計するのは難しく」と地の文でさらっと書いている。だが、それは現行の仕組みに基づいているからで、ではどう改善したらできるのか、あきらめずに専門家に聞くなどして前向きに探ってほしかった。

「深掘り」は、調査報道と同じで特別なことをするわけではない。取材の基本である「5W1H」のうちの「How」と「Why」をしつこく追求していく姿勢があればいい。

「非日常」の日常

2月15日

特報面の「本音のコラム」。各界の識者のストレートな声は、読者の〝素朴な疑問〟や〝皮膚感覚〟にも通じ、気づかないでいた視点を知ることが多い。今回は「数のマジック」という面白そうな見出しに誘われて読んだ2月3日の同コラムをきっかけに考えた。

キーワードは、新型コロナ感染のクラスターを早く把握するために濃厚接触者を早く見つけ出す「積極的疫学調査」だ。東京都や神奈川県が規模を縮小したため「見かけの陽性者は減るよね」「無症状の市中感染はさらに広がる」といい、調査縮小と最近の陽性者急減の間の因果関係に「マジック」があると疑っている。確かに、調査で自分が濃厚接触したことを知り、PCR検査で感染の有無を確認できる。調査を受けない場合、感染して発症したらいずれ（おそらく2週間以内に）統計に反映されるが、無症状の人は統計から漏れ、自覚もないままだ。

実は、ここから疑問や知りたいことがどんどん湧いてきた。例えば——。

▽積極的疫学調査の縮小は厚生労働省の事務連絡（2020年11月）で「調査に優先順位をつけてよい」というもの。保健所業務の負担軽減が狙いで、具体的対応は自治体に判断を任せている。では、それ以降、全国でどのくらいの「縮小」が起きているのか。その結果、統計的に意味のあるデータの変化は？（2月7日社会面トップ記事を書いた素早い対応はよかったが、保健所ごとで異なる「縮小」の実

態が不明の上、東京都のケースだけ。〝納得〟とまでは……）

▽大変だといわれる保健所業務。特に濃厚接触者追跡の現場の実態は？

▽無症状者による市中感染が心配されるというが、新型コロナはせきによる飛沫《ひまつ》感染が主。無症状なのになぜ他人に感染させるのか。1人の感染者が次に平均で何人にうつすかを示す「実効再生産率」には無症状者も含まれるのか。無症状者だけの「実効再生産率」は？

▽特効薬がまだない中、感染者はどんな〝治療〟を受けているのか？　入院した重症者のケースは伝えられているが、大多数を占める中軽症者の実態は？　平均療養日数は？

▽そもそも、この感染症の致死率、発症率は？

これらの中には、報道されたがもう忘れてしまったり、理解が不正確だったり、記憶があいまいになっているものもあるだろう。しかし、国内で感染が広がり、発表される感染データに一喜一憂しながら過ごした日々は約1年も続いている。新型コロナ関連ニュースは「もう飽きた」感が強い。なんとなくやり過ごしてしまうことも多く、「ボーッと生きてんじゃねーよ」と叱られそうだ。

だからこそ、長期戦だと再び腹をくくり、情報を整理し、まとめた上で新鮮な目で見直すことが必要ではないか。見過ごしていた情報の再確認や新たな視点・テーマを見つけ、読者の目を覚まし、緊張感を取り戻すことにつなげたい。日々の出来事を追いかける習性の弱点克服にもなるはずだ。

潮流と底流

3月25日

世界は今、二つの大きな潮流によって揺り動かされている。一つは地球規模の気候変動、もう一つはインターネットによる社会の仕組みの大規模な変容である。どちらも人々の生活と行動様式を大きく変える最大の要因であり、人類は新たな時代に突入したといえる。そしてもちろん、底流には民主主義の目標である自由と平等という二つの変わらぬ価値観がある。

前者は脱炭素が最大の課題だ。エネルギー政策の転換が必至で、ガソリン使用から電気への転換を迫られている自動車はその代表例だ。すべてを電気で動かすためには炭素に替わる発電用燃料の開発が急務だ。太陽光や風力といった再生エネルギー、水素、アンモニアなどが注目されているが、原子力は東日本大震災による福島第一原発の事故によってコントロールが極めて難しいことが露呈した。使用済み燃料の処分問題も頭が痛い。

一方、後者はおよそ500年ぶりに人類が発明した〝革命的〟な情報メディアで、その影響はあらゆる分野で社会システムの大胆な変容を迫っている。情報のやりとりが単に違ってくるだけではない。時間と空間の制約が取り除かれることで、情報の発見・収集・蓄積・分析・流通・表現、そして物の生産・流通・消費など、〝ヒト・モノ・コト〟のすべてで変容せざるを得ない。

こんなことをあらためて書いたのは、東日本大震災10年目となる3月11日から国際面で4回連載された「脱原発の行方　ドイツの選択」を読んだからだ。本紙の震災報道の中でも「脱原発」を目指す情報発信は中核にある報道姿勢だ。タイムリーな着目として興味深く読ませてもらった。「息の長い、地道な対話」「科学的根拠と透明性」「強い意思と明確な目標設定、総合的政策作り」など、いずれも日本に欠けている教訓を読み取ることができた。日本が直面している重要課題は、世界的な視野の中で考えてみることの重要性を再認識させる。

二つの潮流は始まったばかりで、新たな時代の姿と形はまだはっきりしない。そんな中、社会の行方をナビゲートする役割を担う報道は、常にこの潮流と底流を意識したニュースの価値判断が必要だ。取材対象を世界に広く求めていきたい。

本紙は全国紙と比べて取材網は少ない。特派員の〝意識的〟活用に成否がかかっている。この連載のように海外諸国のさまざまな取り組みを検証し、彼我の条件の違いを考慮に入れながら日本での対処を考えるヒントを提供してほしい。役割が重要度を増している国連など国際機関の動きをもっとフォローすることも重要だ。コロナ禍に即した例でいえば、国連が公平なワクチン供給を目指す「COVAXファシリティ」*について、仕組みと活動の現状、日本のかかわりなどはどうなっているのか。本紙を含め、どこのメディアも報道が少なすぎる。

読者が知りたいこと、知っておくべきことは多い。

＊　新型コロナウイルス感染症対策として2020年5月に設立された国際的枠組み。高所得国、高中所得国が資金を拠出して一定数の自国用ワクチンを購入すると同時に、国や団体などからの拠出金によって途上国へワクチンを供給する。

批判のその先

5月15日

コロナ禍、五輪開催、原発処理水、デジタル関連法案など大きなテーマが山積みの中で、本紙の報道に批判精神があふれている。疑念や問題を示し、「おかしい」と迫る記者たちの意気込みが伝わってくる。最近立ち上げた「デジタル政策取材班」の一連の取材にも注目している。

ただ、記事を読んだ後、「宙ぶらりん」な気分が残ることが時にしてある。例えば、放送法の外資規制違反問題。*本質は、「外資」というだけで株式取得を制限する妥当性と同時に、株式市場の取引の結果で日々変動する「外資比率」をどう制限以下に維持し続けるかというシステムの問題だ。その解決に向けた情報が欠けたまま、総務省と企業の「馴れ合い、癒着」の疑念を強くにおわせるだけでは物足りない。

海洋放出が決まった福島第一原発の処理水問題。本紙は現地の漁業従事者たちの納得していない様子を丁寧にフォローしている（4月28日一面など）。また、海外を含めた既存の原子力施設では福島の放出基準以上のトリチウムを含む処理水を出し続けている現実と合わせ、トリチウムの人体への影響は少ないものの内部被曝《ひばく》の懸念もあるという（4月14日一面トップ解説）。では、影響評価が定まらないことを踏まえてどうすればいいのか。予想される風評被害の具体策は？

同じ福島第一原発の廃炉問題では、「乾いた島」構想を紹介した（共同配信5月2日一面）。いいアイデアと思うが、当事者の言い分だけで、他の研究者の評価やいつ提案してなぜ採用されなかったのか分からない。

気をつけたいのは「批判のその先」だ。批判ための批判、責任者の〝首〟を取れば勝ち、といった報道姿勢は過去のものにしたい。どう解決するのか、どんな結末を迎えるのかを読者、市民は求めている。答えがすぐ見つかるとは限らないが、見つかるまでは社会の不満がたまる。

地球温暖化や地方メディアの衰退などをきっかけに、「ソリューション・ジャーナリズム」という考えが報道の新たな役割として再認識されている。メディア研究機関「Global News View（ＧＮＶ）」によれば、メディアには出来事の伝達、権力監視など多くの役割が求められているが、それだけでは社会問題の解決につながらない。対応策は妥当か、十分か、副作用はないかと問い、評価することも重要で、これを提唱している非営利組織（ＮＰＯ）「ソリューション・ジャーナリズム・ネットワーク（The Solutions Journalism Network）」は、望ましいソリューション・ジャーナリズムの原則を示している。①問題への対応と、それがどう機能するか有意な内容を含めて深く報じる、②善意や意図に関する主張ではなく、証拠に基づく効果に着目する、③手法の限界を議論する、④有用な見識を提供する――の四つだ。

問題と解決策を一体として見る報道姿勢の徹底は、信頼される報道につながる道の一つだ。

＊　放送法と電波法は外資支配を防ぐため、地上・衛星放送事業者に対し議決権ベースの外資比率を20％未満にするよう規定。違反すると事業認定や免許を取り消す。比率変更の届け出を事業者に義務づける改正法が２０２０年６月成立。

記者会見の真実

6月25日

スポーツが好きだ。若い頃は野球から始まり、サッカーにのめり込んだ。どちらもチームプレー。けがもし、馬齢を重ね、コロナ禍が始まってからテニスを始めた。コーチが私のレベルに上手に合わせてくれる週1回の個人レッスン。外出もままならず、人と会って酒を飲むこともできない。〝3密〟を気にして家にこもればうつにもなる。テニスの練習は、コロナ禍のストレス解消になり、心地よい汗をかいている。自然と、テニスのニュースにも目が向くようになった。

そんな中、大坂なおみ選手が全仏オープンで驚きの行動に出た。初報は5月27日夕刊社会面「全仏会見拒否へ『心の健康無視』と抗議」。彼女はツイッターで「何度も同じ質問をされ、疑念を抱く質問を受けることも多く、私は自分を疑うような人の前に出たくありません」と抗議した。大会主催者、著名なテニス選手たち、ファンからは非難や同情、理解などさまざまな声が渦巻き、さらに大坂選手は「長い間うつに悩まされてきた」と告白し、大会を棄権した。

何が彼女をそうさせたのか。事態の流れは、ハイレベルな競技の中でプロ選手たちが受ける精神的プレッシャーとそのケアの問題、そして大坂選手の精神的未熟さという問題に集約されているようだ。しかし、どうもすっきりしない。そもそも記者会見を拒否した本当の理由は何なのか。会見はコミュニケーションだから、一方だけに非があるわけではない。彼女が言うように選手を傷つけるような質問が実際にあったのだろうか。この間の本紙記事16本ではそこが分からない。

ネット検索で、そこを問う二つの記事を見つけた。英紙ガーディアンのウェブサイトでジョナサン・リュウ記者は「私たちはいい奴ではない……大坂、記者会見の問題点を示す」との見出しで、「現代の記者会見は、もはや意味のある交流ではなく……できるだけ多くのコンテンツを引き出すための皮肉で捕食的なゲーム……若いアスリートは、勝利や敗北の感情にとらわれたまま、見知らぬ人たちの前で最も親密でない環境で、最も親密な質問に答えることを期待されている」と指摘（5月31日）。また、真殿達・麗澤大名誉教授はメディア批評メルマガ「メディアウオッチ100」で、アスリート自身が金満ビジネスモデルの轍《てつ》から抜けられない人質のようになっていることが事の本質としながら「だからといって、レベルの低いスポーツ記者たちがわが物顔で跋扈《ばっこ》することは正当化できない」と批判した（6月18日）。

もしこれらが的を射ているとするなら、また一つマスコミ不信の材料が増えてしまう。

大坂は夏の五輪に出場するようだ（6月19日運動面）。共同電によると、五輪では試合後に取材エリアのミックスゾーンを通過する必要があるが、インタビューを受ける義務はないという。テニスはもちろんスポーツの記者会見でどんな記者が参加し、どんなやりとりが行われているのか、当事者として実態をぜひ報告してほしいものだ。

課題を提示する姿勢

8月5日

コロナ禍の中で五輪が始まった。感染拡大が「第5波」を迎え、国民の健康を犠牲にしかねない開催に疑問が投げかけられたまま〝突入〟してしまった。

このコラムを担当して20年近く。振り返ると、五輪はこの間夏冬計9回（いずれも海外）あったが、タイミングや他テーマの関係で、コラムのテーマにしたのは2004年のアテネ大会など3回だけだった。五輪に限らず、新聞メディアにおけるスポーツ報道の課題は多いが、この時はその一つとして「テレビに映らない、映せない事実の提供を」と書いた（2004年8月25日）。

今回は「五輪報道一色」を避ける紙面づくりの工夫について取り上げる。

もともとスポーツを深掘りすれば、どんな競技でも必ず熱狂と感動を見つけることができる。春夏の「高校野球」が分かりやすい例だ。一つの競技大会でもそうなのだから、まして史上最多の33競技、339種目が実施される東京五輪はなおさらだ。スポーツ面以外の紙面にもあふれかえる事態はもはや紙面の限界を超えている。

「あれもこれも」はやめて、単なる競技記録を超えたコンパクトな記事化と見出しやレイアウトの工夫による思い切った紙面づくりに踏み切る決断をすべきだろう。

とはいえ、特に今回は、自国開催とコロナ禍という二つのやっかいな条件が重なった。さらに「復興五輪」という言葉の虚飾の裏にある真実をあぶり出すことも欠かせない。この〝三重苦〟は、日本のジャーナリズムがスポーツ報道だけでなく多面的に「五輪報道」を見直す機会でもあった。

本紙の姿勢はどうなのか。これまでのところ開会式当日を含め、朝刊は一面トップをほぼ競技以外のネタでつくっている。例えば「被災地食材の発信看板倒れ　選手村食堂　産地表示せず」（7月19日）、「復興五輪と言われても　苦しみ続く被災者『取り残されている』」（21日）、「五輪開幕2日前　都、ボランティア3万人放置」（22日）など。他の面でも「高まる漏えいリスク　福島第一保管設備の今」（6月28日二面）、「福島第一原発　汚染水対策の『切り札』　凍土壁　想定超え　長期運用へ」（7月19日二面）、「もう一つの『緊急事態宣言』福島で今も　原発事故10年　解除見えず」（同22日三面）――と続いた。

「『民』はどこへいった　五輪開催に考える」（7月24日社説）も「批判の声は虚偽、隠蔽《いんぺい》でかわし、国民が忘れるのを待てばいい」という政治のありようを批判し、「何も知らしめられず政治の犠牲になった『民』の無念」を「忘れるわけにはいかない」と明確な考えを示した。〝編集方針〟ともいえるこの種の社説は一面に、しかも大会が始まる前に掲載してほしかったが、五輪の「無理と矛盾」、福島復興やコロナ感染の克服に向けた課題を提示する姿勢は読者に伝わっているに違いない。大会終盤とそれに続くパラリンピック、さらには今後の五輪までを見据えて、この姿勢を忘れないでほしい。

プラットフォーム

9月25日

最近、「プラットフォーマーは〝第五の権力〟か」と題した学生向けの講演をした。グーグルなどGAFAと呼ばれる「ビッグテック（巨大IT企業）」をめぐるニュースが目につくようになり、文系の学生を含めて就職後のビジネス環境に関心が高いだろうと考えたからだ。関連する分野は社会の隅々まで広がっているので、話の中心は専門のジャーナリズム関連に絞らせてもらった。

日経を除く一般紙のこの1年間の記事本数をG-Searchで調べると、「プラットフォーム／プラットフォーマー」では①読売759件、②本紙592件、③朝日209件、④毎日149件、「GAFA」では①読売417件、②毎日66件、③朝日57件、④本紙22件——だった。見出しと本文中のキーワード検索なので、記事の内容は規制や企業動向などさまざまだろう。件数だけでは何を意味するか判然としないが、デジタル化に消極的とみられている読売が飛び抜けて多いのが意外だった。

では、ジャーナリズムとなぜ関係があるのか。

紙の新聞の販売部数の急落による収入減、記事配信とデジタル広告の安い単価は、「(ニュースを含む）情報はただ」に慣れてしまったネットユーザーを相手にせざるを得ない世界中の新聞社に共通している悩みだ。新聞社の収入源であるニュース記事と広告の両面で、プラットフォーマーはその〝首根っこ〟を押さえる〝第五の権力〟*になりかねないのだ。かつて、部数や広告など経営について「記者はそんなことに気を使わず、良い記事を書けばいい」といわれてきたものだが、今やそのような時代ではない。「プラットフォーマー」をよく知ることは、報道関係者にとって大きなテーマになっている。

欧州連合（EU）では、プラットフォーマーとの闘いが8年前から始まった。新聞社サイトの記事をハイパーリンクしたプラットフォーマーのニュースサイトをめぐり、〝リンク税〟や著作権を盾にした〝ニュース配信料〟の支払いを要求してきた。

米国やオーストラリア、カナダなどでは業界がまとまって交渉できるよう政府や議会が動いているが、グーグルは「News Showcase」、マイクロソフトは「Microsoft Start」といった新サービスで対抗している。個別記事の使用料ではなく、新聞社ごとにサービスへの参加に対する支払いを交渉する仕組みで、一種の〝分断策〟とも見られている。

グーグルの「News Showcase」は日本でもスタートした。ネット上での新たなニュース競争が始まることは間違いないだろう。本紙も参加するが、スマホでニュースを〝見る〟ことが当たり前の時代に、記事の書き方、見出しのつけ方、そしてそもそも大事なニュースの選択基準までも、紙の新聞づくりを含めて変わっていくに違いない。そんな中、クリック数に振り回されながら記事を書くという悲しい現状だけはぜひ変わってほしいものだ。

＊　立法・司法・行政の「三権」に次いで、世論形成に大きな影響力を持つプレス（報道機関）を「第四の権力」と呼ぶが、プレスを上回る情報コントロールの力を持っているネット上の巨大プラットフォーマーを指して呼ぶ。

知らなかったぁ

11月15日

ニュースとは何だろう。さまざまな定義があるが、私は「時間軸で切り取る世の中の〝変化〟」と考えている。新聞など報道機関が報せ（知らせ）ることで、市民は自分自身の直接体験で知り得ない多くの「知らなかった」変化を新たに知ることができる。

では、変化はいつ知る必要があるのだろうか。一人ひとりがどう役立てるかによってさまざまだが、一般に早い方がいい。遅くても知らないよりはマシという場合もあるが、中にはもう手遅れ、後の祭りということもある。最大の、最悪の例は、戦争が〝起こってしまう〟までの小さな見えにくい変化だが、他にも似たようなケースはある。

そんな1例が「18歳から裁判員」というニュースだ。初報は10月21日三面、続報は11月4日「こちら特報部」。「寝耳に水」「知らぬ間に引き下げ」などの見出しで「知らなかった」驚きが伝わる。だが、市民が「知らなかった」のは、それまでニュースとして伝えていないのだから当然としても、記者自身や記者に知らせてくれる専門家まで「知らなかった」し、知ったのが遅かったとなると問題だ。なにしろ、すでに法改正の手続きは終わり、来年度から裁判員の選考が始まるのだから——。

なぜ、この時期までニュースにならなかったのだろうか。本紙記事によると、要は選挙権年齢を18歳以上に引き下げた２０１６年施行の改正公選法では少年法と裁判員法の適用年齢を据え置いたが、

「今年5月の少年法改正に公選法も歩調を合わせた」という。それなら、公選法と裁判員法の改正もニュースになっているはずだが、見当たらない。各社に「知らせてくれた」弁護士のブログを読んで、その法的手続きのプロセス、あるいはテクニックがようやく分かった。改正する関係法案は「少年法等の一部を改正する法律案」の名前で上程されていたのだ。裁判員法は「裁判員は選挙権を有する者」から選ぶとだけしているので特に改正手続きは必要ない。法案名の「等」は公選法のことで、適用除外を規定していた同法付則の削除が盛り込まれていた。見えにくいはずだ。

さかのぼれば、公選法改正がこの問題の遠因だ。今年5月の少年法改正までの5年間、さまざまな機会で改正案について当局レクがあったはずだが、関連する裁判員の年齢引き下げがニュースにならなかったのは、当局の意図がどこにあったにせよ、議題設定を当局に依存しがちなメディア側にその責任の一端があったとも考えられる。

早く報じていれば後の展開や結果を変えられるかもしれない事柄は、既成事実になってしまった後に読者に報せても遅い。このニュースは「手遅れ」とまでは言えないが、「もっと早く」知りたかったタイプだ。どの段階で気づくべきだったのか、どの記者が、どうしたら気づくことができたはずなのか――ぜひ検証しておいてほしい。後戻りできない、もっと重大なテーマで読者に「知らなかったぁ」と言わせることのないように。

DXの道

12月25日

コロナ禍は早くも2年が過ぎようとしているが、そんな中でも社会は激変している。インターネットが迫る革命的変化は劇的で、あらゆる業界が適応しようとしている。もちろんメディア業界も例外ではない。12月12日五面「時代を読む」で内田樹・神戸女学院大名誉教授が「社会の激変に必要なものは」の見出しの下で手厳しく指摘している。日本社会の現状を一般論で語っているように見せてはいるが、要は「思考停止」しているメディアへの叱責《しっせき》である。

何に「思考停止」しているのか。ネットへの無理解と、それに伴う課題の抽出と対策の遅れ、あるいは不作為である。

何度も書いてきたが、ネットはこれまで社会を規定してきたあらゆる「制約」「限界」を超えて、なんでも自由にできるようになった。新聞でいえば、取材―記事執筆・表現―編集―印刷―輸送―配布―フィードバックといったすべてのプロセスに影響する。できなかったことができ、遅かったスピードが速くなった。

「DX（デジタル・トランスフォーメーション）」は、ネット時代への衣替えである。米国では部数と広告の急激な減少でいくつもの新聞が消え、逆にそれが引き金となってデジタル化に急速に舵を切っている。日本では減っているとはいえ、宅配制度で販売部数の激減が辛うじて抑えられているために対応が遅い。だが、もうそうは言っていられない。内田氏も言うように、社会の激変時に必要なのは「復元力」であり、「復元は自分の過ちを認めることからしか始まらない」。

新聞の復元力の源はどこにあるのか。米国のジャーナリズム研究機関「ニーマン・ラボ」が年末に発表した「2022年のジャーナリズムの予測」（https://www.niemanlab.org/2021/12/invest-in-tools-and-talent-and-newsrooms-can-finish-the-job/）が参考になる。

一部を引用すると「DXが叫ばれ、人々が情報にアクセスし、メディアを利用する方法が大きく変化し、伝統的なビジネスモデルが大きく破壊され、人類の歴史上最も激しい注目を集める競争に直面しているのに、メディア業界の多くは基本的に、未来の姿を見極め、その中で自らの居場所を見つけるためのツールや人材の育成に、依然として大きな収益のうち意味のある割合を投資してはいない」「報道機関の経営陣には優先順位を考えてもらい、ジャーナリストには自社の収益の何%を研究開発や研修、専門家育成に投資しているかを調べ、報道事業に対する自社の長期的な関与を検証してもらいたい」。

本紙は今年、愛知県知事リコール署名大量偽造事件*のスクープで新聞協会賞を受賞した。ジャーナリズムの基本となる力量はあるはずだ。デジタル時代に必要な人材の確保、IT（情報テクノロジー）研修、表現や記事流通の新たな実験など多くの課題に果敢に挑戦して、未来を切り開いてほしい。

＊　2020年8月から11月にかけて行われた大村秀章・愛知県知事のリコール署名活動で、愛知県下の選挙管理委員会に提出された署名のうち8割超に不正があった事件。後に大規模な署名の偽造が発覚した。

流れを変えるには

2月25日

森と林の違いは――いまさらながら、正解をNHK「チコちゃんに叱られる!」(2021年6月4日)で教えてもらった。小泉武栄・東京学芸大名誉教授によると、「森」の語源は「盛《も》り」で、〝盛り〟上がった土地に自然に生えた木々の集まりのこと。一方、「林」の語源は「生《は》やす」で、人の手で〝生やし〟た木々の集まりのことだそうだ。

面白いことに、こんな言葉の知識がニュースへの関心につながった。明治神宮外苑の再開発に伴う樹木の伐採問題だ。計画が判明し(2月8日)、その再開発計画案が東京都の審議会で了承された(10日)と、いずれも本紙は朝刊一面トップで伝えた。コロナ禍に加え、北京五輪、ウクライナ危機など大型のニュースが目白押しの中、独自の報道を堅持している本紙の姿勢を示す好例の一つといえよう。

本紙記事にあるように、神宮外苑は1926(大正15)年に完成した日本初の近代的都市公園。その際に約3000本の樹木が献木された。言葉の正しい使い方に従えば、完成当初は「外苑の〝林〟」だが、100年近くたった今ではまさに「外苑の〝森〟」と呼ぶのにふさわしく、自然の豊さを備えてきた。

ところが、この伐採計画は本紙の報道で初めて知った、という声を聞くのはなぜだろうか。詳細は調べきれなかったが、他紙では敷地内にある野球場やラグビー場などの再配置や建て替えなど建築物に焦点が当てられ、主に地方版での扱いが多かったようだ。本紙を見ると、都の検討会が再開発の方向で初会合を開いたという短いニュースが２０１８年5月31日都心版などで初めて登場した。樹木の伐採を含め、再開発計画を大きく扱い出したのは、19年6月17日特報面。東京五輪・パラリンピックを控え、「五輪契機に規制緩和続々」で「イチョウ除く樹木伐採の恐れ」と問題点をあぶり出したが、以後は今回の報道まで見当たらなかった。

地元の都民だけでなく、多くの日本人に親しまれてきた外苑の森の再開発。「公共財としての緑」「公共空間と街づくり」など再開発をめぐる大事な論点を提供できるニュース素材のはずなのに、なぜ大きな社会的関心にならず、都の審議会に影響を及ぼせなかったのか。

行政は一度動き出したら容易には止まらないし、変更もままならない。それに対して報道は何ができるのか。後知恵といわれるかもしれないが、これまでの報道を振り返れば、読者の関心を引くための工夫が足りなかったのではないか。例えば、▽著名人と一緒に森の中を歩いたルポルタージュ。これを写真グラフでやるとか、ビデオ撮影してネットで公開してもいい▽本紙が市民団体と一緒にフォーラムを開催する▽Change.orgのようなネット署名活動の呼びかけ▽緑や公共空間をめぐる再開発の他のケーススタディを紹介する連載企画——などが考えられる。ネットの活用も含め、ジャーナリズムが持つ「武器」をあらためて点検してみたい。

恣意的調査

4月5日

デジタル化によるネット時代では、あらゆるモノ・コトが0と1で表される。その結果はデータとして幅広く利用されるが、データの収集に関してはアナログだろうとデジタルであろうと、適切に行われることが何よりも大事であり、それ次第でデータの意味合いは大きく左右される。世論調査はそうした点で、今も昔も変わらず何かと論議を呼ぶ一つといえよう。

昨今の社会的関心となっている選択的夫婦別姓*については、新聞社などが行った各種の世論調査で「賛成」する声が高まっている中、最高裁は違憲とは認めず、賠償請求の訴えを退けた（3月24日朝刊）。

かつて自分が結婚する時、なぜ妻の姓を自分の姓に変えなければならないのか2人で考え、悩んだことがあった。当時の社会習慣がそうなっていて、すぐには変わらない現実の中で、姓を変えるのが嫌だから結婚しないという選択はなく、違和感を抱きつつもこの問題はペンディングにして妻は姓の変更を受け入れた。他にもさまざまな体験はあるだろうが、半世紀を経ても、なかなかコトが大きくは変わろうとしないのがこの国のようだ。

最高裁の判断とタイミングを合わせたかのように、政府は選択的夫婦別姓制度に「賛成は少数」とする世論調査結果を3月25日に公表した。これを受けた野田聖子・男女共同参画担当相は同日、調査の手法などを批判した。本紙にこの二つのニュースはいずれも載らなかったが、「こちら特報部」が

「政府世論調査が物議」としっかりカバーした（29日朝刊）のは良い連携だった。

世論調査はコミュニティーを構成する市民の感情や考えを把握する上で有用な手段の一つだが、その信頼性に疑義をもたれるようでは困る。特に政府が行う調査は、政策の立案に利用されるのだからなおさらだ。

この点、特報部の記事は調査の信頼性を担保するのに必要な最低限の条件――設問の立て方・サンプルの代表性など――を専門家の説明で紹介し、「物議を醸す」理由を明快に指摘した。さらに「背景に何があるのか」と政策誘導とみられる過去のケースを取り上げ、「役所の『恣意的《しいてき》』後絶たず」の見出しを立てたが、「政権への官僚の忖度《そんたく》」との指摘にとどまったのは惜しまれる。

そう思ったのには理由がある。大学で学生の卒論を指導した際、某有名調査会社を学生がインタビュー取材して、「調査発注者の意向に沿うように設問などを作ることもある」という趣旨の発言を聞き出したからだ。匿名が条件だったので卒論には生かせず、発言の記録もないが、世論操作の裏側を垣間見た記憶がいまも強く残っている。

政府に限らずどの世論調査も、実際には民間の調査会社に委託しているケースが多いのではないだろうか。委託先はどのように決まり、設問づくりに政府はどのように関与しているのか――。多くの問題が指摘されている官庁仕事の民間委託の一つとして、世論調査の実態にも迫ってほしい。

＊ 結婚後もそれぞれ結婚前の姓を称することを認める制度。日本の現在の民法では、結婚の際、男女のいずれか一方が必ず姓を改めなければならないが、慣習として女性に多く、女性の社会進出等に伴い導入を求める声が高まっている。

その証言は

5月25日

「戦争の最初の犠牲者は真実である」――これは古代ギリシャの三大悲劇詩人の一人、アイスキュロスの言葉とされ、第一次世界大戦に米国が参戦する際にハイラム・ジョンソン上院議員が演説で使用したことで一般に知られるようになった。「The First Casualty（最初の犠牲者）」は、フィリップ・ナイトリーが1975年に著した『戦争報道の内幕』（中公文庫）の原著のタイトルでもある。

「真実」を追求することはいつでも難しいが、記者自身が危険にさらされる戦争の現場取材はその最たるものだ。戦争報道につきまとう最大の問題といっていい。この言葉の原典は確認できなかったが、証言の真実性、プロパガンダ、情報操作、個別事実と全体像といった記者を悩ませる戦争報道の課題は、すでに古代ペルシャ戦争の時代からずっとあったということになる。

ロシア軍のウクライナ侵攻をめぐるニュースは、近年になく世界中の耳目を集めている。理由はいくつかあるだろうが、時空を超えてあふれる映像と情報操作のテクニックというネット時代の戦争の性格が大きく起因していることは間違いない。

世界的なビッグ・メディアと違って、海外での戦争を報道する際に本紙や地方紙が自ら取材できることは記者の数や資金、取材経験などの面で限られているのではないだろうか。その中でできることの一つが、ウクライナから逃げてきた人々へのインタビューである。当事者の証言を聞くことで、戦争の実態に迫る〝間接的な〟取材といえる。

ただし、記事に必要な留意点やディテールがいくつかある。収容所を逃れてドイツに滞在する男性をワシントンにいる記者が取材した「次々移送『選別』何度も　ロシア軍設置　強制収容所」（5月12日朝刊一面トップと四面）でそれをチェックすると――

▽記者はこの男性をどのようにして見つけたのか、▽どんな手段でインタビューしたのか、▽インタビュー日と要した時間は、▽この男性の言葉が信じられる根拠は、▽収容所では携帯電話がチェックされたが、その後は返されて使用できたのか、▽2度目の収容所にバスで着いた後、混雑の「隙を見て逃げようと決めた」「電車でロシア国内を移動し、……ワルシャワへ出国」とあるが、電車賃はどうしたのか、なぜ、どのように出国できたのか（パスポートは必要でなかった?）。

紙幅の限界はあるとしても、これらは、インタビューを受けた人の証言の真実性を担保する、つまり記事が結果的にプロパガンダに乗せられないための用心である。同時に、読者に「?」を抱かせない良質な記事に不可欠な事項や事実でもある。

真実性はすべての記事で担保されるべきなのはいうまでもない。しかし、特に戦争報道、さらに「ポスト真実」の時代といわれる現代では、ディテールの記述が一層重要であり、加えてニュースの制作過程の公開が求められている。

判決の怪

7月5日

複雑な現代社会で起きる出来事を理解するのは大変だ。社会の仕組みを知らなければならないが、それだけでは出来事がなぜ起きたのか、どんな意味をもつのかまでは分からない。こうしたことを素早く、できる限り過不足なく伝えるのが報道の役割といえる。

だが、東京電力福島第一原発事故で避難民が国に損害賠償を求めた集団訴訟に対する最高裁判断（6月17日）とその報道には分からないことが多すぎた。翌日の朝刊はざっと読み流したが、23日の本紙朝刊「こちら特報部」を見て、あらためて驚きとともに？　がいくつも浮かんできた。

「福島原発事故　最高裁判決文に30ページ「分厚い反対意見『注目を』」の見出し。本文には「（反対意見は）判決文……全54ページ中、30ページに及ぶ」「反対意見が判決の形で書かれているのは極めて異例のこと」（原告団弁護士）とある。確かに判決文全体の6割近くが反対意見なのに「判決文の実質的な判断が書かれた部分が4ページ」とは驚きだ。しかし、ではこれまでの裁判の判決文では反対や少数意見はどのくらいの割合で紹介されてきたのが〝一般的〟なのだろうか。それが分からないと、どれくらい珍しいことなのか素人には想像できない。また、弁護士のコメントについても、反対意見は「判決の形」ではなく、どんな形で書かれているのが〝通例〟なのか示してもらわないと「極めて異例」の「極めて」がピンとこない。

分量とは別に、判断を導き出す論拠についても、多数派意見では「最大の争点である津波の予見可能性や長期評価の信頼性への明確な評価を避けるなど、触れていない重要なことが多い」（原告団弁護士）という。だが裁判に詳しい奥山俊宏・上智大教授は「通常の判断の枠組みでは、まず因果関係、予見可能性について審査し、それが認められる場合に結果回避可能性の判断へと進むが、結果回避可能性を先に判断して、それによって決着をつけようと無理をしている。いまこの時点で生煮えの判断を示すのは拙速に過ぎた」と批判（6月18日ツイッター）。原告団側が「第二の判決」と反対意見を歓迎するのは当然だが、「生煮え」「拙速」という価値判断は記事でもはっきり打ち出すべきだろう。

東電福島第一原発事故をめぐるこの種の集団訴訟は全国で32件。このうち、判決が出ているのは地裁レベル19件、高裁レベル4件。どの段階でも判決は国の責任をめぐって真っ二つに分かれている。今後、一審で13件、二審では審理中の15件といずれ一審から持ち込まれる13件の計41件について判決が出る。集団訴訟全体の流れで見ると、最高裁はなぜ今、国の責任を否定する「統一判断」を出さなければならなかったのか。この点を指摘した記事が本紙を含め主要各紙に見当たらなかったのは不思議だった。

政府への忖度《そんたく》かと疑われるような〝怪しい〟最高裁判断が今後の下級審判決にどう影響を及ぼすのか、しっかりフォローしてほしい。

不信と説明

10月25日

人間の文明は「便利さ」が大きな原動力だ。「デジタル技術」と「インターネット」はその最たるもので、いま論議の一つ、マイナンバーカード問題も、社会全体の「デジタル化」という観点から常に見ておく必要がある。ナンバーを付与した個人のあらゆるデジタル情報を関連づけることで社会的な便利さを求めていくプロセスの一つだからだ。

では、「社会的な便利さ」とはだれにとっての便利さなのか。よくよく考えると、マイナンバーに限らず一般に個人がデジタル・カードを持つ便利さ、メリットとは、手続き書類の手間と本人だとする証明書（運転免許証など）の提示が省けるという一点に尽きるのではないだろうか。銀行カードが本人の証明（認証）と口座を紐付け（連結）しているように、他のさまざまなカードも同じ仕組みだ。ただ、こうしたカードは事業主体ごとに異なるので、複数のカードを持たざるを得なかった。実際、私たちは何枚のカードを持って生活しているだろうか。これらを一つにまとめれば、すべての手続きを一枚のカードで済ませられる。

これが「便利」なのかは個人によって異なるが、紐付けした情報を利用できる政府にとって「便利」であることは間違いない。政府の進める「デジタル社会化」の全体像と個々の施策のプロセスはことし6月作成の「デジタル社会の実現に向けた重点計画〈工程表〉」などにまとめられ、カードに紐付けする情報の最終目標が金融口座であることも示されている。

報道の問題に立ち返ると、デジタル化自体への反対や特定の情報に限った「紐付け禁止」を主張することもできる。しかしそうでない限り、デジタル化は政府を含めた「社会全体のメリット」を追求しているのだから、個人のメリットが少ない、実感がないといった批判は意味がない。見えてくる視点や批判のポイントは、工程表をベースに政府の進め方に無理はないか、デジタル化に取り残される人たちや技術格差への配慮を欠いていないか、システム上の欠陥・不具合や執行上の不正はないか――などだ。便利さの〝落とし穴〟も忘れてはならない。

本紙は、河野太郎デジタル相がマイナ保険証を事実上義務化する方針を明らかにした10月14日朝刊で、本記に添えて「取得しない人への対応後回し」（一面）、「制度生煮え 現場は混乱」（三面「核心」）、さらに15日社説では「『脅し』にも近い形でカードの普及をはかることは本末転倒も甚だしい」と政府の進め方を正当に批判。また、「スマホにマイナカード 不均衡 アンドロイド年度内にも アイフォーン未定」（9月2日一面）とソフトによってサービスに不公平が出ることもいち早く指摘した。

多くのメディアで欠けていることがあるとすれば、批判や解説で求めている「政府の丁寧な説明と不信の解消」が抽象的だということだ。説明には何が欠けているのか、不信・不安の解消のためには何が必要なのかを個別具体的に指摘すべきだろう。

熱いうちに

12月26日

「鉄は熱いうちに打て」という警句がある。

ジャーナリズム的にアレンジすると、「鉄」を「人々の関心」と置き換えることができそうだ。関心が冷めやらないうちに必要な情報を提供しておけば、人々の知識は吸い取り紙に染み込むように人々の心と頭にインプットしやすい、ということになる。そうした観点から12月18日朝刊に注目したところ、本紙と他紙で大きく異なっていたことがうれしかった。

前日12月17日土曜の朝刊は、安保三文書改定の閣議決定と税制対抗の決定・原発活用案の有識者会議了承・高齢者医療負担増などの報告書決定とビッグニュースが盛りだくさんだった。いずれも重要政策の大きな転換となる節目のニュースだけに、各紙とも評価の違いはあれ、それぞれ大きな紙面を割いて報道した。

問題はその後である。各テーマを一日だけで必要十分な情報を網羅するのは困難だったはずだ。翌日日曜は夕刊がないので、まる1日経った朝刊紙面でそうした関連情報を当然伝えてくると期待した。しかし、多くの他紙は何事もなかったかのように普段通りの、予定された、読み物が多い日曜特有の紙面づくりだ。一方で、本紙は違っていた。二面では「原発建て替え『余力なし』」と膨大な建設費に電力会社が及び腰な実態を指摘。三面では、閣議決定された安保三文書改定を政策として具体化するために予想される今後の法整備と制度見直しのおおまかなスケジュールを掲載し、「国会素通り」とはいかないことを念押しした。

また、五面の外部識者のコラム「現代を読む」では、宇野重規・東京大教授が「議論欠如の『歴史的1年』」と今年を総括し、「民主主義の危機」を危惧した。「主権者の信任を得ていない政策転換を、次から次へと続ける政治は、民主主義に基づく統治とはいえない」と指摘する12月17日朝刊の政治部長評論は、この認識を本紙も共有していることをしっかり伝えていた。この危機の一因について、宇野教授は著書『民主主義とは何か』（講談社現代新書）で「強化される行政権・執行権を国会や政党が十分にチェックできなくなっていること」と指摘している。実際、政治部長評論でも、同時並行で政策の大転換を急ぐ岸田政権の姿勢を前に「一つ一つが大きな問題なのに、重なってしまうと監視の目が届かなくなりがちだ」と正直に吐露している。

では、執行権を直接的な民主的統制のもとに置くための課題は何だろうか。「政府活動の透明性の検証」「公共政策をめぐる民主的議論の質のレベルアップ」「統治者を監視する組織」などが考えられると宇野教授は言う。これらを支えるのがまさにジャーナリズムの役割といえるだろう。ただ、それには「熱いうちに」というタイミングと「冷めないように」する工夫が一層必要なのだと思う。このことを年の終わりにあらためて肝に銘じ、激動の行方を引き続き監視してほしい。

＊ 法律案・予算案・条約案などの国会提出や政令の決定など内閣の職務権限事項や国政の重要事項について、全閣僚の合意で政府方針を決定する手続き。近年、国政の重要事項の範囲を安易に広げ過ぎて決定しているとの批判も。

おわりに

本書に収録したコラムはもともと、中日・東京両新聞の編集関係者に向けた「紙面審査報」に掲載されたもので、いわば「業界の内輪の話」である。新聞社内で紙面審査が行われていることをほとんどの一般の読者は知らなかったのではないだろうか。

紙面審査というのは、新聞社における一種の第三者部門である。自分たちが日々提供している新聞記事について、キャリアを積んだ記者たちがいったん編集局から離れ、その記事の良し悪しを評価する。一般の商品でいえば、商品の事後管理のようなもので、審査報は個々の記事の批評・要望など審査の結果を定期的に記者たちに報告し、改善してもらうためのレポートである。

しかし、紙面審査が編集局とは一線を画した部門であるといっても、同じ社内で働いている先輩、同僚、後輩といった仲間の仕事が対象である。審査する上では、礼儀は当然ながらやはり遠慮や配慮、忖度が多少なりともないわけではない。また、批評するには何らかの基準が必要だが、審査委員となる記者にアカデミックな素養が豊富というわけではない。新聞の長い歴史の中で築かれた様式と慣習、それに自らの経験知や他紙との比較に基づくことが多くなるのは当然のことだろう。

そこで、〝外部の目〟としてプラスアルファで掲載されているのが、識者によるコラムなのである。日本新聞協会では在京各社の紙面審査担当者が定期的に集まり、共通する記事の問題点などを話し合う懇談会がある。私自身も転職する前の一時期、毎日新聞の紙面審査委員として出席し、この会で東京新聞の影山榑三雄記者（現ＯＢ）と親しくさせていただいたことがコラム執筆の縁となった。

依頼側からは「自由に書いていい」と言われていた。「はじめに」で書いたように現代のジャーナリズムの危機で求められているのは「プロフェッショナルな意識と知識と技術」と考えていたので、日々の紙面をもとにその具体化のための答えを模索することになった。

プロ意識の核心は、「もっと知りたい」という人々の最新情報への欲求と「なぜそうなのか」という疑問に良質な内容をもって応えることである。コラムの中でたびたび「あと一歩前へ」「もっと疑問を」と繰り返し促し、励ましているのも、プロ意識をさらに高めてほしいという願いの表れだと受け止めてもらえれば幸いである。

中日・東京新聞の紙面審査室は、寛容にも20年の長期にわたって書き続けさせてくれ、筆者を受け持った歴代の担当者たちとは、文章の校閲をはじめ文量調整などで毎回気持ち良くやりとりをさせてもらった。さらに同社編集局は、コラムの多くが現場にとって耳の痛い内容で、中には読者には知られたくないような舞台裏を明かすケースがあったにもかかわらず、社内限定で書いた中身をこのように一般書籍化することを快諾してくれた。その寛大な姿勢にも深く感謝したい。

出版に際しては、「一般の人が読んで興味を持ってもらえるだろうか」という躊躇があった。そんな自分の背中を押してくれたのは、早稲田大学大学院のジャーナリズム・コースで一緒に講義を受け持ったことから交友を深めてきた元ＮＨＫ記者、小俣一平さんである。ストックしていた原稿を最初に見てもらい、励ましとともに出版先として論創社を紹介していただいた。

論創社の編集者、森下雄二郎さんは、校正、注記などのほかに各回の元原稿と紙面審査報に掲載された記事との差異をきめ細かくチェックするという厄介な作業を引き受けてもらうなど大変お世話になった。あらためてお礼を申し上げたい。

2023年4月

移住した宮崎の海と空を愛でながら

橋場義之

●著者プロフィール

橋場義之（はしば・よしゆき）

1947年生まれ。早稲田大学第一政治経済学部卒業後、毎日新聞に入社。東京本社社会部、地方部、西部本社報道部で記者・デスク業務に携わり、1998年4月より4年間、編集委員として同紙メディア面の編集を担当。2002年より上智大学文学部新聞学科教授（2013年定年退職）。現在は公益社団法人「日本記者クラブ」記者ゼミ・コーディネーター、公益財団法人「同盟育成会」受給生研修コーディネーターとしてジャーナリスト育成に尽力している。日本メディア学会、情報ネットワーク法学会会員、J–FORUM運営委員。

主な著作に『メディア・イノベーションの衝撃―爆発するパーソナル・コンテンツと溶解する新聞型ビジネス』（編著、日本評論社、2007年）、『新版　現場からみた新聞学』（共著、学文社、2008年）、『新訂　新聞学』（共著、日本評論社、2009年）、『調査報道がジャーナリズムを変える』（共著、花伝社、2011年）、『ジャーナリズムの原理』（共著、日本評論社、2011年）など。翻訳に『記者クラブ―情報カルテル』（ローリー・A・フリーマン、緑風出版、2011年）がある。

ジャーナリズムのココロとワザ――東京新聞ウォッチ20年

2023年7月15日　初版第1刷発行

著者	橋場義之
発行者	森下紀夫
発行所	論創社 〒101-0051　東京都千代田区神田神保町2-23　北井ビル tel. 03（3264）5254　fax. 03（3264）5232　https://ronso.co.jp 振替口座　00160-1-155266
装釘	宗利淳一
組版	桃青社
印刷・製本	中央精版印刷

ISBN978-4-8460-2278-5